DEUTSCHER SPRACHKURS
David Shotter
3 Angel

Second edition

DEUTSCHER SPRACHKURS 3

by David Shotter
Head of the Faculty of Modern Languages
Furze Platt Comprehensive School,
Maidenhead

illustrated by Gabrielle Morton
and Tony Herbert

Heinemann Educational Books · London

Heinemann Educational Books Ltd
22 Bedford Square, London WC1B 3HH
LONDON EDINBURGH MELBOURNE AUCKLAND
HONG KONG SINGAPORE KUALA LUMPUR NEW DELHI
IBADAN NAIROBI JOHANNESBURG KINGSTON
PORTSMOUTH (NH) PORT OF SPAIN

© David Shotter 1975, 1984

First published 1975
Reprinted 1978, 1979, 1980, 1983
Second edition 1984

For Rachel, Michael and Philip

British Library C.I.P. Data

Shotter, David
   Deutscher Sprachkurs.—2nd ed.
   3: Angekommen
   1. German language—Text-books for foreign speakers—English
   I. Title II. Morton, Gabrielle
   III. Herbert, Tony
   438   PF3112

ISBN 0-435-38809-6

Filmset and printed in Great Britain by
BAS Printers Limited, Over Wallop, Hampshire

Contents

	Seite
Individual Skills	iv
Preface	vii
List of Photographs	viii

Lektion

1.	Die Familie	1
2.	Haus und Garten	8
3.	Die Schule	19
4.	Die Freizeit	29
5.	In der Stadt	40
6.	Krankheiten	51
7.	Winter	59
8.	Unfälle	68
9.	Tiere	76
10.	Flugzeuge	85
11.	Züge	90
12.	Schüleraustausch	98
13.	Jugendherbergen und Camping	105
14.	Ferien	115
15.	Am Meer	126
16.	Sport	134
17.	Das Verbrechen	142
18.	Feuer	149
19.	Gespenster	155
20.	Deutschlandkunde	161

Multiple-choice Test I	167
Multiple-choice Test II	169
Questions on the dialogues	171
Index to the Grammatical Summary	175
Lesson vocabularies	199
Acknowledgements	216

Individual Skills

I Translations from German into English
1. Memories of childhood — 1
2. House hunting — 8
3. A lethargic pupil — 19
4. An unusual youth club — 29
5. A storm breaks out over a busy street — 40
6. The bargain sale — 40
7. A small boy keeps house when mother is ill — 56
8. A guest sets out on a Christmas visit — 59
9. The snowball fight — 60
10. Dangerous driving — 68
11. The zoo — 76
12. Frankfurt airport — 86
13. A train is halted by an avalanche — 90
14. Karin visits her pen friend — 98
15. A youth hostel is not a hotel — 105
16. The right spot for a picnic — 115
17. A troublesome little boy falls overboard — 126
18. The semi-final — 134
19. An elderly lady comes home to find that her flat has been broken into — 142
20. A daring robbery — 143
21. A probable case of fire-raising — 149
22. The ghost train — 155

II Translations from English into German
1. The Wachner family — 3
2. Our house — 8
3. My new school — 21
4. Leisure — 35
5. A trip to Cologne — 49
6. A helping hand — 58
7. Christmas — 59
8. An accident on the way to school — 74
9. A visit to the vet — 82
10. Frankfurt airport — 86
11. A holiday flight to Spain — 89
12. A near miss — 96
13. The lost passport — 102
14. Youth hostelling in Germany — 106

III Use of German
(Incorporating reading comprehension tests with questions and answers in German)
1. Power failure — 5
2. Moving house — 9
3. An old school revisited — 20
4. A visit to the theatre — 30
5. Recalling a first visit to a concert — 31
6. A boy goes for a walk along the street — 41
7. A busy morning — 52
8. How to find a hotel room — 61
9. A car collides with a street barrow — 69
10. The circus — 77
11. A first flight — 86
12. The train crash — 91
13. A trip abroad — 99
14. A twisted ankle — 106
15. On the beach — 127
16. The lifeboat — 127
17. The good swimmer — 135
18. The antique shop — 144
19. Night duty — 153
20. A haunting experience — 155

IV Reading comprehensions
(With questions and answers in English)
1. At grandmother's house — 6
2. Who left the garden gate open? — 17
3. Truth will out — 19
4. The school report — 22
5. The twins — 23
6. An evening out — 33
7. The Rhine — 49
8. Austria — 61
9. A visit to the zoo — 76
10. A terrible dream — 79
11. A disaster averted — 85
12. A hazardous train journey in winter — 90
13. A first visit to England — 98
14. Hamburg — 101
15. The Harz — 102
16. The boat trip — 126
17. Football crazy — 134
18. The unfortunate policeman — 143
19. A mysterious fire — 149
20. The haunted manor-house — 159

V Listening comprehensions
(The texts of the listening comprehensions are to be found in the *Teacher's Book*)
1. The Meyer family — 7
2. The old house — 13
3. A father remembers his first day at school — 21
4. Music lessons — 30
5. A shopping expedition — 50
6. A devious plan — 53
7. An unexpected start to a honeymoon — 66
8. A serious flood — 66
9. An accident on the way home — 75
10. An unusual meal — 78

11.	A shaggy horse story	78
12.	A dangerous flight	89
13.	This seat is taken	94
14.	Ulla's trip to England	104
15.	Camping in the rain	113
16.	A mountain hike	118
17.	A visit to Bavaria	118
18.	A regular trip to the seaside	132
19.	Rehearsal for murder	145
20.	A matter of life or death	145
21.	The brave fireman	152
22.	A 'ghost' story	158

VI Nacherzählungen

(The texts for the reproduction tests will be found in the *Teacher's Book*)

1.	The difficulties of parking a car	48
2.	A treacherous night	67
3.	The ventriloquist's dog	76
4.	Straight from the horse's mouth	76
5.	The new tent	107
6.	Poison for breakfast	148
7.	A disastrous hotel fire	154
8.	An unfortunate mistake	160

VII Questions on a picture

1.	Die Familie zu Hause	2
2.	Der Garten	12
3.	Am Wochenende	34
4.	Die Hauptstraße	42
5.	Après-Ski	63
6.	Ein Flughafen	87
7.	Ein Bahnhof	95
8.	Der Campingplatz	109
9.	Die Tankstelle	116
10.	Die Eingangshalle	119
11.	Der Strand	129
12.	Der Tennisplatz	137

VIII Picture essays and retranslation sentences

1.	Der Umzug	14
2.	Jutta kommt spät in die Schule	26
3.	Der Kinobesuch	36
4.	Der Hustensaft	54
5.	Ein Wintertag	64
6.	Das neue Fahrrad	72
7.	Ein Hund rettet einen ertrinkenden Jungen	80
8.	Der Hund und die Pfeife	92
9.	Camping macht Spaß	110
10.	Der inkompetente Empfangschef	122
11.	Am Meer	130
12.	Das unterbrochene Hockeyspiel	138
13.	Der Einbrecher	146
14.	Ein Haus gerät in Brand	150
15.	Eine Gespenstergeschichte	156

IX Dialogues

1.	Beim Frühstück	4
2.	Ein Vater liest das Schulzeugnis seines Sohnes	24
3.	Fritz hat es besser als seine Schwester	38
4.	Im Blumenladen	43
5.	Monika kauft ein Kleid	43
6.	In der chemischen Reinigung	44
7.	Im Fundbüro	44
8.	Beim Arzt	51
9.	In der Apotheke	57
10.	Ein Unfall	70
11.	Im falschen Zug	96
12.	Am Zoll	100
13.	Bekanntschaften machen und eine Verabredung	103
14.	In einer Jugendherberge	107
15.	Auf dem Campingplatz	108
16.	Im Campingladen	108
17.	An der Tankstelle	115
18.	Die Sommerferien	117
19.	Ferienpläne	118
20.	In der Sparkasse	121
21.	Spaziergang am Strand	128
22.	Die Sportschau	136

X Rôle-playing situations

1.	You have got up late and are talking to your mother.	4
2.	Your family has just moved and you are talking to the boy next door.	17
3.	You are talking to a friend on the way to school.	25
4.	You are at a theatre box office.	32
5.	You are talking to a policeman in a German town.	47
6.	You are at the greengrocer's.	48
7.	You should get up but you feel ill.	53
8.	You are talking to a friend who has just returned from a skiing holiday.	62
9.	You are a cyclist who has been involved in an accident.	70
10.	You are a farmer talking to a young student.	79
11.	You have arrived late at an airport.	88
12.	You are at the ticket office at Munich station.	97
13.	You have just arrived at your pen-friend's house.	100
14.	Your pen-friend is doing homework. You are talking to the parents in the kitchen.	101
15.	You have just arrived at a youth hostel and are talking to the warden.	113
16.	You are in a souvenir shop.	113
17.	You are at a filling station. Later you break down on the motorway and are

	phoning the police.	117
18.	You want to stay overnight in a hotel. You are talking to the receptionist.	120
19.	You are in a bank. You are talking to a bank clerk.	121
20.	You are in a restaurant. You are talking to the waiter and then your friend.	124
21.	You are on holiday at the seaside. You are talking to your sister who has been swimming.	128
22.	You want to join a sports' club in Germany. You are talking to the secretary.	136

XI General oral questions

1.	The family	6
2.	House and garden	16
3.	School	25
4.	Leisure	39
5.	Shopping	48
6.	The weather and Christmas	60
7.	Holidays and food	125

XII Letter writing

1.	The family	3
2.	House and garden	13
3.	School	24
4.	Leisure	35
5.	A town	45
6.	Illness	53
7.	Christmas	62
8.	In hospital	71
9.	Animals	83
10.	An exchange (by air)	88
11.	An exchange	99
12.	Youth hostels and camping	114
13.	Booking a hotel room	120
14.	Holidays	133
15.	Sport	140

XIII Essay titles

1.	House and garden	17
2.	Schools	28
3.	Leisure	38
4.	Towns	50
5.	Accidents	70
6.	Animals	84

7.	Trains	96
8.	Exchanges	103
9.	Camping and youth hostels	114
10.	Holidays	121
11.	Crime	145
12.	Ghosts	160

XIV Illustrated vocabulary

1.	Blumen und Bäume	10
2.	Der Baum	10
3.	Gartengeräte	11
4.	Ein Schulzeugnis	22
5.	Ein Plan eines Theaters	32
6.	Ein Stadtplan	46
7.	Vogelarten	78
8.	Haustiere	78
9.	Insekten und Spinnen	112

XV Revision exercises

1.	Use of cases	7
2.	The indefinite article / Interrogative adjectives / Personal pronouns / Demonstrative adjectives / Interrogative pronouns	18
3.	Relative pronouns	28
4.	Adjectival endings	39
5.	Comparison of adjectives	50
6.	Expressions of time	58
7.	Prepositions with the dative / with the accusative or dative	67
8.	Prepositions with the accusative / with the genitive	75
9.	The present tense / imperfect tense / future tense / perfect tense	84
10.	The pluperfect tense	89
11.	The conditional tense	97
12.	The future perfect tense / the conditional perfect tense	104
13.	The imperative	114
14.	Modal verbs / the passive	125
15.	*Um . . . zu* / the subjunctive	133
16.	Conjunctions / word order	141
17.	Question forms / inseparable prefixes / the present participle	148
18.	Verbs followed by the dative / verbs with prepositions	154
19.	Verbs to watch	160

Preface

The original edition of *Angekommen* has been revised to give a greater balance between the skills of *listening/speaking* and *reading/writing*. A glance at the new, detailed list of individual skills will show the extent of this revision.

The nineteen basic themes of the first edition have been retained except that there is now only one chapter on animals and a completely new chapter on sport has been added. The twentieth theme on *Deutschlandkunde* has also been revised and updated.

Although all the basic grammar needed for 16+ examinations was covered in the first two parts of the course (*Biberswald* and *Unterwegs*), the revision sentences give essential practice in grammar and have been devised to link up with the detailed grammatical summary. They appear at the end of each main theme. English equivalents have been added to the individual vocabularies and these have been moved to the back of the book. They are now easier to learn.

Angekommen also considerably widens and consolidates the student's vocabulary. The individual skills tested in each theme overlap and complement each other. The retranslation sentences have been added to give extra practice in the skills needed for accurate essay writing. The material has been carefully chosen and is highly integrated. Many of the texts incorporated in the themes are taken from actual examination papers.

Most of the illustrations have been redrawn and there are many new photographs. The tapes have been expanded and re-recorded for greater clarity.

A teacher's book has been written to complement the pupil's book. It has been conceived on two levels:

(i) It contains the texts of the listening comprehension tests, *Nacherzählungen*, multiple-choice listening comprehension tests, the general conversation questions with answers, dictations and the German text of the rôle playing situations which have been dramatised.

(ii) It contains sample answers to most of the individual skills tested.

It has also been envisaged that, at the teacher's discretion, the teacher's book might also be made available to evening class students or to pupils who are able to work more independently. It could also help to accelerate progress in individual cases. Alternatively the sample answers could be recorded on tape and used in a language laboratory.

I have discussed fully *how* to tackle the various skills needed for public examinations in my *German Study Aid* published by *Pan Books* in conjunction with *Heinemann Educational Books*. My own pupils have found this especially useful. I would also recommend that pupils have the use of a small German dictionary.

Once again I should like to acknowledge my indebtedness to my wife for her patience and her many constructive suggestions and also to Alfred Walter and Heidi Harris who kindly read through the manuscript and ensured the authenticity of the German.

D.F.S.

List of photographs

Page
- 1 Grandmother (by courtesy of the author)
- 9 German suburban house (by courtesy of Mary Glasgow Publications)
- 21 Schoolchildren (by courtesy of the German Embassy)
- 29 Motorbikes (by courtesy of Mary Glasgow Publications)
- 30 Inside the Culvillies theatre, Munich (by courtesy of the German Embassy)
- 31 Concert pianist (by courtesy of Deutsche Grammophon)
- 45 Tübingen: river scene (by courtesy of the German Embassy)
- 49 Cologne cathedral (by courtesy of the German Embassy)
- 57 An Apotheke (by courtesy of Mary Glasgow Publications)
- 59 Christmas scene in Düsseldorf (by courtesy of the German Embassy)
- 83 Windsor Safari Park with dolphins (by courtesy of Windsor Safari Park)
- 102 The Harz region (by courtesy of Inter Nationales)
- 105 German youth hostel commonroom (by courtesy of Mary Glasgow Publications)
- 126 Motor launch in lake (by courtesy of Hewett Street Studios)
- 161 The Passion Theatre at Oberammergau (by courtesy of Barnaby Picture Library)
- 161 Beach baskets on the Island of Sylt (by courtesy of Barnaby Picture Library)
- 162 Adenauer (by courtesy of London Express News and Feature Service)
- 162 Erhard (by courtesy of the German Embassy)
- 162 Kiesinger (by courtesy of the German Embassy)
- 162 Brandt (by courtesy of the German Embassy)
- 162 Schmidt (by courtesy of the German Embassy)
- 162 Kohl (by courtesy of the German Embassy)
- 163 First day at school (by courtesy of the German Embassy)
- 163 The Munich Oktoberfest (by courtesy of the German Embassy)
- 164 Goethe (by courtesy of the German Embassy)
- 164 Schiller (by courtesy of the German Embassy)
- 164 Martin Luther burning the Papal Bull (by courtesy of Popperfoto)
- 164 Hitler (by courtesy of Barnaby Picture Library)
- 164 Bismarck (by courtesy of the German Embassy)
- 164 Hanna Schygulla (by courtesy of the Associated Press)
- 164 Brecht (by courtesy of the German Embassy)
- 164 Günther Grass (by courtesy of the Associated Press)
- 165 The Zugspitze (by courtesy of Camera Press)

Thema 1
Die Familie

A. Memories of childhood

Translate the following passage into English:

Mein Vater fiel im ersten Weltkrieg, und als meine Mutter wieder heiratete, kam ich zu meinen Großeltern. Ich war damals fünf Jahre alt. Viele Kinder wären vielleicht traurig gewesen, aber im Haus meiner Großeltern war ich sehr glücklich.

Meine Großmutter machte sich und mir das Leben nicht schwer. Ihr Glaube war, daß man nur tapfer zu sein brauche, um Erfolg zu haben. Ich schlief allein in einem großen Zimmer, und hier begann, glaube ich, meine Erziehung.

An den ersten Abenden plauderte meine Großmutter mit mir, bis ich schläfrig wurde, aber später gab sie es auf, zwei Wochen lang lag ich die ganze Nacht mit dem Kopf unter dem Kissen. Endlich aber gewöhnte ich mich an das Gefühl des Alleinseins.

Nach sechs Monaten starb mein Großvater im Alter von siebzig, und meine Großmutter und ich blieben allein miteinander. Zu dieser Zeit war ich so weit gekommen, daß ich mich immer darauf freute, in dem großen Zimmer allein zu sein.

Meine Großmutter glaubte, daß sie genauso fähig wie eine junge Mutter war, einen Jungen aufzuziehen, und mein Leben war besser als das der meisten Kinder der Nachbarschaft. Als ich später auf der Oberschule war, kam sie oft zum Fußballplatz, um mich spielen zu sehen.

Ich sehe sie noch gut vor mir. Sie war eine kleine Frau mit schwarzen, etwas angegrauten Haaren. Sie machte alle Einkäufe und die Hausarbeit selbst. Sie lebte ruhig und war ein sehr beliebter Mensch, den man nicht schnell vergißt.

Grandmother

B. Die Familie zu Hause

Fragen

Herr und Frau Braun sind mit ihren drei Kindern, Peter (17), Jürgen (12) and Ulla (14) im Wohnzimmer.

1. Wo sitzt Herr Braun, und was macht er?
2. Welcher Junge ist Peter?
3. Telefoniert Jürgen?
4. Wo ist der Hund?
5. Wo ist die Katze?
6. Was sehen Sie auf dem kleinen Tisch, der neben Frau Braun steht?
7. Wo ist die Uhr, und wie spät ist es?
8. Wo ist der Fernsehapparat?
9. Wann macht man einen Fernsehapparat an?
10. Was macht Frau Braun?

Aufgabe

Make up another *ten* questions based on the picture opposite.

C. Letter writing

Imagine you are Alison. Write a reply to Gabi's letter. Answer her questions and ask some of your own.

Bebenhausen, den 21. September.

Liebe Alison,
      Ich habe Deine Adresse von meiner Englischlehrerin bekommen. Sie kennt Deine Deutschlehrerin, und die beiden hoffen eventuell einen Schüleraustausch zwischen unseren Schulen zu arrangieren.
      Ich möchte also sehr gerne einen Briefwechsel mit Dir beginnen. Zuerst muß ich mich vorstellen. Ich heiße Gabi, und ich bin fünfzehn Jahre alt. Mein Geburtstag ist am dritten Mai. Ich habe zwei Geschwister - einen neunzehnjährigen Bruder, Thorsten, der auf der Uni ist, und eine jüngere Schwester, Heike, die dreizehn Jahre alt ist. Wir wohnen in einem ziemlich großen Einfamilienhaus in Bebenhausen, einem kleinen Dorf, das nicht weit von Tübingen entfernt liegt. Mein Vater arbeitet in einem Büro in Reutlingen und muß jeden Tag mit der Bahn dahin fahren. Meine Mutter ist Sekretärin. Wir haben auch einen kleinen Hund namens Fritzi.
      Wie alt bist Du, und wann hast Du Geburtstag? Hast Du auch Geschwister? Wie alt sind sie? Was macht Dein Vater beruflich? Arbeitet Deine Mutter auch? Hast Du Haustiere?
      Schreib' bald!
      Viele Grüße an Dich und Deine Eltern,

Deine Gabi

D. Die Familie Wachner

Translate the following passage into German:

The Wachner family live in a fairly large flat in a pleasant suburb of Bonn. Herr Wachner is a businessman and every day he has to get up early to drive to his office which is in the town centre. Sometimes he has to fly to France or Italy. His wife is a secretary in a primary school but she only works in the mornings. Herr and Frau Wachner have two children – a sixteen-year-old son, Rainer, who wants to become a doctor and a fourteen-year-old daughter, Uschi, who doesn't know what she wants to become. Rainer is taller than his father and has blonde hair and blue eyes. Uschi is not quite as tall as her mother and has short black hair and brown eyes. Herr Wachner has a beard and a moustache.

E. Dialogue

Beim Frühstück

Mutter: Da bist du ja endlich, Peter. Ich warte schon eine Viertelstunde auf dich. Was hast du denn so lange gemacht, daß du so spät kommst?
Peter: Guten Morgen, Mutti. Ich konnte meinen neuen Pullover nicht finden.
Mutter: Mußt du denn den neuen tragen? Komm, setz dich hierher. Dein Kaffee ist noch heiß!
Peter: Mutti, den Zucker!
Mutter: Du könntest ein wenig höflicher zu deiner Mutter sein. Man sagt „bitte", wenn man etwas haben will.
Peter: Mutti, würdest du mir bitte den Zucker herüberreichen?
Mutter: Bitte schön! Mein lieber Sohn!
Peter: Danke schön.
Mutter: Du solltest auch nicht so schnell trinken.
Peter: Ach, der Kaffee ist zu heiß! Ich hab' mir die Zunge verbrannt.
Mutter: Ja, das kommt davon, daß du immer zu spät zum Frühstück kommst.
Peter: Ja, ich weiß, ich esse und trinke viel zu schnell, und das ist nicht gesund.
Mutter: Sei doch nicht so frech und denk daran: „Gut gekaut ist halb verdaut."
Peter: Laß das, Mutti. Es ist schon zwanzig Minuten vor acht. Ich muß mich beeilen, sonst komme ich zu spät in die Schule.
Mutter: Wie immer! – Na ja, ich nehme dich im Wagen bis zur Schillerstraße mit.
Peter: Prima! Und noch eins, Mutti. Inge aus meiner Klasse hat mich zu einer Party am Samstag eingeladen. Ich würde ganz gern hingehen.
Mutter: Na, meinetwegen. Aber du kommst nicht zu spät nach Hause. – Nun aber schnell!
Peter: Ja, Mutti. Danke vielmals.

F. Rôle playing

Imagine that you have got up late and that you are talking to your mother.

1. Say that you didn't hear the alarm.
2. Say that you are very tired as you read in bed until a quarter past one.
3. Say that you can't find your German exercise book and ask your mother if she has seen it.
4. Say that you haven't got time to have any breakfast.
5. Ask your mother if she will drive you to school as you have missed the school bus.

G. Use of German

Power failure

Vor zwei Wochen saß die Familie Schonefeld am Abend im Wohnzimmer zusammen. Herr Schonefeld und sein älterer Sohn Jörg sahen sich ein Fußballspiel im Fernsehen an. Ab und zu sprang Jörg aufgeregt auf, bis sein Vater ihn mit einem „Setz dich doch!" wieder zur Ruhe brachte.

Frau Schonefeld und ihre Tochter Irmtrud hatten dem Fernsehgerät den Rücken gekehrt und nähten Irmtruds Hochzeitskleid. Oder, richtiger gesagt, Frau Schonefeld nähte fleißig, während Irmtrud zusah! Ein paarmal aber eilte diese in die Küche, um nach dem Kuchen zu sehen, den die Mutter vorhin in den Backofen geschoben hatte.

Auf dem Sofa saßen der jüngere Sohn Alfred und seine Freundin. Sie interessierten sich natürlich weder für das Fußball-spiel noch für das Hochzeitskleid!

Auf einmal ging das Licht aus. Das Fernsehbild wurde zu weißen Linien mitten auf dem Bildschirm, dann erlosch es ganz. Einige Sekunden lang war es ganz still im Zimmer. Dann fanden sie die Sprache wieder, und Flüche, Schreie und Ausrufe vermischten sich. Nur die beiden auf dem Sofa schienen, nichts sagen zu wollen!

Es dauerte anderthalb Stunden, bevor sie wieder Licht bekamen. Herr Schonefeld hatte das Warten schon längst aufgegeben und war schlafengegangen, ohne zu wissen, ob Bayern-München schließlich gewonnen hatte. Frau Schonefeld holte den Kuchen aus dem kaltgewordenen elektrischen Ofen; er sah aus wie die Spitze eines Vulkans! Irmtrud ärgerte sich, weil sie fürchtete, das Kleid würde bis zur Hochzeit nicht fertig werden. Nur die beiden, die immer noch dicht nebeneinander auf dem Sofa saßen, waren mit allem zufrieden!

1. Wie viele Menschen saßen vor zwei Wochen im Wohnzimmer?
2. Welcher Sohn war Jörg?
3. Was machte Jörg im Wohnzimmer?
4. Wer war Irmtrud?
5. Warum, glauben Sie, brauchte Irmtrud ein Hochzeitskleid?
6. Was hatte die Mutter gemacht, bevor sie das Kleid nähte?
7. Wo war der Kuchen?
8. Mit wem saß Alfred auf dem Sofa?
9. Wann erlosch das Fernsehbild?
10. Was machten sie alle, als sie die Sprache wieder fanden?
11. Wann bekamen sie wieder Licht?
12. Warum war Herr Schonefeld schlafengegangen?
13. Wohin ging Frau Schonefeld, um den Kuchen aus dem Ofen zu holen?
14. Was konnte Frau Schonefeld in der Dunkelheit nicht machen?
15. Ärgerten sich Alfred und seine Freundin, als das Licht ausging?

A.E.B. 1973

H. General oral questions

1. Wie heißen Sie?
2. Wie alt sind Sie?
3. (a) Wann sind Sie geboren?
   (b) Wann haben Sie Geburtstag?
4. Was tun Sie, wenn Sie Geburtstag haben?
5. Haben Sie Geschwister?
6. Wie alt sind Ihre Geschwister, und was tun sie?
7. Was für Verwandte haben Sie noch?
8. Beschreiben Sie Ihre Eltern!
9. Sind Ihre Eltern beide berufstätig, und wo arbeiten sie?
10. Haben Sie Tiere zu Hause? Wenn ja, welche?
11. Um wieviel Uhr sind Sie heute morgen aufgestanden?
12. Was haben Sie heute morgen gemacht, bevor Sie zur Schule gekommen sind? (5 Sachen)
13. Was werden Sie heute abend machen, wenn Sie die Schulaufgaben fertig haben? (5 Sachen)

I. Reading comprehension

Bei der Großmutter

Ich heiße Lotte und wohne in Ostengland. Ich sehe meine Großmutter nur selten, denn sie wohnt in Nordengland in einem kleinen Haus auf dem Lande. Vor einem Jahr aber hat unsere ganze Familie die Sommerferien in der Nähe ihres Hauses verbracht, und wir haben sie dreimal besucht.

Eines Nachmittags, als wir bei ihr waren, regnete es heftig, und wir konnten nicht im Garten sitzen. Großmutter, oder Oma, wie ich sie immer nenne, fragte, ob ich einige alte Fotos aus ihrer Kindheit sehen möchte. Zwar war ich nicht sehr begeistert, denn ich glaubte, daß die Fotos nicht sehr interessant sein würden, aber ich wollte nicht unhöflich sein, und daher sagte ich „Ja."

In der Tat fand ich die Fotos sehr spannend. Einige zeigten die mittelalterlichen Häuser und Läden in der kleinen Stadt, wo Oma als Kind lebte; andere waren Bildnisse von alten Mitgliedern unserer Familie. Zum ersten Mal sah ich ein Foto meines Großvaters, der vor elf Jahren gestorben ist.

1. Where exactly does grandmother live?
2. Why was Lotte able to visit her grandmother recently?
3. Why was Lotte not at first keen on looking at the photographs?
4. What kinds of building could be seen in the photographs?
5. Why was the photograph of Lotte's grandfather of particular interest to her?

J. Listening comprehension 🎧
The Meyer family

1. Where exactly does Herr Meyer work?
2. What time does he start work?
3. Why does he go to work by tram?
4. What does Johann want to be when he is qualified?
5. How old are the younger children, Eva and Erich?
6. How long does Frau Meyer work in the office each day?
7. What do Eva and Erich have to do in the afternoon?
8. What time does Herr Meyer arrive home in the evening?
9. What sort of car does the family have?
10. Why does the family drive to Lake Constance at weekends during the summer?

K. Revision exercises
Use of cases (p. 176 §1)

(a) *Nominative*
Complete the following sentences:
1. D— Dorf ist schön.
2. D— Garten ist groß.
3. D— Schule ist neu.
4. D— Mädchen spielen Tennis.
5. Er ist mei— Freund.
6. Sie ist sei— Schwester.
7. Das ist ih— Buch.
8. Sind sie sei— Brüder?
9. D— Brief wurde gestern geschickt.
10. D— Soldaten wurden heute morgen getötet.

(b) *Accusative* (Direct Object)
Complete the following sentences:
1. Dieses Mädchen hat ei— Bleistift, ei— Kuli, ei— Heft, ei—Füller und ei— Mappe.
2. Maria schreibt Andrew ei— Brief.
3. Dieser Gast holt sei— Schlüssel am Empfangstisch.
4. Hast du mei— Mantel gesehen?
5. Tragen Sie dies— Koffer nach oben!
6. Hast du dies— Buch gelesen?
7. Hast du ei— Fernseher und ei— Radio?
8. Mögen Sie dies— Äpfel?
9. Sehen Sie unse— Haus und unse— Garten?
10. Nehmen Sie dies— Blumen!

(c) *Genitive* (Possession)
Complete the following sentences:
1. Wissen Sie den Namen dies— Hotel—?
2. Er ist der Sohn d— Kellner—.
3. Ist das Dach jen— Haus— rot?
4. Der Mann jen— Frau heißt Paul.
5. Das ist die Hauptstraße dies— Dorf—.
6. Sehen Sie den Gipfel d— Berg—?
7. Die Adresse sein— Tochter ist unbekannt.
8. Die Farbe mei— Heft— ist grün.
9. Die Mutter jen— Kinder ist sehr jung.
10. Das Fahrrad ihr— Sohn— ist nagelneu.

(d) *Dative* (Indirect Object)
Complete the following sentences:
1. Er zeigt sei— Freundin die Fotos.
2. Der Kellner bringt d— Mann ein Glas Bier.
3. Die Empfangsdame gibt d— Frau ihren Schlüssel.
4. Geben Sie d— Kinder— ihre Hefte!
5. Sagen Sie Ihr— Schwester kein Wort!
6. Er verkaufte d— Frauen die Erdbeeren.
7. Der Mann kaufte sei— Sohn eine Schallplatte.
8. Er schickte sei— Freund— Postkarten.
9. Er sagte sei— Eltern „Auf Wiedersehen".
10. Hast du dein— Lehrer den Brief gezeigt?

Thema 2
Haus und Garten

A. House hunting

Translate the following passage into English:

Wir träumten schon lange von einem größeren Haus und waren natürlich überglücklich, als unsere Eltern verkündigten, daß wir jetzt endlich die Mittel hatten, um uns nach einem anderen Haus umzusehen.

Alle Häusermakler in der näheren Umgebung wurden alarmiert, und fieberhaft studierten wir die Anzeigen in den Zeitungen. Die meisten Grundstücke, die angeboten wurden, waren jedoch nicht, was meine Eltern sich vorgestellt hatten. Letzen Dienstag sollte wieder eine Hausbesichtigung stattfinden, aber meine Geschwister und ich hatten keine Lust mitzugehen. Spät am Nachmittag kamen meine Eltern mit strahlenden Gesichtern zurück: Sie hatten das Haus gekauft! Wir wußten nicht, was wir sagen sollten. Wir hatten das Haus ja noch nicht gesehen.

Eine Woche später stand es jedoch schon leer, und auch wir konnten es besichtigen. Eine hohe Hecke umgab das ganze Grundstück und der Garten erschien uns wie ein Park. Erwartungsvoll betraten wir das Haus. Unten waren zwei Wohnzimmer, eine große Eßdiele und eine Traumküche. Flur und Toilette waren separat. Eine geschwungene Treppe führte von der Diele nach oben zu vier Schlafzimmern und luxoriösem Badezimmer. Endlich hatten wir Kinder jeder unser eigenes Zimmer. Das ganze Haus war unterkellert, und mein Bruder beschloß sofort, dort ein Bastelzimmer einzurichten.

Der Umzug, der schon einen Monat später stattfand, verlief reibungslos. Ein Traum war wahr geworden.

A.E.B. 1969

B. Our house

Translate the following passage into German:

Our house was pretty and had a large garden. It looked fairly old but inside it was very modern. It had five bedrooms, two bathrooms, a large lounge, a small dining room and a cosy kitchen. Outside in the garden there was a lawn, a lot of flower beds, shrubs and trees and in summer beautiful roses bloomed everywhere. There was a high fence around the garden and you could only see the flowers when you walked through the gate. But as we had a very large dog who always used to bark loudly, most people used to walk past the house quickly. I used to help my father to keep the garden tidy.

C. Use of German

Moving house

An einem kühlen, nebligen Tag im November sollte die Familie in das neue Haus einziehen. Der Vater hatte den Schulleiter im voraus gebeten, seinen vier Kindern einen Tag frei zu geben, damit sie beim Umzug helfen könnten. Sie waren ja groß genug dazu. Als sie gefrühstückt hatten, sagte Vater: „Heute muß jeder mit Hand anlegen, dafür habt ihr ja schulfrei bekommen. Wir werden alle Hände voll zu tun haben."

Eine Viertelstunde später fuhr ein großer Möbelwagen vor. Die ganze Familie machte sich an die Arbeit. Bis Mittag wurde die alte Wohnung ausgeräumt, und alle fuhren hinaus zum neuen Haus. Der Möbelwagen wurde von drei starken Männern entladen. Die Elternen stand im Hausflur und steuerten die Möbelstücke an die richtigen Plätze. Der Schrank mußte zum Beispiel ins Eßzimmer, das Klavier ins Wohnzimmer, und die Kisten mußten in den Keller getragen werden.

Der zwölfjährige Ulrich trug Stühle herein, während sein jüngerer Bruder Martin den Vogelkäfig an den wärmsten Platz im Hause stellte. Die Mutter mußte die Betten machen, und ihre zwei Töchter halfen ihr. Am späten Nachmittag waren sie endlich fertig. Müde versammelte sich die Familie zur ersten Mahlzeit im eigenen neuen Haus um den Küchentisch. Dem kleinen Martin fielen schon fast die Augen zu.

1. Wie war das Wetter, als die Familie in das neue Haus einzog?
2. Wer hatte den Kindern erlaubt, einen freien Tag zu haben?
3. Was sollten die Kinder an diesem Tag machen?
4. Wo wohnte die Familie, bevor sie umzog?
5. Wann fuhren sie zum neuen Haus?
6. Wer entlud den Möbelwagen?
7. Was machten die Männer mit dem Schrank?
8. Welcher Bruder war Ulrich?
9. Wie alt war Ulrich?
10. Wem halfen die zwei Töchter, die Betten zu machen?
11. In welchem Zimmer aß die Familie ihre erste Mahlzeit im eigenen neuen Haus?
12. Warum fielen dem kleinen Martin die Augen zu?

German suburban house

D. Im Garten

(a) Blumen und Bäume

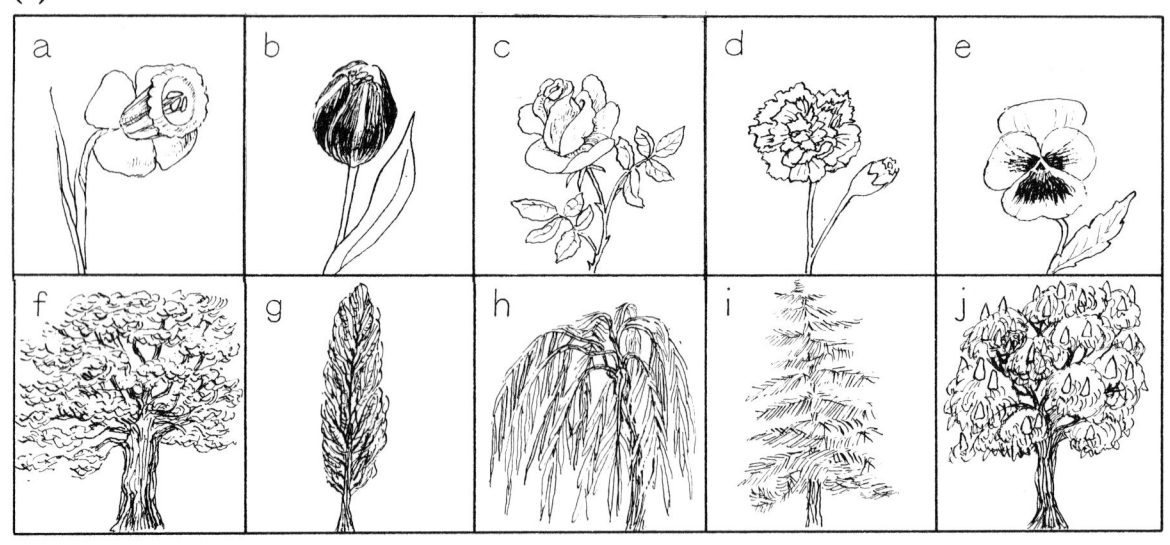

(a) die gelbe Narzisse (–n)
(b) die Tulpe (–n)
(c) die Rose (–n)
(d) die Nelke (–n)
(e) das Stiefmütterchen (–)
(f) die Eiche (–n)
(g) die Pappel (–n)
(h) die Weide (–n)
(i) die Tanne (–n)
(j) der Kastanienbaum (⸚e)

(b) Der Baum

Ein Baum hat einen Stamm, Äste, Zweige und Blätter. Er hat auch einen Wipfel und Wurzeln.

(a) der Wipfel (–)
(b) der Zweig (–e)
(c) der Ast (⸚e)
(d) das Blatt (⸚er)
(e) der Stamm (⸚e)
(f) die Wurzel (–n)

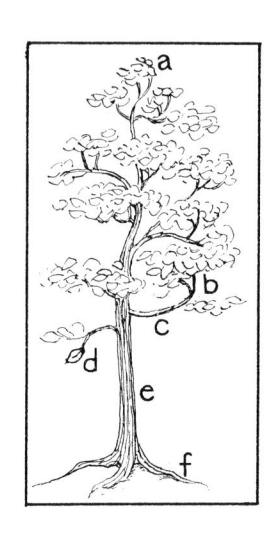

(c) Gartengeräte

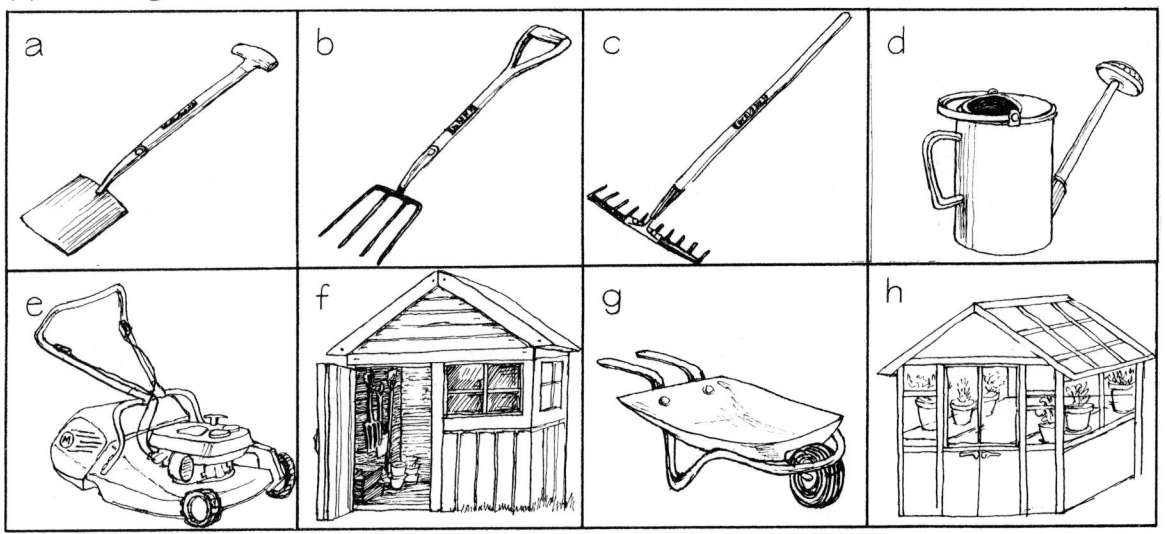

(a) der Spaten (–)
(b) die Gabel (–n)
(c) der Rechen (–)
(d) die Gießkanne (–n)
(e) der Rasenmäher (–)
(f) der Schuppen (–)
(g) die Schubkarre (–n)
(h) das Gewächshaus (¨er)

(d) Der Gärtner

Der alte Mann ist Gärtner.
Er pflanzt, begießt und pflückt die Blumen.
Er gräbt und jätet.
Er beschneidet die Bäume.
Er züchtet Blumen, Obst und Gemüse.
Er mäht den Rasen.

(e) Allgemeines

Man findet auch einen Rasen, Blumenbeete, Pflanzen, Büsche und leider auch Unkräuter in einem Garten.

Manche Gärten haben auch einen Obstgarten und einen Gemüsegarten. Sie sind manchmal von einer Mauer, einem Zaun oder einer Hecke umgeben.

Wenn man sich im Garten ausruhen will, dann setzt man sich in einen Liegestuhl.

E. Der Garten

Fragen

1. Wie viele Bäume sehen Sie auf dem Bild?
2. Was für Bäume sind es?
3. Was macht Herr Braun?
4. Was macht Frau Braun?
5. Womit hat sie eben die Blumen begossen?
6. Womit gräbt Peter?
7. Was sehen Sie an der Eiche angelehnt?
8. Wo, glauben Sie, bewahrt Herr Braun seine Gartengeräte auf?
9. Wo ist der Zaun?
10. Wo sind die Blumen?

Aufgabe

Make up another *ten* questions based on the picture opposite.

F. Letter writing

Imagine you are Alison. Write a reply to Gabi's letter. Answer her questions and ask some of your own.

Bebenhausen, den 8. Oktober.

Liebe Alison,

    Vielen Dank für Deinen Brief, den ich vorgestern bekam. Vielen Dank auch für das Foto von Deiner Familie. Jetzt weiß ich, wie Du und die Mitglieder Deiner Familie aussehen. Übrigens finde ich Deine Katze niedlich.

    In diesem Brief werde ich Dir ein paar Zeilen über unser Haus schreiben. Wie ich in meinem letzten Brief gesagt habe, wohnen wir in einem zeimlich großen Einfamilienhaus nicht weit von Tübingen. Kannst Du Tübingen auf der Landkarte finden? Unser Haus hat vier Schlafzimmer, ein Badezimmer und eine Toilette oben. Unten sind das Wohnzimmer, das Eßzimmer, die Küche und noch eine Toilette. Wenn Du zu uns kommst, kannst Du entweder ein Zimmer für Dich haben, oder Du kannst ein Zimmer mit mir teilen.

    Wir haben zwei Gärten - einen kleinen vor dem Haus und einen größeren hinten, wo wir einen großen Rasen haben. Manchmal spielen wir Federball dort. Was für ein Haus hast Du, und wo liegt es? Hast Du ein Zimmer für Dich? Hast Du einen Garten? Mein Vater baut gern Gemüse an, und wir haben auch ein paar Obstbäume. Arbeitet Dein Vater auch gern im Garten? Ich lege Dir Fotos von mir und der Familie und auch von unserem Haus und Garten bei. Uns allen geht es gut. Wie geht es Euch?

    Schreib' bald wieder!

Deine Gabi

G. Listening comprehension

The old house

1. Where was the house situated?
2. What was the house like inside?
3. How many bedrooms did it have?
4. What was the kitchen like?
5. What was there around the garden?
6. What was the outstanding feature of the garden in summer?
7. Why did most people walk past the house quickly?
8. Who usually helped the old man to keep the garden tidy?

H. Der Umzug

(a) Die Familie Lembke wohnt in einem Mietshaus in der Stadtmitte.
Herr Lembke hat neulich eine bessere Stellung bekommen und verdient jetzt mehr Geld.
Er und seine Frau beschließen umzuziehen.
Sie suchen ein kleines Einfamilienhaus und finden eines am Stadtrande.
Sie beschließen, es zu kaufen.

(b) Der Tag des Umzugs kommt.
Herr und Frau Lembke und ihre zwei Kinder Anna und Paul sind sehr aufgeregt.
Sie haben schon viele Sachen wie Wäsche, Besteck, Geschirr, Vasen und Bücher in Kisten gepackt.
Der Möbelwagen fährt vor.
Drei Männer steigen aus und beginnen, die Möbel und Kisten in den Wagen zu tragen.
Die Kinder helfen ihnen beim Einladen.
Mitzi, die Katze, ist jedoch sehr überrascht.
Sie versteht gar nicht, was geschieht.
Alles ist endlich fertig.
Der Möbelwagen fährt ab, und die Lembkes folgen in ihrem Auto.

(c) Sie erreichen das neue Haus.
Die Männer entladen den Möbelwagen.
Die Kinder helfen beim Ausladen.
Die Eltern richten die Zimmer ein.

(d) Frau Lembke bereitet das erste Abendessen im neuen Haus vor.
Die Familie setzt sich an den Tisch und ißt zu Abend.
Mitzi bekommt eine Schüssel mit Fisch und eine Untertasse mit Milch.
Sie frißt nichts.
Sie säuft nichts.
Sie scheint unglücklich zu sein.
Sie hat Heimweh nach der alten Wohnung.

(e) Die Katze springt über die Mauer.
Sie läuft die Straße entlang.
Sie will zur alten Wohnung zurückkehren.
Sie erreicht das Mietshaus.
Sie bleibt vor dem Haupteingang stehen.
Sie beginnt laut zu miauen.

(f) Eine frühere Nachbarin von der Familie Lembke hört sie, erkennt sie, hebt sie auf und trägt sie in ihre Wohnung.
Sie ruft Frau Lembke an.
Sie erzählt ihr, was passiert ist.
Herr Lembke kommt mit dem Auto.
Er holt Mitzi und fährt sie zum neuen Haus zurück.

Aufgabe

Write out the principal parts and meanings of the following verbs:
bekommen / umziehen / finden / beschließen / sein / aussteigen / helfen / verstehen / geschehen / folgen / scheinen / springen

15

Retranslation sentences

1. They decided to move because Herr Lembke had got a better job.
2. After a month they found a nice detached house which had a small garden.
3. After the men had got out of the furniture van, they began to carry the furniture out of their old flat.
4. While one of the men carried the television set, the other carried a small table.
5. The cat was very surprised because she didn't understand at all what was happening.
6. When they reached the new house, the children helped the men to unload the furniture van.
7. After the cat had jumped over the wall, it ran quickly along the road to the block of flats.
8. The neighbour phoned her friend to tell her what had happened.

Aufgabe

Rewrite the story on page 14 in the PAST in essay form. The following words and phrases may be useful:

vor zwei Monaten	*two months ago*
eines Tages in der vorigen Woche	*one day last week*
am vorigen Tag	*the previous day*
punkt acht Uhr	*at eight o'clock on the dot*
bis Mittag	*by midday*
eine halbe Stunde später	*half an hour later*
nach dem Abendessen	*after supper*
so schnell wie möglich	*as quickly as possible*
gegen halb sieben	*at about half past six*
sofort	*immediately*
endlich	*at last*
leider	*unfortunately*
weder . . . noch	*neither . . . nor*
bald	*soon*

I. General oral questions

1. Wohnen Sie in einem Hotel?
2. Ist Ihr Haus in der Stadt oder auf dem Lande?
3. Seit wann wohnen Sie in Ihrem Haus?
4. Wie viele Zimmer hat das Haus unten?
5. Und was für Zimmer sind das?
6. Wie viele Zimmer hat das Haus oben?
7. Und welche Zimmer sind die?
8. Also, was machen Sie in den verschiedenen Zimmern Ihres Hauses?
9. Beschreiben Sie mal Ihr Schlafzimmer!
10. Was sehen Sie in Ihrem Wohnzimmer?
11. Und was sehen Sie in Ihrer Küche?
12. Wie ist Ihr Haus eigentlich geheizt?
13. Beschreiben Sie mal bitte Ihren Garten!
14. Was machen Sie dort?
15. Haben Sie eine Garage?
16. Wo ist die?
17. Beschreiben Sie doch mal Ihr ideales Haus!

J. Reading comprehension

Wer hat das Gartentor offen gelassen?

Unser Garten ist ziemlich groß, und Vater arbeitet darin, so oft er freie Zeit hat. Er ist besonders stolz auf den grünen ebenen Rasenplatz. Am Ende des Gartens liegt ein Reitweg, und nebenan befindet sich eine Reitschule, wo viele Jugendliche, meistens Mädchen, reiten lernen. Es sind etwa vierzig Pferde da; von Zeit zu Zeit entkommt ein Pferd und läuft den Weg entlang. Vorigen Sonntag regnete es heftig. Wir waren alle im Wohnzimmer, als wir plötzlich draußen ein Klopfen hörten. Vater stürzte zur Gartentür hinaus. Wir folgten ihm und sahen, was geschehen war. Jemand hatte das Gartentor offen gelassen; ein junges Pferd war aus der Reitschule entkommen, und nun trampelte das Tier auf Vaters schönen Rasenplatz umher. Natürlich war Vater sehr böse, aber er hat Tiere gern und hat das Pferd schnell gefangen und wieder zur Reitschule zurückgebracht. Wir wissen nicht, was er zum Besitzer der Reitschule gesagt hat!

1. When does father work in the garden?
2. What mishap sometimes happens at the riding-school?
3. Why was the family indoors on the previous Sunday?
4. What made father angry?
5. What did father do about the situation?

K. Rôle playing

> Imagine that your family has just moved to a new district and that you are talking to the boy next door.
>
> 1. Say that your parents have been looking for a larger house for about a year.
> 2. Say that you like your new house.
> 3. Ask the boy how long he has been living in his house.
> 4. Ask if there is a sports club or a youth club in the vicinity.
> 5. Ask which school he goes to.

L. Essay titles

1. Imagine that your family has just moved. Write a description of the new house or flat.
2. Haus oder Wohnung. Was haben Sie lieber?
3. Letztes Jahr brauchte Ihre Familie ein größeres Haus. Erzählen Sie, wie Ihre Eltern ein neues Haus suchten und endlich eines fanden!
4. Als Ulla fünfzehn Jahre alt war, zog ihre Familie um. Sie hatte früher auf einem Dorf gelebt, aber jetzt wohnt sie in einer Großstadt. Erzählen Sie weiter!

M. Revision exercises

The indefinite article (negative) (p. 177 §4)

Complete the following sentences using the appropriate form of *kein*:

1. ... Mensch wohnt in jenem alten Haus.
2. Er hatte ... Geld bei sich.
3. ... Blumen wuchsen in dem Garten.
4. Sie hatte ... Mann.
5. Er hatte ... Frau.
6. Der alte Mann war einsam, weil er ... Freunde hatte.
7. Er mußte zu Fuß gehen, weil er ... Wagen hatte.
8. Er konnte nicht telefonieren, weil er ... Telefon hatte.

Interrogative adjectives (p. 178 §7)

Complete the following sentences:

1. Welch— Wagen stand vor dem Bahnhof?
2. Welch— Wagen hast du gekauft?
3. In welch— Hotel übernachten Sie?
4. In welch— Haus lief der Einbrecher?
5. Welch— Blumen gefallen Ihnen am besten?
6. Welch— Frau ist die schönste?
7. Mit welch— Freunden sind Sie ins Kino gegangen?
8. Welch— Länder haben Sie besucht?
9. Welch— Mann hat sie geheiratet?
10. In der Mitte welch— Stadt wohnt sie?

Personal pronouns (p. 178 §8)

Translate into German:

(a)
1. I saw him.
2. She saw me.
3. We saw them.
4. They saw us.
5. I saw you (three forms).
6. He saw her.

(b) (c.f. also p. 195 §44)
1. I followed them.
2. She helped me.
3. I believed her.
4. They trusted us.
5. We advised you (three forms).
6. They thanked him.

Demonstrative adjectives (p. 178 §6)

Complete the following sentences:

1. Dies— Beamte arbeitet fleißiger als jen—.
2. Dies— Schule ist älter als jen—.
3. Dies— Mädchen ist höflicher als jen—.
4. Fahren Sie lieber mit dies— Wagen zum Flughafen oder mit jen—?
5. Jen— Radio ist am Rande jen— Tisches auf der linken Seite dies— Zimmers.
6. Dies— Äpfel sind billiger als jen—.
7. Sind Sie mit dies— Weintrauben zufrieden oder möchten Sie lieber jen—?
8. Jed— Schüler in dies—Klasse hat jen— Buch gelesen.
9. Dies— Mann hat jed— Stück Möbel aus jen— Zimmer in dies— Möbelwagen getragen.
10. Dies— Pilot in dies— Hubschrauber hat jen— Jungen auf jen— Felsen gerettet.

Interrogative pronouns (p. 178 §9)

(a) Complete the following sentences using either *wer*, *wen*, *wessen* or *wem* in your answers:

1. —hast du gestern abend gesehen?
2. —wohnt in jener modernen Wohnung?
3. Mit— sind Sie ins Kino gegangen?
4. —Wagen ist das?
5. Von— war der Brief?

(b) Complete the following sentences using either *worauf*, *worüber*, *wovon*, *woran* or *wonach* in your answers (c.f. also p. 196 §45).

1. ... warten Sie?
2. ... haben Sie gedacht?
3. ... spricht er?
4. ... roch das Zimmer?
5. ... fürchten Sie sich?

Thema 3
Die Schule

A. A lethargic pupil

Translate the following passage into English:

Die Schüler schrieben in ihre Hefte. Fräulein Ebner sah auf die Uhr.
„Seid ihr alle fertig?"
Die Schüler legten ihre Kugelschreiber hin.
„Du bist noch nicht fertig, Andreas?"
„Nein, Fräulein Ebner", antwortete Andreas höflich.
„Und warum nicht?"
„Weil ich noch gar nicht angefangen habe, Fräulein Ebner."
Fräulein Ebner hatte gelernt, daß sie immer bis zehn zählen mußte, bevor sie böse wurde.
„Zeig her!" sagte sie.
Andreas stand auf und ging nach vorne. Er reichte ihr sein Heft mit der leeren Seite.
„Aber was in aller Welt hast du die ganze Zeit gemacht?" fragte sie.
„Nachgedacht."

 Diese Geschichte bekamen meine Frau und ich bei dem letzten Elternabend zu hören. Fräulein Ebner hatte uns gefragt, wann Andreas schlafen gehe. Nach einer Sekunde Pause hatten wir gleichzeitig geantwortet: „Um halb zehn."

 Nun, das stimmt nicht ganz. Jeden Abend schlüpft er pünktlich zu dieser Zeit in seinen Pyjama und zieht sich in sein Schlafzimmer zurück. Nach einer bestimmten Zeit – meistens einer Minute – steht er dann wieder auf, um sich die Zähne zu putzen. Dann nimmt er ein Getränk zu sich, oder er sieht in seiner Schultasche nach, ob alles für den Morgen drinnen ist, trinkt wieder etwas, setzt sich vor den Fernseher oder spricht zum Hund.

 In Wahrheit schläft er selten vor zwei Uhr ein. Am Morgen kriecht er dann auf allen Vieren aus dem Bett, so müde ist er. An Sonn- und Feiertagen verläßt er das Bett gar nicht. Deshalb sollte man sich nicht wundern, daß er in der Klasse nicht aufpaßt und manchmal sogar mitten im Unterricht einschläft!

A.E.B. 1981

B. Reading Comprehension

Truth will out

Base your answers on the passage above.

1. What were the pupils doing when Fräulein Ebner looked at the clock?
2. What reason did Andreas give for not having finished?
3. What had Fräulein Ebner learned to do when dealing with Andreas?
4. What answer did Andreas give when Fräulein Ebner asked him what he had been doing?

5. When had Andreas' parents heard about the incident?
6. What had Fräulein Ebner wanted to know from the parents?
7. Why does Andreas look in his school bag?
8. What time does Andreas generally go to sleep?
9. How does he generally get out of bed?
10. Say *two* things about Andreas' behaviour in class.

C. Use of German

An old school revisited

Neulich schlenderte ich die enge Gasse zu meiner alten Schule hinunter. Ich stand gegenüber der riesigen Eingangstür und beobachtete das emsige Kommen und Gehen der Mädchen. Kurzentschlossen ging ich hinüber und betrat das alte Gebäude.

Dreißig Jahre waren es schon her, seitdem ich die Schule verlassen hatte, aber es schien mir so wie gestern. Der steinerne Fußboden, die große, breite Treppe zum oberen Stockwerk und der kleine Schulhof hatten sich nicht verändert. Am Ende des Schulhofes stand mein alter Klassenlehrer, der der einzige Pauker auf der ganzen Schule gewesen war. Ob es inzwischen wohl noch ein Mann gewagt hatte, in dieses Gewimmel von Frauen einzudringen?

O, wie hatten wir damals geschimpft, über die hochkomplizierten Mathematikaufgaben, die lateinische Grammatik, die englische Aussprache und die endlosen Geschichtszahlen, die wir vormittags lernen mußten. Nachmittags wurden wir bei jeglichem Wetter auf den Sportplatz gejagt, wo Weitsprung, Hochsprung und 100m Lauf jeden Tag stattfanden. Einmal in der Woche gingen wir sogar in die Schwimmhalle. Diese Stunden schwänzte ich wenn möglich, weil ich sie haßte, und ich mußte deshalb häufig nachsitzen.

Während der letzten zwei Jahre in der Prima jedoch wurden wir schon fast Musterschülerinnen. Wir wußten, daß wir jetzt keine Zeit zu verlieren hatten, da das Abitur kurz bevorstand.

Ich sah mich noch ein letztes Mal um, und dann kehrte ich in Gedanken versunken in die Stadt zurück.

1. Was hatte die Erzählerin neulich besucht?
2. Wen sah sie, als sie gegenüber der Eingangstür stand?
3. Wann hatte sie die Schule verlassen?
4. Was für einen Fußboden hatte die Schule?
5. Was mußte man machen, um zum oberen Stockwerk zu kommen?
6. Wen sah sie am Ende des Schulhofes stehen?
7. Wie viele Männer hatten in der Schule unterrichtet, als sie selber Schülerin war?
8. Welche vier akademischen Fächer erwähnte die Erzählerin?
9. Was hatte die Erzählerin früher nachmittags machen müssen?
10. Wo hatte sie einmal in der Woche geschwommen?
11. Warum mußte sie häufig nachsitzen?
12. Was hatte sie während der letzten zwei Jahre in der Prima gemacht?

D. Listening comprehension
A father remembers his first day at school

In a Volksschule

1. Where exactly was the school situated?
2. How did one get to it?
3. What action accompanied his father's remarks?
4. What did his mother do?
5. What did Rolf do immediately on arrival at the school?
6. What did Rolf have to do next and why?
7. What was the content of the teacher's opening speech?
8. How did he emphasise these remarks?
9. How did the teacher appear to the pupils?
10. What did he sometimes do and why?

E. Meine neue Schule

Translate the following passage into German:

Since September I have been going to a large comprehensive school in the north of England. I used to go to a small grammar school but we had to move six months ago when my grandmother became ill. I like my new school very much. It has about a thousand pupils.

    Every morning except for Saturday and Sunday I have to get up at about seven thirty, and after breakfast I cycle with a friend to my school which is about three miles away from my house. We have eight lessons every day and each lesson lasts thirty-five minutes. My favourite subjects are history, geography and maths and I hope to study these subjects next year in the sixth form. When I was younger, my parents used to help me with my homework but now they say that it is too difficult! I also like doing sport. In winter I play hockey and I play tennis and do athletics in summer.

Ganztagsgymnasium Barsinghausen

ZEUGNIS

für _Carsten Günther_

(Vor- und Zuname des Schülers)

geboren am _24.8.68_

Schuljahr 19 / _84_ / 85   Klasse _2b_

_2._ Halbjahr

LEISTUNGEN: Notenstufen: sehr gut (1), gut (2), befriedigend (3), ausreichend (4), mangelhaft (5), ungenügend (6).

1. Religion:	2	11. Mathematik:	2
2. Deutsch:	2	12. Physik:	—
3. Geschichte:	3	13. Chemie:	—
4. Gemeinschaftskunde:	—	14. Biologie:	2
5. Erdkunde:	2	15. Musik:	1
6. Englisch:	2	16. Kunstunterricht:	1
7. Französisch:	—	17. Werken: Nadelarbeit:	1
8. Latein:	1	18. Leibesübungen:	3
9. Griechisch:	—	Wahlpflichtfach:	—
10. weitere Fremdsprache:	—		—

*) Wahlfrei betriebene Sprachen sind zu benennen und mit einem Stern zu bezeichnen.

Arbeitsgemeinschaften: _Englisch, Hockey_

Bemerkungen: _Aufgrund der Klassenkonferenz vom 18.6.85 versetzt nach Klasse 8_

Barsinghausen, den _24. Juni 1985_

A. Kröplin
Klassenlehrer(in)

gesehen: _Klaus Günther_
Unterschrift eines Erziehungsberechtigten

Schulleiter(in)

F. Reading Comprehension

(a) The school report

Vor den Sommerferien brachte Erich sein Schulzeugnis nach Hause. Er hatte sehr fleißig gearbeitet, und obgleich er wußte, daß er kein Genie in Mathematik war, hoffte er auf gute Noten in den anderen Fächern. Sein Vater hatte versprochen, ihm ein neues Fahrrad zu schenken, wenn er ein gutes Zeugnis bekommen würde.

Gleich nach dem Abendessen nahm Erich das Zeugnis aus seiner Mappe und gab es seinem Vater. Dieser begann zu lesen, dann wurde sein Gesicht immer ernster. „Was ist denn hier los?" sagte er. „Französisch, eine 5; eine 6 in Geographie, noch eine 6 in Geschichte. Eine 3 in Physik; das ist besser! Eine 5 in Englisch. Eine 1 in Mathe – das kann ich nicht verstehen, Erich. Du kannst ja kaum rechnen!

Erich konnte es auch nicht verstehen. Er nahm das Zeugnis aus den Händen seines Vaters und . . . lachte. „Ach, Vati, dieses Zeugnis ist nicht meines. Ich bin aber dumm; ich habe Peters Zeugnis aus Versehen in meine Mappe gesteckt."

Am nächsten Tag brachte Erich sein eigenes Zeugnis nach Hause. Er bekam sein neues Rad!

1. Why did Erich hope he had a good report?
2. What was his worst subject?
3. What made his father especially surprised when he read the report?
4. For what subject was the second best mark given?
5. Why did Erich laugh?

(b) The twins

Herr Gustaf Schultz war ein guter Lehrer; ein schweres Problem hatte er aber – in seiner Klasse waren Zwillinge, Kurt und Walter Haselnuß, die so ähnlich aussahen, daß Herr Schultz sie nie unterscheiden konnte.

Natürlich machten die Zwillinge allerlei dumme Streiche während des Unterrichts. Wenn der Lehrer eine Frage an Kurt stellte, dann antwortete Walter; wenn Walter abwesend war, dann meldete Kurt, daß er, Kurt, zu Hause geblieben sei.

Nach und nach wurde Herr Schultz über diesen Unsinn immer ärgerlicher, aber endlich kam er auf eine Idee, wie er die Zwillinge unterscheiden könnte. Er bekam von seiner Frau eine Nadel und roten Faden.

Am folgenden Tag, als die Schüler in der Turnhalle waren, nähte er einen kleinen roten Faden in die Rückseite einer ihrer Jacken. Nun, dachte er, werde ich sicher sein, mit welchem Jungen ich spreche.

Kurz danach kamen die Jungen wieder ins Klassenzimmer. Herr Schultz stand auf und fragte Kurt, ob er Turnen gern habe. Während er das sagte, ging er schnell hinter die Zwillinge. Ja, da war der rote Faden klar sichtbar. Dann blieb Herr Schultz plötzlich stehen. Er hatte vergessen, in welche Jacke er den Faden eingenäht hatte!

1. What was Herr Schultz's great problem?
2. What made Herr Schultz angry?
3. What articles did he get from his wife?
4. When did he have the opportunity to carry out his plan?
5. What went wrong with his plan?

G. Dialogue

Ein Vater liest das Schulzeugnis seines Sohnes

Vater: Ich bin nicht sehr zufrieden mit deinen Fortschritten.
Sohn: Aber ich habe mein Bestes getan.
Vater: Dein Bestes ist nicht gut genug. Latein – mangelhaft. Mathematik – ungenügend. Physik – ungenügend.
Sohn: Ich kann keine Mathematik.
Vater: Das ist keine Entschuldigung. Entweder arbeitest du mehr, oder dein Taschengeld wird kleiner.
Sohn: Ich sehe nicht ein, warum. Mutti sagt, daß du hoffnungslos in Mathematik warst, als du zur Schule gingst.
Vater: Das ist eine ganz andere Geschichte. Aber ich habe schwer gearbeitet, und jetzt habe ich meine eigene Firma. Eines Tages wird die Firma dir gehören.
Sohn: Ich möchte nicht in deiner Firma arbeiten.
Vater: Was möchtest du tun, wenn du die Schule verläßt?
Sohn: Ich weiß nicht. Aber ich will kein Geschäftsmann werden.
Vater: Du willst wohl Sänger werden mit einer Gitarre und langem Haar, nicht wahr?
Sohn: Warum nicht? Sänger verdienen viel Geld!

H. Letter writing

Imagine you are Stephen. Write a reply to Andreas' letter. Answer his questions and ask some of your own.

Lieber Stephen,　　　　　　　　　　　München, den 5. November

　　　　Tust Du mir bitte einen Gefallen? Ich muß für meinen Lehrer etwas über das Schulleben in England schreiben. Ich habe schon in meinen Büchern gesucht, kann aber leider keine Antworten auf folgende Fragen finden. Mit wie vielen Jahren gehen die Kinder in die Schule? Müssen alle Schüler Uniform tragen? Hat man nachmittags Stunden in einer englischen Schule? Hat man Pflichtfächer, und was für Prüfungen macht man? Schmeckt Dir das Schulmittagessen? Übrigens, ich habe gehört, daß es kostenlos ist. Stimmt das? Auch anderes möchte ich wissen, will aber eine nicht zu lange Liste machen. Willst Du mir bitte etwas von einem typischen Schultag in England schreiben?

　　　　Vielen Dank im voraus für Deine Hilfe. Zum Glück beginnen morgen die Herbstferien. Ich habe also ein bißchen Zeit. Ich hoffe aber bald mal von Dir ein paar Zeilen zu bekommen. Ich lege Dir meinen Stundenplan bei.

　　　　　　　　Alles Gute!

　　　　　　　　　　　Dein Andreas

I. General oral questions 🎧

1. Was für eine Schule besuchen Sie?
2. Wie viele Schüler(innen) hat Ihre Schule ungefähr?
3. Wie weit ist die Schule von Ihrem Haus entfernt?
4. Wie kommen Sie in die Schule?
5. Wie lange dauert Ihre Fahrt zur Schule?
6. Was sehen Sie auf dem Schulweg?
7. Wann beginnt denn die erste Unterrichtsstunde?
8. Wie viele Unterrichtsstunden haben Sie am Tag?
9. Wie lange dauert eine Unterrichtsstunde?
10. Welche Fächer lernen Sie in der Schule?
11. Was ist denn Ihr Lieblingsfach?
12. Seit wann lernen Sie schon Deutsch?
13. Wann endet die letzte Stunde am Vormittag?
14. Von wann bis wann dauert die Mittagspause?
15. Essen Sie in der Schule zu Mittag?
16. Beschreiben Sie Ihre Schuluniform! (Was tragen Sie in der Schule?)
17. Welcher Tag ist für Sie der schönste in der Woche?
18. Also, warum denn?
19. Was sieht man in einem Klassenzimmer?
20. In welcher Klasse sind Sie?
21. Verlassen Sie die Schule am Ende des Schuljahrs, oder gehen Sie in die Oberstufe?
22. Was werden Sie machen, wenn Sie die Schule verlassen haben?
23. Beschreiben Sie doch bitte mal Ihren Mathematiklehrer (Ihre Mathematiklehrerin)!
24. Welchen Sport treiben Sie im Sommer?
25. Und im Winter?
26. Wo hat die Schule ihre Sportplätze?
27. Um wieviel Uhr ist Ihre Schule aus?

J. Rôle playing 🎧

Imagine that you are talking to a friend on the way to school.

1. Say that you didn't do your homework last night because you went to visit your married brother.
2. Say that you stayed the night at his house and have forgotten your school bag.
3. Say that all your text books and exercise books were in it.
4. Say that you hope the teachers won't be too angry with you.
5. Say that you hope you won't have to stay in after school.
6. Ask your friend if he or she can help you with your maths homework as you couldn't understand it.

K. Jutta kommt spät in die Schule

(a) Jutta ist vierzehn Jahre alt. Sie wohnt auf einem einsamen Bauernhof. Sie hat einen langen Weg zur Schule. Die Schule beginnt um acht Uhr. Es gibt keinen Bus. Frau Schulze fährt ihre Tochter jeden Tag dorthin.	(b) Juttas Mutter fährt den Wagen vor die Haustür. Jutta, die Schulmappe in der Hand, steigt in den Wagen. Sie machen sich auf den Weg zur Schule. Der Wagen hält plötzlich. Sie haben kein Benzin mehr.
(c) Jutta und ihre Mutter steigen aus. Frau Schulze macht den Kofferraum auf. Sie holt einen leeren Kanister heraus. Sie gehen zu Fuß zur nächsten Tankstelle. Sie erreichen sie.	(d) Ein freundlicher Tankwart füllt den Kanister. Frau Schulze bezahlt das Benzin. Sie kehrt mit ihrer Tochter zum Wagen zurück.
(e) Jutta gießt das Benzin in den Tank. Die beiden steigen noch einmal in den Wagen ein. Sie fahren wieder ab.	(f) Sie kommen vor der Schule an. Frau Schulze fährt durch den Haupteingang der Schule. Es ist jetzt schon Viertel nach neun.

Aufgabe

Write out the principal parts and meanings of the following verbs:

haben / beginnen / geben / fahren / halten / aufmachen / holen / erreichen / bezahlen / gießen / einsteigen / kommen

Retranslation sentences

1. Jutta lived on an isolated farm which was about twelve kilometres away from her school.
2. Every day her mother had to drive her to school because there was no bus.
3. She got into her car after she had fetched her school bag.
4. After they had driven about four kilometres the car suddenly stopped.
5. The girl's mother realised that the tank was empty.
6. She got out of the car to open the boot.
7. After she had taken the can out of the boot, they decided to walk to the next petrol station.
8. While the pump attendant was filling the can, Frau Schulze paid for the petrol.
9. Finally they arrived at the school at about a quarter past nine.

a.

b.

c.

d.

e.

f.

Aufgabe

Rewrite the story on page 26 in the PAST in essay form. The following words and phrases may be useful:

unglücklicherweise	*unfortunately*
rechtzeitig	*in good time*
letzten Mittwoch	*last Wednesday*
plötzlich	*suddenly*
es wurde ihr klar	*she realized*
besorgt	*worried*
danach	*afterwards*
anderthalb Kilometer	*one and a half kilometres*
nach etwa fünfundzwanzig Minuten	*after about 25 minutes*
erleichtert	*relieved*

L. Essay titles

1. Write about a memorable incident during your school life.
2. Imagine that one of your friends has had an accident and has already been in hospital for some time. Write him (or her) a letter giving him (or her) your sympathy and wishing him (or her) a quick recovery. Describe what has been happening at school, what your mutual friends have been doing and give any other news that you think might cheer up or interest your friend.
3. Die Uhr schlug halb zehn, als ich ins Klassenzimmer eintrat. Erzählen Sie weiter!
4. Beschreiben Sie den ersten Tag zum Beginn eines neuen Schuljahres!

M. Revision exercise

Relative pronouns (p. 179 §10)

(a) Write out the table of the relative pronouns from memory.
(b) Complete the following sentences:

1. Der Polizist, d— neben der Parkuhr stand, schrieb in seinem Notizbuch.
2. Der Wagen, d— mein Bruder morgen kaufen wird, ist dunkelrot.
3. Die Verkäuferin, von d— ich das neue Kleid kaufte, war freundlich.
4. Der Mann, d— Frau einen Unfall gehabt hat, besucht sie jeden Tag im Krankenhaus.
5. Die Jungen, mit d— mein Sohn Fußball spielt, wohnen in der Nähe.
6. Die Zollbeamten, d— die Pässe kontrollierten, waren höflich.
7. Das Rathaus, d— im 15. Jahrhundert gebaut wurde, ist sehr schön.
8. Der Alte, bei d— er wohnte, hatte nicht viel Geld.
9. Die Frauen, d— Söhne das Spiel gewonnen hatten, waren sehr stolz.
10. Der Film, d— wir gestern abend sahen, war ausgezeichnet.

Thema 4
Die Freizeit

A. An unusual youth club

Translate the following passage into English:

Im Frühling des Jahres 1984 wurde in Mannheim ein ganz ungewöhnlicher Klub eröffnet – ein Jugendklub, der von der Polizei selbst geleitet wird. „Zu viele junge Leute betrachten uns als ihre Feinde", erklärte der Polizeipräsident in seiner Eröffnungsrede, „Wir wollen ihnen zeigen, daß wir auch ihre Freunde sein können."

Die Mannheimer Polizisten erhielten also den Befehl, junge Leute überaus „positiver" zu behandeln. Zum Beispiel, die Motorrad- und Lederjackenbanden wurden nicht mehr mit Geldstrafe bedroht, sondern eingeladen: „Kommt doch einmal in unseren Klub!" So füllten sich die Räume in dem einsamen Haus beim Bahnhof, das der Polizeipräsident für sein Experiment gewählt hatte, Abend für Abend mit jungen Männern aus dem Stadtrand, die mit der Polizei in Konflikt geraten waren, oder die sogar schon im Gefängnis gewesen waren. Dazu kamen später andere, die in derselben Gegend wohnten, aber freiwillig kamen, aus Interesse an der Polizei.

Heute sind auch Mädchen Mitglieder des Klubs, denn ohne Mädchen kann man ja kaum tanzen! Laute Beatmusik brüllt in die Nacht hinaus – das kann keinen Nachbarn stören, da das Haus so einsam steht. Aber es wird nicht nur getanzt: einige Mitglieder machen Filme, andere lernen bei der Polizei reiten oder machen Ausflüge in den grünen Polizeiwagen – was ein so großer Erfolg gewesen ist, daß andere Jugendgruppen bei der Polizei angefragt haben, ob sie nicht auch mal eine „grüne Minna" für ihre Ausflüge bekommen könnten!

B. Listening comprehension

Music lessons

1. For how many years has Karl been interested in music?
2. What type of instrument did he learn to play first of all?
3. When did he lose interest in this instrument?
4. Which other orchestral instrument did he decide to learn?
5. What difficulty did his parents envisage?
6. What solution was reached?
7. Who was Hilde?
8. Why was Karl not home at the expected time?
9. How was the father able to locate his son?
10. How was access eventually gained?

C. Use of German

(a) A visit to the theatre

Um Viertel vor acht stiegen wir aus der Straßenbahn und kurz danach standen wir vor dem Theater. Drinnen im Vorraum waren hier und da kleine Gruppen. Einige holten sich noch an der Kasse Karten. Wir hatten unsere Karten schon am Tage vorher gelöst, um einen guten Platz zu bekommen. Wir wandten uns nach links zur Treppe und gingen nach oben. Dann kauften wir ein Programm und begaben uns zum Saaleingang. Dort nahm uns eine Frau in Empfang, die uns zu unseren Plätzen führte. Wir waren rechtzeitig angekommen, denn es klingelte schon zum ersten Mal. Der eiserne Vorhang rollte in die Höhe. Die Musiker stimmten ihre Instrumente. Das Licht erlosch. Die Ouvertüre begann.

Inside the Culvillies theatre, Munich

1. Womit fuhren wir zum Theater?
2. Wohin gingen einige Menschen, um sich Karten zu holen?
3. Warum holten wir uns keine Karten an der Kasse?
4. Wo saßen wir im Theater?
5. Was machten die Musiker, nachdem sie ihre Instrumente gestimmt hatten?

(b) Recalling a first visit to a concert

Ich erinnere mich deutlich an meinen ersten Konzertbesuch, obgleich ich damals noch ziemlich jung war. Wir saßen ganz vorne in der dritten Reihe, wo wir nichts verpassen konnten. Kein Platz war unbesetzt; ja selbst in den Seitengängen standen die Leute.

Gleich vor dem Anfang des Konzerts war im Saal atemlose Stille, denn alle warteten gespannt auf das Auftreten des Pianisten. Plötzlich erschien er, trat an den Rand der Bühne und verbeugte sich. Alle klatschten eifrig. Dann drehte er sich um und setzte sich an den Flügel.

Zuerst machte er es sich auf seinem Stuhl bequem, rieb sich etwas nervös die Hände, wischte sich die Stirn mit dem Taschentuch ab, und zögerte einen Augenblick, bevor er anfing. Das Publikum warf einen letzten Blick auf das Programm. Er sollte mit einem besonders lebhaften Marsch beginnen.

Die Zuhörer machten die Augen zu, um die Musik besser zu genießen. Das kam mir sehr seltsam vor, denn nicht nur die Musik interessierte mich, sondern auch sein Aussehen und seine Bewegungen. Ich fand es merkwürdig, daß er alles auswendig spielte.

Am Ende des Stücks brach Beifall aus. Viele standen sogar auf und riefen: „Bravo!" Vater blätterte aber schon im Programm, um festzustellen, was nachher kommen würde. – Und so ging es weiter. – Ich gehe noch heute gelegentlich ins Konzert, aber dieses erste Erlebnis bleibt unvergeßlich.

1. Warum verpaßte der Erzähler nichts vom Konzert?
2. Auf wen warteten alle gleich vor dem Anfang des Konzerts?
3. Wann verbeugte sich der Pianist?
4. Warum rieb er sich die Hände?
5. Wozu nahm er das Taschentuch aus der Tasche?
6. Was sollte der Pianist zuerst spielen?
7. Was fand der Erzähler sehr seltsam?
8. Was interessierte den Erzähler außer der Musik?
9. Warum klatschten die Zuhörer am Ende des Stückes?
10. Warum klatschte der Vater des Erzählers nicht mit?

D. An der Theaterkasse
Ein Plan eines Theaters

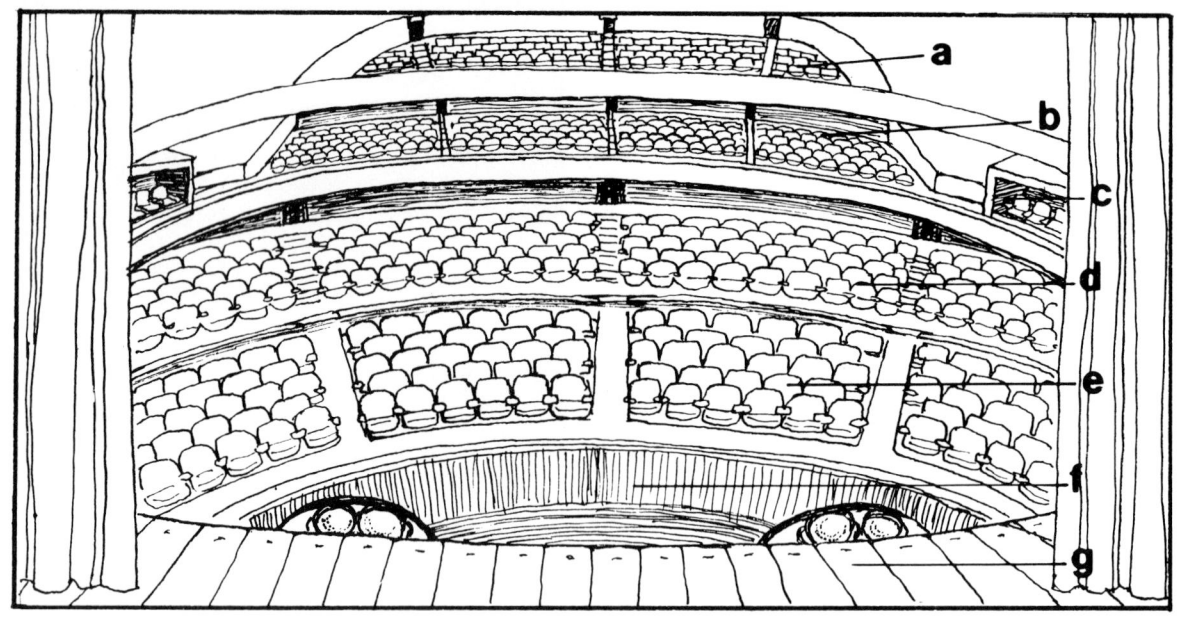

(a) der zweite Rang   *balcony*
(b) der erste Rang   *upper circle*
(c) die Loge (–n)   *box*
(d) der Balkon   *dress circle*
(e) das Parkett   *stalls*
(f) der Orchestergraben   *orchestra pit*
(g) die Bühne (–n)   *stage*

Zum Auswendiglernen

Ich möchte einen Platz erster Rang Mitte.   *I would like a seat in the middle of the upper circle.*
Wir sitzen lieber im Parkett.   *We would prefer to sit in the stalls.*
Ich habe noch ein paar Plätze im Parkett.   *I still have a few seats in the stalls.*

E. Rôle playing

Imagine that you are at a theatre box-office.

1. Ask if there are still tickets available for the second performance on Saturday evening.
2. Ask if the seats in the upper circle are cheaper than those in the stalls.
3. Ask if you can see the stage well from the upper circle.
4. Say that you will nevertheless take two seats in the stalls in the middle.
5. Ask the total price.
6. Ask what time the performance begins, how long the interval lasts and when the play ends.

F. Reading Comprehension

An evening out

„Wir könnten eigentlich heute mal wieder ausgehen," meinte mein Freund Karl zu mir, „besonders da morgen schulfrei ist." Wir entschieden uns für ein nettes Café in der Nähe des Rheins.

Nach dem Abendessen trafen wir uns vor dem Haupteingang dieses Tanzlokals. Da es ziemlich bekannt und beliebt ist, waren fast alle Tische besetzt, als wir um 20.00 Uhr hineingingen, aber wir fanden noch einen etwas entlegenen Platz in einer Ecke.

Die Tanzkapelle spielte gerade wieder zu einem Tanz auf, und Karl sprang sofort auf und forderte eine junge Dame vom Nebentisch auf. Ich war wütend, weil ich auf den Ober warten mußte, um die Getränke zu bestellen, doch, Gott sei Dank, kam gleich ein Kellner vorbei, und ich bestellte zwei Flaschen Bier. Danach drehte auch ich mich auf der Tanzfläche.

Es war ziemlich voll und heiß beim Tanzen, und die Kapelle spielte so laut, daß man sich kaum unterhalten konnte.

In der Pause trafen wir uns wieder an unserem Tisch und erzählten von unseren Partnerinnen. Karl war begeistert von seiner Blondine und wollte nach der Pause gleich wieder zu ihr hin. Ich war ein wenig enttäuscht und wollte mich nach einer anderen umsehen, aber ich hatte kein Glück und blieb gelangweilt sitzen.

Etwa um 23.00 Uhr hatte ich keine Lust mehr, länger zu bleiben und verließ das Lokal.

Wie Karl mir am folgenden Tag erzählte, hatte er sich mit dem Mädchen verabredet und wollte sie wieder treffen.

1. Why did the boys think this was a particularly good night to go out?
2. Where was the table they sat at?
3. Why was the author so annoyed when Karl got up to dance?
4. What drinks did he order?
5. Why was he not very happy about the dancing?
6. What are we told of Karl's partner's appearance?
7. What did the author do after the interval?
8. Why did he leave?
9. What did Karl tell him the next day?
10. How long was the author in the dance hall?

G. Am Wochenende

1. Wo ist die Familie?
2. Was machen die beiden Jungen?
3. Wo steht der Vater?
4. Was macht er?
5. Was hätte er ohne die Leiter nicht machen können?
6. Wie ist das Wetter?
7. Woher wissen Sie das?
8. Was hat der Hund eben gemacht?
9. Warum ist die Mutter böse auf den Hund?
10. Was hatte die Mutter gemacht, bevor der Hund auf sie zukam?

H. Letter writing

Imagine you are Andreas. Write a reply to Stephen's letter. Answer his questions and ask some of your own.

Maidenhead, den 21. November.

Lieber Andreas,

    Vielen Dank für Deinen langen, interessanten Brief. Jetzt weiß ich viel über das deutsche Schulsystem. Leider sind die Herbstferien schon vorbei, und ich bin wieder in der Schule! Du hast es wirklich gut, daß Du nachmittags keine Schule hast. Ich bin sehr neidisch auf Dich!

    Die Ferien haben mir gut gefallen. Am Samstag habe ich wie gewöhnlich im Supermarkt gearbeitet, um etwas Geld zu verdienen. Meine Schwester hat es besser als ich. Sie arbeitet als Verkäuferin in einem Schuhgeschäft – aber nur halbtags. Hast Du einen Job? Ich habe neulich ein Moped gekauft, und ich brauche das Geld für Benzin. Ab und zu kaufe ich auch Schallplatten. Ich interessiere mich sehr für Popmusik. Im Augenblick ist meine Lieblingsgruppe „The Werewolves". Sind sie schon in Deutschland bekannt? Ich spiele selber in einer Gruppe und zwar Gitarre. Magst Du auch Musik?

    Während der Woche bin ich viel ausgegangen. Ich habe Squash gespielt. Übrigens spielt man das in Deutschland? Weißt Du überhaupt, was es ist? Ich bin auch ins Kino gegangen, um den neuen James Bond Film zu sehen. Er war Klasse! Letzten Samstagabend bin ich in eine Disco gegangen.

    Ich möchte gern wissen, was Du in Deiner Freizeit machst. Wofür interessierst Du Dich? Treibst Du gern Sport? Hast Du Hobbys? Sammelst Du etwas? Siehst Du oft fern? Wie sind die Programme in Deutschland eigentlich?

    Jetzt muß ich Schluß machen. Ich lege Dir ein Bild von mir mit meinem Moped bei.

    Bitte, schreib' bald wieder!
    Mit herzlichen Grüßen,

Dein Stephen

I. Leisure

Translate the following passage into German:

Leisure is very important for my family. My father likes working in the garden where he grows flowers and vegetables. At the weekend he sometimes plays golf with one of his friends. My mother sings in a choir and likes to play badminton. In the evenings she often knits while she watches television.

My elder sister is a member of a tennis club but my younger sister prefers to ride. When I was younger, I used to collect stamps but now I prefer to play my guitar in a group or listen to records. Every Saturday I go to the sports ground to play rugby in winter or cricket in summer. When I have time, I read or watch television but I often go with my girlfriend to a disco, to the pictures or to a party.

J. Der Kinobesuch

(a) Es ist Samstagmorgen. Heike sitzt auf dem Sofa im Wohnzimmer. Sie hört Schallplatten und liest Illustrierte. Sie langweilt sich ein bißchen.	(b) Das Telefon klingelt im Flur. Sie geht ans Telefon. Es ist Heikes Freund Karl. Sie plaudern zusammen. Karl schlägt vor, daß sie am Abend ins Kino gehen. Heike freut sich darauf. Sie verabreden sich für Viertel nach sieben vor dem Kino.
(c) Am Nachmittag wäscht sich Heike das Haar. Sie zieht sich um und schminkt sich. Sie ißt schnell zu Abend.	(d) Sie verläßt rechtzeitig das Haus. Sie geht zur Bushaltestelle und wartet auf den Bus. Sie fährt mit dem Bus zum Kino.
(e) Sie überquert die Straße. Sie sucht Karl unter den vielen Menschen. Sie findet ihn nicht. Die anderen Menschen gehen alle ins Kino. Der Film fängt gleich an. Karl kommt immer noch nicht.	(f) Heike wartet noch zehn Minuten, eine Viertelstunde, zwanzig Minuten. Sie fühlt sich verlegen, traurig und böse. Sie fängt fast an zu weinen. Sie beschließt, nach Hause zu fahren.

Aufgabe

Write out the principal parts and meanings of the following verbs:

sitzen / sich setzen / hören / sich langweilen / klingeln / plaudern / vorschlagen / verlassen / essen / finden / anfangen / warten

Retranslation sentences

1. Last Saturday morning Heike sat down on the settee to read a magazine.
2. While she was sitting on the settee, she listened to records and read her magazine.
3. She went into the hall to answer the phone.
4. She was pleased when Karl suggested that they should go the pictures in the evening.
5. She decided to wash her hair before she got changed.
6. She had to wait for the bus for a quarter of an hour at the bus stop.
7. She waited for her friend in front of the cinema.
8. After she had waited half an hour, she decided to go home.

37

Aufgabe

Rewrite the story on page 36 in the PAST in essay form. The following words and phrases may be useful:

auf einmal	*suddenly*
lange	*for a long time*
nach einiger Zeit	*after some time*
zehn Minuten lang	*for ten minutes*
vergebens	*in vain*
allmählich	*gradually*
enttäuscht	*disappointed*

K. Essay titles

1. Wie ich meine Freizeit verbringe.
2. Ein Besuch ins Theater oder ins Kino.
3. Es ist Ihr Geburtstag, und Ihre Eltern erlauben Ihnen eine Party zu halten, während sie ausgehen. Beschreiben Sie die Vorbereitungen zu der Party und die Party selbst!
4. Sie haben einen neuen Fotoapparat zum Geburtstag geschenkt bekommen. Erzählen Sie von den ersten Fotos, die Sie damit gemacht haben!
5. Ein Tanzabend in der Schule.
6. Write a conversation between you and your parents about pocket money.

L. Dialogue

Fritz hat es besser als seine Schwester

Fritz: Mach' schnell deine Aufgaben, dann können wir noch schwimmen gehen. Bei dieser Hitze ist das Wasser das beste.

Ulrike: Ich kann heute nicht. Ich muß Mutti beim Abendessen helfen und habe auch noch viele Hausaufgaben. Du mußt heute allein zum Schwimmbad gehen.

Fritz: Alleine gehe ich nicht. Ich kann ja nicht mit mir selbst Wasserball spielen. Ich gehe lieber in die Eisdiele Eis essen und Platten hören. Die haben ja jetzt die neue Disco.

Ulrike: Da bist du aber auch allein!

Fritz: Nein, da trifft man immer jemand. Wenn ich Glück habe, sehe ich Gerlinde da. Die kann für mich das Eis bezahlen!

Ulrike: Was? Du läßt dir von einem Mädchen das Eis bezahlen?

Fritz: Na und? Gerlinde bekommt zweimal soviel Taschengeld wie ich. Mit meinen sechs Mark kann man ja gar nichts machen.

Ulrike: Kannst du mir auch ein Eis mitbringen? Ich geb' dir Geld.

Fritz: Geht nicht. Eis muß man sofort essen, sonst schmilzt es. Tut mir leid!

Ulrike: Du hast es gut! Du machst keine Aufgaben, brauchst der Mutter nicht zu helfen, kannst Eis essen, und ich – ich muß immer arbeiten, entweder für die Schule oder für die Mutter! Es ist wirklich nicht fair!

Fritz: Dafür bekommst du auch bessere Noten in der Schule als ich, und bist Mutters Liebling!

M. General oral questions

1. Haben Sie Hobbys?
2. Was machen Sie, wenn Sie einen schulfreien Tag haben?
3. Haben Sie einen Job?
4. Wie verbringen Sie den Samstagabend?
5. Was für Musik haben Sie gern?
6. Spielen Sie selbet ein Instrument?
7. Was werden Sie am Wochenende machen?
8. Was haben Sie letztes Wochenende gemacht?
9. Sagen Sie mal, sammeln Sie etwas?
10. Wie oft gehen Sie eigentlich ins Kino?
11. Mit wem gehen Sie dorthin?
12. Wie viele Stunden verbringen Sie jeden Abend vor dem Fernseher? Was für Programme sehen Sie am liebsten?
13. Lesen Sie gern? Was lesen Sie am liebsten?
14. Wo bekommt man Bücher, die man nicht kaufen will?

N. Revision exercises

Adjectives (p. 179 §12 and p. 180 §13 and 14)

(a) Complete the following sentences:

1. D— alt— Bäcker bediente d— klein— Jungen.
2. D— klein— Mädchen strickt ein— lang— Schal.
3. Dies— vierzehnjährig— Junge hat ein modern— Zelt und ein— bequem— Luftmatratze gekauft.
4. D— beid— Frauen kamen ohne ihr— klein— Kinder.
5. Mei— jünger— Bruder besuchte sei— alt— Großvater.
6. Jen— alt— Haus hat ei— rot— Dach und ei— groß— Schornstein.
7. Jen— hoh— Bäume haben schön— Blätter.
8. Viel— groß— Bahnhöfe haben modern— Läden.
9. Zwei deutsch— Soldaten krochen durch d— dicht— Wald.
10. Am Nachmittag besuchten d— amerikanish— Touristen d— alt— Dom.

(b) Complete the following sentences:

1. Das Fußballspiel fand trotz d— stark— Regen— statt.
2. Mein Bruder wohnt in ei— groß— Mietshaus am Rande jen— klein— Stadt und arbeitet in ei— modern— Büro in der Nähe mei— neu— Schule.
3. Der Geschäftsmann fuhr mit sei— rot— Sportwagen von sei— elegant— Villa zu sei— riesig— Fabrik.
4. Wegen d— schlecht— Wetter— an jen— dunkl— Novemberabend beschlossen wir, zu Hause zu bleiben.
5. Er gab d— klein— Schwester sei— best— Freund— ei— groß— Apfel.
6. Er zeigte sei— neu— Freundin ein Foto sei— jünger— Brüder.
7. Während d— lang— Sommerferien wohnten wir in ei— modern— Luxushotel in der Nähe ei— schön— See—.
8. Kennen Sie den Sohn jen— alt— Matrose—?

(c) Put the following sentences into the plural:

1. Dieses kleine Mädchen besucht jene neue Schule.
2. Der vierzehnjährige Junge hat einen schwarzen Hund.
3. Welcher junge Mann ist der Besitzer jenes roten Motorrads?
4. Der schattige Baum steht hinter der alten Kirche.
5. Hast du den neuen Fotoapparat meines alten Freundes gesehen?

Thema 5
In der Stadt

A. Translation

Translate the following two passages into English:

(a) A storm breaks out over a busy street

Das Wetter war wie gewöhnlich zu dieser Jahreszeit sehr veränderlich. Trotz der heißen Sonne waren also die finsteren, drohenden Wolken, die sich seit Mittag über der Stadt zusammengezogen hatten, nicht gerade unerwartet. Zuerst sprang ein kühler Wind auf, und bald fielen riesige Tropfen auf das Pflaster. Nach einigen Augenblicken brach das Gewitter selbst endlich los, indem es heftig zu regnen begann. Regenmäntel wurden zugeknöpft und Schirme aufgespannt. Überall liefen Fußgänger eiligst in alle Richtungen, um in Türeingängen oder sogar unter Bäumen gegen den strömenden Regen Schutz zu suchen. Das ganze Straßenbild hatte sich plötzlich geändert. Nur auf die Autobusse und anderen Fahrzeuge schien das alles überhaupt keine Wirkung zu haben, denn diese fuhren noch, wie vorhin, ungestört ihrem Ziel entgegen.

(b) The bargain sale

Um neun Uhr früh wurden die Türen des Warenhauses geöffnet. Eine jubelnde Schar drängte sich hinein. Überall lagen ungeordnet Mäntel, Kleider, Spielwaren und elektrische Geräte umher, alle angeblich zum halben Preis zu haben. Die Kunden rissen sich darum. Es war ein richtiges Schauspiel. Eine dicke Alte probierte selbstgefällig eine giftgrüne Wolljacke mit gelben Streifen an. Zwei Männer zankten miteinander um einen preiswerten Videorecorder; beide zerrten wild daran und behaupteten hartnäckig, ihn zuerst gesehen zu haben. Eine ältere Frau hatte ihren Mann mitgebracht, der blaß vor Angst wurde, als er merkte, wie sie einen Pelzmantel gierig ansah. Um elf Uhr ließ der Betrieb etwas nach. Die ermüdete Menge zog sich ins Restaurant zurück, um dort Kaffee zu trinken und ihre Käufe näher zu betrachten.

B. Use of German

A boy goes for a walk along the street

„Und vergiß nicht die Brötchen beim Bäcker! Wir haben ja heute Besuch!"

Die letzten Worte seiner Mutter klangen noch in Dieters Ohren, während er langsam die Treppe hinunterging. Sonst lief er immer nach unten, aber heute war er mit furchtbaren Kopfschmerzen aus der Schule gekommen, und jeder Schritt tat ihm weh. Als er an die Haustür kam, wartete er einen Moment; draußen wehte ein kühler Wind, und er wäre eigentlich lieber zu Hause geblieben. Aber seine Mutter hatte viel zu tun, und er mußte sowieso sein Buch zur Stadtbibliothek zurückbringen.

Nun ging er hinaus und überquerte gleich die Hauptstraße. „Du mußt aber gut aufpassen," hatte die Mutter gesagt, „da fahren die Autos sehr schnell!".

Vor einer Wirtschaft an der Hauptstraße blieb Dieter stehen. Auf der Straße stand ein großer Lastwagen von der Brauerei, und zwei starke Männer ließen Bierfässer langsam und vorsichtig in den Keller der Wirtschaft hinunter. So was fand der Junge immer interessant; wenn Männer bei der Arbeit waren, konnte er stundenlang zusehen. Heute mußte er jedoch weiter.

Nach zwanzig Metern fand er aber wieder etwas Interessantes und mußte wieder stehenbleiben. Diesmal war es ein Radio- und Fernsehgeschäft, und im Schaufenster konnte man sich ein Fußballspiel in einem der Fernsehgeräte ansehen.

Da bemerkte er plötzlich, daß seine Kopfschmerzen weg waren. Freudig ging er schnell in die Bibliothek und schließlich in die Bäckerei, wo seine Mutter immer hinging.

„Na, Dieter," sagte die Bäckersfrau, „was soll es heute sein?"

„Die Mutter möchte bitte zwölf Brötchen," sagte Dieter, „wir haben heute Besuch."

Die Bäckersfrau reichte ihm das Gewünschte, er zahlte, und mit einem schnellen „'Wiedersehen!" lief er hinaus und nach Hause.

1. Wozu sollte der Junge zum Bäcker gehen?
2. Wer hatte ihn gebeten, dahin zu gehen?
3. Warum lief er nicht nach unten?
4. Wo war der Junge während des Morgens gewesen?
5. Warum mußte er zur Stadtbibliothek gehen?
6. Was sah Dieter auf der Straße vor einer Wirtschaft an der Hauptstraße?
7. Wo genau war das Radio- und Fernsehgeschäft?
8. Warum blieb der Junge vor dem Radio- und Fernsehgeschäft stehen?
9. Wann genau ging er in die Bäckerei?
10. Woher wissen Sie, daß die Bäckersfrau den Jungen kannte?

C. Die Hauptstraße

Fragen

1. Wie viele Läden sehen Sie auf dem Bild?
2. Was für Läden sind es?
3. Beschreiben Sie die Menschen, die Schlange stehen!
4. Worauf warten sie?
5. Was macht der erste Mann an der Haltestelle?
6. Wohin fährt die Straßenbahn?
7. Wie ist das Wetter? Warum sagen Sie das?
8. Wo steht der Lieferwagen?
9. Was macht der Metzger?
10. Was hat der Mann mit dem Regenschirm in der linken Hand?

D. Dialogues

Im Blumenladen

Blumenverkäuferin: Was darf es sein?
Frau Schulz: Ich hätte gerne ein paar rote Rosen für meine Mutter. Sie hat heute Geburtstag.
Blumenverkäuferin: Diese Rosen sind gerade angekommen. Sie sind sehr frisch.
Frau Schulz: Mmm, die riechen herrlich. Ich nehme elf davon. Bitte, geben Sie mir Blumen mit langem Stiel.
Blumenverkäuferin: Ja, sie halten sich auch besser. Hätten Sie gern etwas Grün dazu?
Frau Schulz: Ja, bitte. Und ich nehme auch ein paar Blumen für mich selbst. Nelken gefallen mir besser.
Blumenverkäuferin: Weiße oder rote?
Frau Schulz: Gemischt, neun Stück.
Blumenverkäuferin: So, das macht im Ganzen neunzehn Mark.
Frau Schulz: Hier ist ein Zwanzigmarkschein. Ich muß schon sagen, daß Blumen ein teurer Spaß sind.
Blumenverkäuferin: Alles ist teuer.
Frau Schulz: Sie haben recht. Danke schön. Auf Wiedersehen.
Blumenverkäuferin: Auf Wiedersehen.

Monika kauft ein Kleid

Verkäuferin: Guten Tag. Werden Sie schon bedient?
Monika: Nein, noch nicht und ich warte schon seit zehn Minuten.
Verkäuferin: Entschuldigen Sie bitte vielmals. Wir haben den ganzen Tag viel zu tun gehabt. Was für ein Kleid möchten Sie?
Monika: Ich möchte gern ein Sommerkleid aus dem Schaufenster.
Verkäuferin: Ich glaube, ich hab' eins hier, und zwar das allerneueste Modell.
Monika: Ah ja, das ist es. Kann ich es mir näher ansehen?
Verkäuferin: Aber natürlich. Möchten Sie es halten?
Monika: Ja, danke. Die Qualität ist ja herrlich, aber die Farbe gefällt mir leider nicht.
Verkäuferin: Zum Glück sind diese Kleider in verschiedenen Farben zu haben.
Monika: Ja? In welchen zum Beispiel?
Verkäuferin: In hellgrün, hellblau and gelb.
Monika: Ich möchte das hellblaue anprobieren.
Verkäuferin: Gut. Bitte, kommen Sie in die Umkleidekabine und ich hole es. Welche Größe haben Sie?
Monika: Oh, das ist aber wirklich zu dumm! Ich habe es vergessen.
Verkäuferin: Macht nichts. Ich bringe mehrere herauf.
(Die Verkäuferin kommt mit den Kleidern zurück und gibt Monika das dunkelrote.)
Monika: Ja, es sitzt gut, aber ist es nicht etwas zu lang?
Verkäuferin: Ja, sie haben recht, aber unsere Schneiderin kann das Kleid kürzen.
Monika: Bis wann kann ich das Kleid haben?
Verkäuferin: Heute ist Montag. Ihr Kleid ist bis Mittwoch fertig.
Monika: Schön. Haben Sie vielen Dank. Auf Wiedersehen.
Verkäuferin: Auf Wiedersehen.

In der chemischen Reinigung

Bedienung: Guten Morgen kann ich Ihnen helfen?
Kunde: Ja. Ich habe einen Rock, einen Anzug und eine Jacke zum Reinigen mitgebracht. Leider ist hier ein Ölfleck auf dem Ärmel der Jacke.
Bedienung: Was für ein Ölfleck ist es denn?
Kunde: Speiseöl, glaub' ich.
Bedienung: Gut. Wahrscheinlich können wir ihn entfernen.
Kunde: Übrigens hat meine Frau gestern ein Kleid hier abgeholt, aber als sie zu Hause ankam, bemerkte sie, daß es nicht besonders sauber war.
Bedienung: Entschuldigen Sie bitte vielmals. Wir werden es natürlich noch einmal reinigen. Wenn Sie das Kleid wieder hierherbringen, dann bringen Sie bitte den Belegzettel mit!
Kunde: Ja, sicher, wenn meine Frau ihn noch hat. Bis wann sind die Kleider fertig?
Bedienung: Heute ist Dienstag. Ihre Kleider sind dann bis Donnerstag fertig.
Kunde: Danke. Übrigens, wann machen Sie zu?
Bedienung: Um sechs. Wir sind auch zwischen eins und zwei geschlossen.
Kunde: Wieviel wird es ungefähr kosten?
Bedienung: Ungefähr 22,00 DM.
Kunde: Schön. Recht vielen Dank. Auf Wiedersehen.
Bedienung: Auf Wiedersehen.

Im Fundbüro

Angestellter: Guten Tag.
Herr Mainzer: Entschuldigen Sie, bitte. Ich habe meine Mappe verloren, und ich möchte gern wissen, ob jemand sie gefunden hat.
Angestellter: Wollen wir mal sehen. Wie sieht sie aus?
Herr Mainzer: Sie ist ziemlich groß, schwarz und aus Leder.
Angestellter: Und wo haben Sie sie verloren?
Herr Mainzer: Ich weiß nicht genau, aber wahrscheinlich habe ich sie an einer Haltestelle auf dem Marktplatz liegenlassen.
Angestellter: Also, Moment mal. Darf ich zuerst Ihre Personalien haben? Wie heißen Sie?
Herr Mainzer: Karl Mainzer.
Angestellter: Und Ihre Adresse?
Herr Mainzer: Mühlenstraße 47.
Angestellter: Und Ihre Telefonnummer?
Herr Mainzer: 04 92 68
Angestellter: Und was war drin?
Herr Mainzer: Hauptsächlich Geschäftspapiere aber leider auch meine neue, teure Kamera.
Angestellter: Ach nein! Welche Marke?
Herr Mainzer: Eine Agfa.
Angestellter: Ist Ihr Name irgendwo daran?
Herr Mainzer: Leider nicht, aber ich hatte einen Brief in der Mappe, und mein Name und meine Adresse waren auf dem Umschlag.
Angestellter: Also, warten Sie mal einen Augenblick! Ich werde nachschauen.... Es tut mir leid, aber wir haben sie nicht. Wenn jemand sie reinbringt, dann werden wir Ihnen eine Postkarte schicken.
Herr Mainzer: Danke schön. Auf Wiedersehen.
Angestellter: Bitte schön. Auf Wiedersehen.

Tübingen: river scene

E. Letter writing

Imagine you are Alison. Write a reply to Gabi's letter. Answer her questions and ask some of your own.

```
                                    Bebenhausen, den 9. November.
   Liebe Alison,
        Entschuldige, bitte, daß ich so lange nicht geschrieben habe.
   Es muß schon fast ein Monat her sein, seitdem ich Deinen letzten Brief
   erhalten habe.  Wie geht es Dir und Deiner Familie?  Uns allen geht es gut.
        Bis jetzt habe ich Dir nur wenig über Tübingen erzählt.  Es ist eine
   sehr alte Stadt und liegt in Süddeutschland in Schwaben.  Kannst Du es auf
   der Landkarte finden?  Es hat eine der ältesten Universitäten in der
   Bundesrepublik und ein berühmtes Schloß, das jetzt ein Teil der Uni ist.
   Im Sommer ist es herrlich auf dem Fluß zu rudern.  Ich rudere sehr gern.
   Du auch?  Tübingen ist auch wegen seines malerischen Rathauses berühmt,
   das im 15. Jahrhundert gebaut wurde.  Obwohl die Stadt sehr alt ist, hat
   es viele moderne Geschäfte.  Es hat auch Kinos und drei Theater.
   Schwimmbäder und Sportplätze sind auch da, falls man sich körperlich
   ertüchtigen will.  Wenn Du zu uns kommst, können wir viele Ausflüge machen.
   Stuttgart und der Schwarzwald liegen nicht weit weg.
        In Deinem nächsten Brief mußt Du mir über Deine Stadt erzählen.  Ist
   sie sehr groß?  Liegt sie an einem Fluß?  Gibt es viel zu tun?  Was für
   Ausflüge kann man machen?  Ich lege Dir eine Ansichtskarte von Tübingen bei.
              Laß doch bald etwas von Dir hören,
              Viele Grüße,
                                        Deine Gabi
```

F. Wie findet man sich in einer Großstadt zurecht?

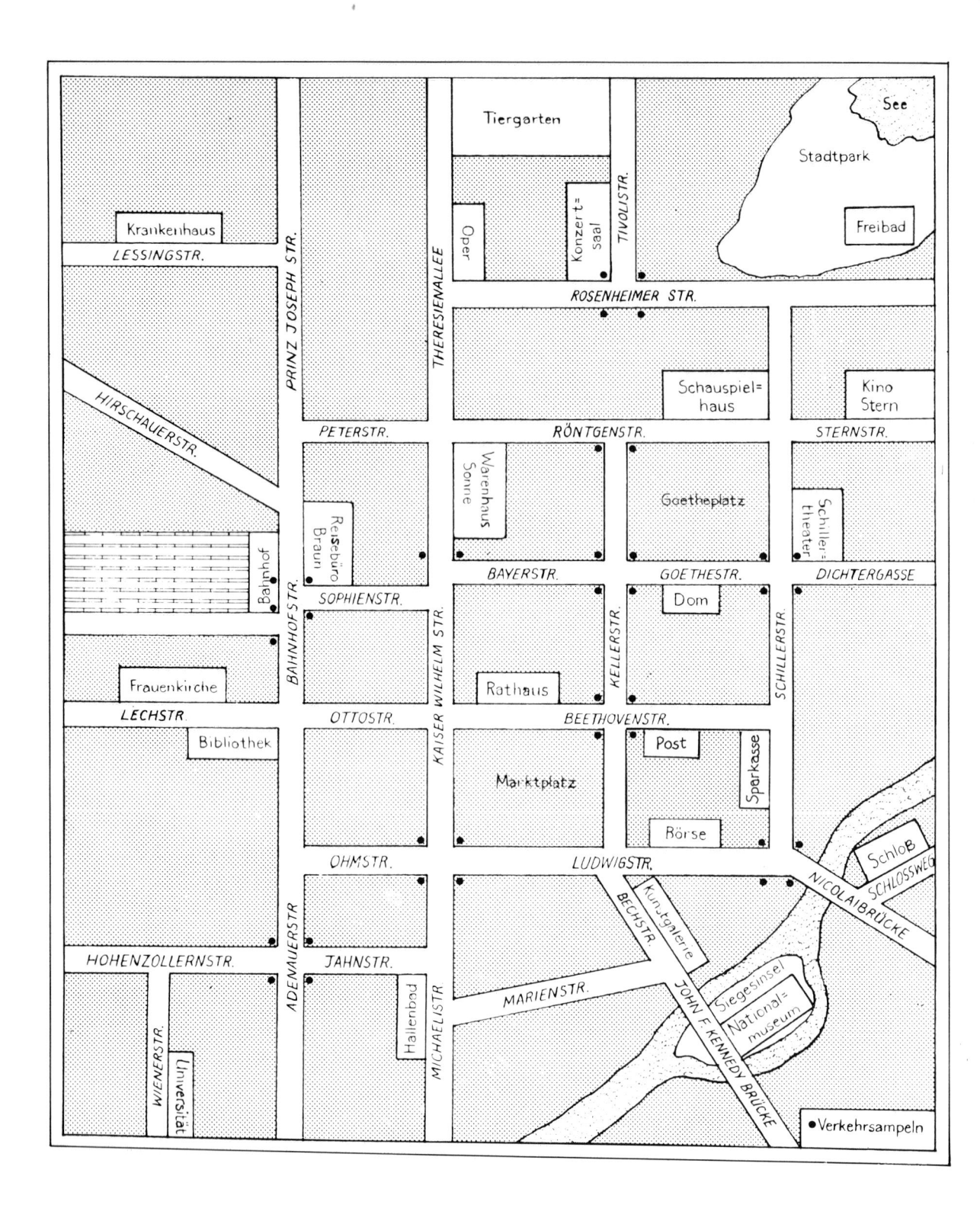

Merke!

If you are in a country where German is spoken, you will need to find your way around and also to find out where you can do various things.
Here are some useful expressions. You should learn them.

Entschuldigen Sie bitte!	*Excuse me please.*
Wie komme ich am besten zum Marktplatz?	*What's the best way of getting to the market-place?*
Wo liegt die Schillerstraße?	*Where is the Schillerstraße?*
Wo finde ich das Nationalmuseum?	*Where can I find the National Museum?*
Wo kann ich Briefmarken kaufen?	*Where can I buy some stamps?*
Es tut mir leid, ich weiß nicht.	*I'm sorry, I don't know.*
Ich bin hier selber fremd.	*I'm a stranger here myself.*
Gehen Sie zu Fuß?	*Are you walking?*
Ja? Also, am besten gehen Sie . . .	*You are? Well then, the best way is for you to walk . . .*
Fahren Sie? Haben Sie Ihren eigenen Wagen mit?	*Are you driving? Have you got your own car?*
Ja? Also, am besten fahren Sie . . .	*You are? (You have?) Well then, the best thing is for you to drive . . .*
Am besten nehmen Sie die Straßenbahn/den Bus (Linie 12).	*The best thing is for you to catch the number 12 tram/bus.*
Am besten nehmen Sie die S-Bahn/die U-Bahn.	*The best thing is for you to take the municipal railway/the tube.*
Gehen Sie (Fahren Sie) diese Straße hinauf/hinunter/entlang.	*Walk (Drive) up/down/along this street.*
Sie müssen nach links (nach rechts) abbiegen.	*You must turn left (right).*
Gehen Sie (Fahren Sie) geradeaus!	*Walk (Drive) straight on.*
Nehmen Sie die erste Straße links/rechts!	*Take the first street on the left/right.*

G. Rôle playing

Imagine that you are in a German town. You want to speak to a police officer.

1. Stop the police officer and say that you are a stranger in the town.
2. Ask which tram goes to the cathedral.
3. Ask where you can get it.
4. Ask if the main station is far from the cathedral.
5. Thank the policeman. Ask if there is anywhere you can buy an English newspaper.

H. General oral questions

1. Wann gehen Sie einkaufen?
2. Wo kauft man Brot? Fleisch? Gemüse und Obst? Briefmarken?
3. Was kauft man in einem Elektrogeschäft?
4. Was kauft man beim Tabakhändler?
5. Was ist ein Warenhaus?
6. Wie kommt man zu den oberen Stockwerken in einem großen Warenhaus?
7. Warum kaufen viele Leute auf dem Markt ein?
8. Was ist ein Frisör?
9. Was ist ein Schneider?
10. Wo zahlen Sie in einem Supermarkt?
11. An welchem Tag sind die meisten Geschäfte in Ihrer Stadt geschlossen?
12. Wo sind die besten Läden in Ihrer Stadt?
13. Was ist ein Lebensmittelhändler?
14. Nennen Sie bitte mindestens fünf Lebensmittel!
15. Wenn eine Verkäuferin in einem Laden sagt: „Sonst noch etwas?", was will sie wissen?
16. Manchmal sieht man das Wort „Schlußverkauf" am Schaufenster. Was bedeutet das?

I. Nacherzählung
The difficulties of parking a car

The following words might be found useful:

aufwachen – schlummern – rasseln – Einkäufe – Kameraden – springen – sich anziehen – Garage – steigen – parken – Autos – Entfernung – Läden – beladen – Wagen – folgen – halten – sich bedanken – sich wenden – suchen – Parkplatz – umsonst.

J. Rôle playing

Imagine that you are at the greengrocer's.

1. Say that you would like a pound of apples.
2. Ask if the ones at the front are sweeter than the ones at the back.
3. Tell him that your father is in hospital and that you want to take him some grapes.
4. Ask if the black ones taste better than the green ones.
5. Ask if they cost the same.
6. Say that you would also like some plums.
7. Ask if they are ripe.
8. Ask if the cauliflower is more expensive than the cabbage.
9. Say that you will take a large cauliflower.
10. Say that you also want three kilos of potatoes and a pound of onions.
11. Ask the total cost.
12. Say that you are sorry that you only have a hundred mark note and no small change.

K. Reading Comprehension

Der Rhein

Der Rhein, die größte Wasserstraße Europas, entspringt in den Schweizer Alpen als zwei Flüsse, der Vorderrhein und der Hinterrhein, die sich vereinen und durch den Bodensee fließen. Der Bodensee, der drittgrößte See Europas, ist von Deutschland, Österreich und der Schweiz umgeben. Bei Basel wendet sich der Rhein nach Norden und hat Frankreich an seinem linken Ufer.

Die schönste Strecke des Flusses liegt zwischen Bingen und Koblenz, wo er das Schiefergebirge durchbricht. Hier sind beide Ufer mit Weinbergen bedeckt, und an den Abhängen stehen alte romantische Schlösser, die meist nur noch Ruinen sind. Diese Strecke ist für die Schiffahrt gefährlich; an einigen Stellen ist der Fluß ziemlich eng, und an anderen ist das Wasser nicht sehr tief. In alten Zeiten kenterten viele Segelschiffe an diesem Teil des Rheinlaufs.

Dann fließt der Rheinstrom an berühmten Städten wie Bonn, Köln und Düsseldorf vorbei und kommt endlich in die Niederlande, wo er sich in mehrere Arme teilt, bevor er in die Nordsee mündet.

Cologne Cathedral

1. Where does the Rhine have its source?
2. Which *three* countries border Lake Constance?
3. What can be seen on the river banks between Bingen and Koblenz?
4. Why is the stretch between Bingen and Koblenz dangerous for shipping?
5. What happens to the river after it crosses the Dutch frontier?

L. Ausflug nach Köln

Translate the following passage into German:

Last Saturday we went on a trip to Cologne. After we had had breakfast, we got into the car and half an hour later we arrived in the city centre. We parked the car in a large multi-storey car park and then set off to visit the cathedral, which is one of the most beautiful in Europe. As we did not know where it was, we had to ask a policeman and shortly afterwards we found it. We decided to walk up the many steps to the top of the cathedral tower and from there we had a wonderful view of the city and the Rhine. Afterwards we strolled through the pedestrian precinct and went into a tourist office to get some brochures about the city. We also went into some of the elegant department stores because my elder sister wanted to buy a new dress. As we were thirsty and hungry, we decided to have coffee and cakes before we returned to the car park.

M. Listening comprehension
A shopping expedition

1. Why didn't Hans get up immediately after he had woken up?
2. What did he remember when the alarm rang?
3. What was to happen in the afternoon?
4. Why did he have to go into the town?
5. Where did he park his car and why did he park it there?
6. Why was Hans conspicuous as he walked back to his car?
7. What was Hans suddenly aware of as he walked back to his car?
8. What did the driver do?
9. What did Hans do?
10. What did the driver say to Hans?

N. Essay titles

1. Make up a conversation between a man and woman in a supermarket.
2. Beschreiben Sie eine Stadt, die Sie gut kennen!

O. Revision exercises
Comparison of adjectives (p. 181 §15)

(a) Complete the following sentences with *wie* or *als*:

1. München ist größer ... Bonn aber nicht so groß ... Berlin.
2. Ich trinke Bier lieber ... Wasser aber nicht so gern ... Whisky.
3. Mein jüngerer Bruder geht früher ... ich ins Bett aber nicht so früh ... meine jüngere Schwester.
4. Ich spreche deutsch besser ... französisch aber nicht so gut ... englisch.
5. Die Kirche ist höher ... das Rathaus aber nicht so hoch ... der Dom.

(b) Answer the following questions:

1. Sind Sie größer oder kleiner als Ihr bester Freund/Ihre beste Freundin?
2. Sind Sie älter oder jünger als Ihr bester Freund/Ihre beste Freundin?
3. Wer ist am größten und wer am kleinsten in Ihrer Familie?
4. Hat ein Hund einen längeren Hals als eine Giraffe?

(c) Complete the following sentences:

Example: Max springt hoch, Karl springt höher, aber Peter springt am höchsten.

1. Ein Personenzug fährt schnell, ein D-Zug fährt ..., aber der TEE fährt ....
2. Er raucht Zigaretten gern, er raucht eine Pfeife ..., aber ... raucht er Zigarren.
3. Dieses Bild ist schön, jenes ist ..., aber jenes dort drüben ist ....
4. Diese Uhr tickt laut, jene tickt ..., aber jene dort drüben tickt ....
5. Dieser Junge vorne spricht viel, jener hinten spricht ..., aber jener am Fenster spricht ....

(d) Give the meanings and opposites of the following adjectives:

gut, groß, lang, jung, schön, schmutzig, klug, dick, bequem, langweilig, dunkel, kalt, warm, naß, tief, niedrig, neu, billig, ruhig, arm, laut, schmal, schwer, glücklich, voll, nah.

Thema 6
Krankheiten

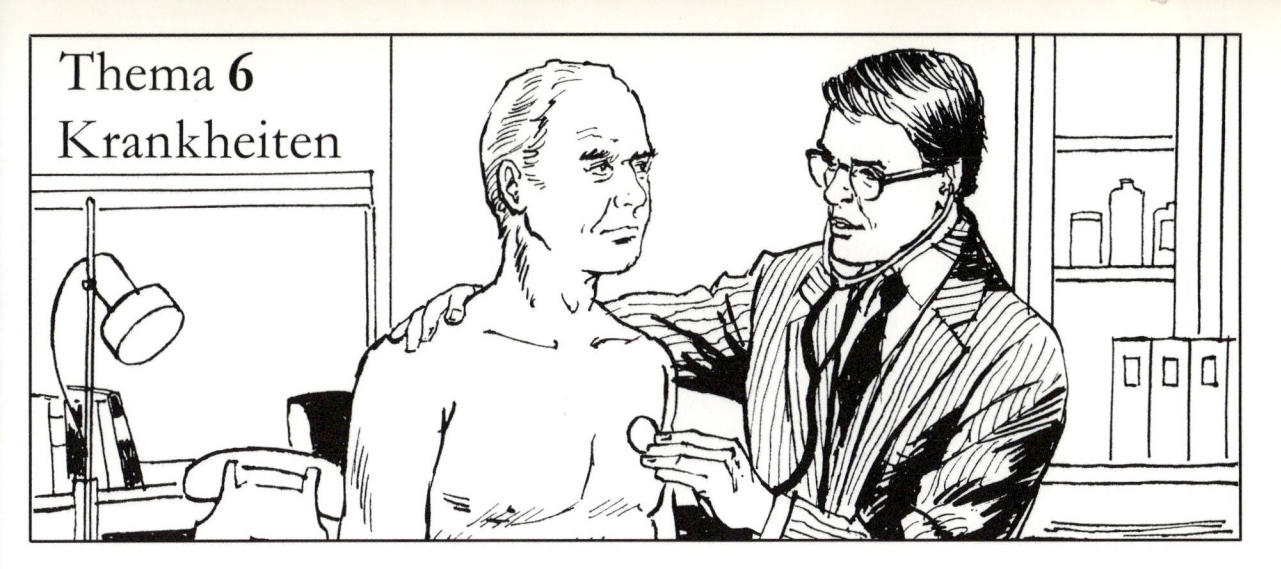

A. Dialogue

Beim Arzt

Herr Schäfer: Guten Abend, Herr Doktor. Hoffentlich komme ich nicht zu spät?
Der Arzt: Nein, es ist noch Zeit. Und wer ist diesmal in Ihrer Familie krank?
Herr Schäfer: Ich selber. Den ganzen Tag schon habe ich gehustet, und ich friere so sehr. Ich komme direkt vom Büro.
Der Arzt: Haben Sie auch Kopfschmerzen?
Herr Schäfer: Ja. Und mein Hals tut mir furchtbar weh.
Der Arzt: Am besten messe ich zuerst Ihre Temperatur.
Herr Schäfer: Das hat man schon im Büro gemacht. Sie ist ziemlich hoch.
Der Arzt: Ja, Sie haben recht. Sie haben ein ganz schönes Fieber.
Herr Schäfer: Sieht es also schlecht aus, Herr Doktor?
Der Arzt: Das weiß ich noch nicht. Ich muß Ihnen erst die Brust und den Rücken abklopfen.
Herr Schäfer: Ist das nötig? Da habe ich keine Schmerzen, seitdem ich nicht mehr rauche.
Der Arzt: Das kann sein. Wir wollen aber doch sicher sein, daß alles in bester Ordnung ist.
Herr Schäfer: Es ist nur eine Erkältung. Davon bin ich überzeugt.
Der Arzt: (*nach der Untersuchung*) Ja, Sie haben recht. Ich kann zum Glück nichts Ernstes finden.
Herr Schäfer: Gott sei Dank! Meine Frau wird sich freuen, denn ich soll sie heute abend ins Kino begleiten.
Der Arzt: Das geht leider nicht, Herr Schäfer. Sie müssen mindestens zwei Tage im Bett bleiben.
Herr Schäfer: Aber warum, Herr Doktor?
Der Arzt: Erstens, damit Sie schnell gesund werden und zweitens, damit andere sich nicht bei Ihnen anstecken.

Base of German

A busy morning

Frau Schmidt war sehr zufrieden. Nach den langen Sommerferien hatten die Kinder wieder Schule. Es war ein herrlicher Septembermorgen, und alles war ruhig. In ihrem kleinen Blumengarten saß sie auf einer Bank und trank eine Tasse Kaffee. Wie schön war diese Ruhe! Aber plötzlich wurde die Stille unterbrochen: das Telefon klingelte, und sie mußte ihre Tasse hinstellen und ins Haus laufen.

Am Telefon meldete sich ihre Freundin, Frau Hauptmann, die in derselben Straße wohnte. Sie war plötzlich krank geworden und wollte wissen, ob Frau Schmidt ihr helfen könnte. „Aber natürlich," sagte Frau Schmidt und ging so schnell wie möglich zu ihrer Freundin. Dort ließ sie zuerst den Arzt kommen, dann brachte sie der Kranken ein warmes Getränk. Danach mußte sie das Geschirr abwaschen und die Betten machen. Zwei Stunden lang arbeitete sie unaufhörlich, bis es Zeit war, das Mittagessen für ihren eigenen Mann zu machen. Sie eilte also nach Hause zurück.

Es war schon viel zu spät, ein richtiges Essen mit Fleisch und Gemüse vorzubereiten, also öffnete sie eine Büchse Tomatensuppe und machte ein großes Omelett.

Punkt ein Uhr trat ihr Mann herein, hungrig wie immer. Er begrüßte seine Frau, sah zum Fenster hinaus und bemerkte die Kaffeetasse, die noch immer auf der Gartenbank stand. „Du hast aber Glück," rief er aus, „den schönen Vormittag ruhig im Garten verbringen zu können!"

Frau Schmidt war so ärgerlich, daß sie kein Wort äußern konnte.

1. In welchem Monat fand diese Szene statt?
2. Wohin ging Frau Schmidt, um eine Tasse Kaffee zu trinken?
3. Was machte sie mit der Tasse, bevor sie ins Haus lief?
4. Wem sollte Frau Schmidt helfen?
5. Was mußte sie wohl machen, um den Arzt kommen zu lassen?
6. Was machte sie mit dem Geschirr?
7. Wann eilte sie nach Hause zurück?
8. Warum mußte sie nach Hause gehen?
9. Warum konnte sie kein richtiges Essen mit Fleisch und Gemüse vorbereiten?
10. Wann bemerkte ihr Mann die Kaffeetasse auf der Gartenbank?
11. Warum war Frau Schmidt böse auf ihren Mann?
12. Unter welchen Umständen hätte sie ein richtiges Essen mit Fleisch und Gemüse vorbereitet?

C. Listening comprehension
A devious plan

1. Why doesn't Peter want to go to school the following morning?
2. What does Peter want to do so that he can stay at home?
3. What does Peter do when his mother opens the front door for him?
4. Give two reasons for Peter not getting to sleep quickly.
5. When does he finally fall asleep?
6. What does Peter do before his mother comes into his room the next morning?
7. Why doesn't his mother stay in his room while he is taking his temperature?
8. Why is Peter pleased when his mother goes out of the room?
9. Why does Peter's mother think that he really is ill when she comes back into his room?
10. What does Peter's mother say she will do and how does Peter react to her suggestion?

D. Letter writing

Imagine that your father has been ill in bed and that your mother is away on a business trip and will be returning home at the weekend. Write a letter to your German pen-friend in which you say how you helped to look after your father, your younger brother and sister and your cat and dog, as well as doing all the shopping and housework. Did you have to stay away from school?

E. Rôle playing

Imagine that your father has just come into your room to tell you that it is time to get up.

1. Tell him that you have slept badly.
2. Say that you have got a headache and that your throat hurts.
3. Say that you can't go to school today as you have probably got flu.
4. Ask him to phone the doctor.
5. Tell him that you don't want any breakfast today.
6. Ask him politely to bring you some aspirins and a glass of water.

F. Der Hustensaft

(a) Jürgen ist krank. Er muß im Bett bleiben. Seine Großmutter hat ihm einen schönen Blumenstrauß gepflückt. Sie hat die Blumen in eine Vase gestellt. Die Vase steht auf einem Nachttisch neben seinem Bett. Sie ruft die Ärztin an.	(b) Die Ärztin kommt. Sie untersucht Jürgen und fühlt seinen Puls. Jürgen hustet viel. Die Ärztin stellt fest, daß er Fieber und Husten hat. Sie verschreibt ihm Medizin und zwar Hustensaft. Sie verläßt das Haus.
(c) Seine Großmutter zieht sich um. Sie geht in die Apotheke. Sie holt den Hustensaft. Sie eilt nach Hause zurück.	(d) Sie geht sofort in die Küche. Sie holt ein Glas. Sie geht nach oben in Jürgens Zimmer. Sie gießt den Hustensaft ins Glas. Sie stellt das Glas auf den Nachttisch. Jürgen soll den Hustensaft schlucken. Seine Großmutter verläßt das Zimmer. Sie will sich wieder umziehen.
(e) Jürgen will den Hustensaft nicht schlucken. Er setzt sich im Bett auf. Er gießt den Hustensaft in die Vase. (Seine Großmutter würde hoffentlich glauben, daß er ihn geschluckt hat.) Er legt sich wieder hin.	(f) Seine Großmutter kommt in sein Zimmer zurück. Jürgen schläft. Die Blumen sind verwelkt. Die Großmutter sieht verblüfft aus.

Aufgabe

Write out the principal parts and meanings of the following verbs:

müssen / bleiben / stellen / anrufen / untersuchen / aussehen / eilen / sollen / wollen / husten / schlafen / verstehen

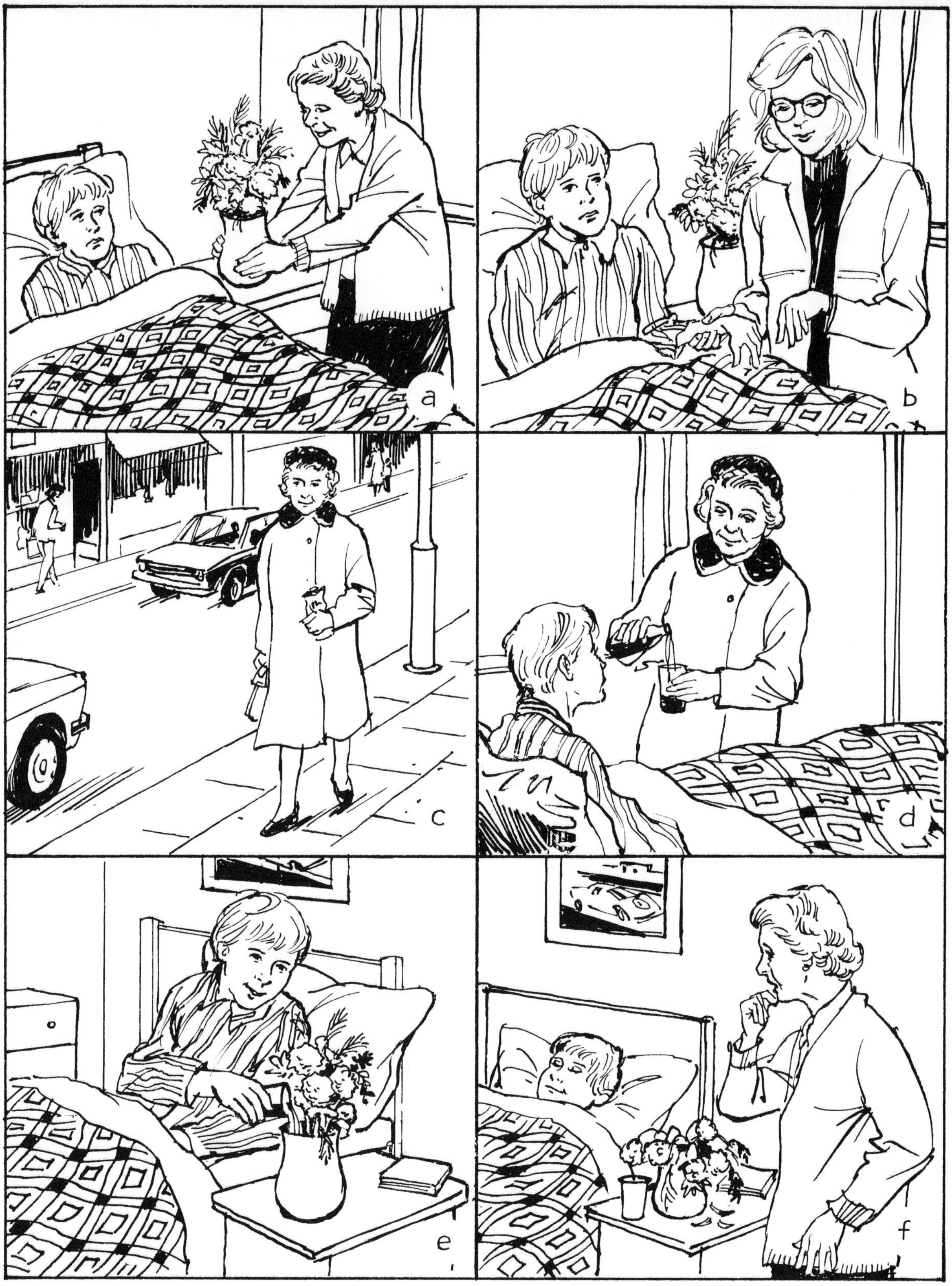
a
b
c
d
e
f

Retranslation sentences

1. Last Friday Jürgen had to stay in bed because he was ill.
2. After his grandmother had picked the flowers, she put them into a vase.
3. She decided to phone the doctor as her grandson looked so ill.
4. The doctor went upstairs into Jürgen's bedroom to examine him.
5. Jürgen coughed a lot while the doctor was examining him.
6. As soon as the doctor had left the house, Jürgen's grandmother went to the chemist's to fetch the cough mixture.
7. As Jürgen didn't want to swallow the cough mixture, he decided to pour it into the vase which was on the small table next to his bed.
8. When his grandmother came back into his room, Jürgen was asleep.
9. She couldn't understand at all why the flowers looked so wilted.

Aufgabe

Rewrite the story on page 54 in the PAST in essay form. The following words and phrases may be useful:

er sah blaß aus	*he looked pale*
sobald sie ihn sah	*as soon as she saw him*
so bald wie möglich	*as soon as possible*
kurz darauf	*shortly afterwards*
er tat, als ob er schliefe	*he pretended to be asleep*
gar nicht	*not at all*

G. A small boy keeps house when mother is ill

Translate the following passage into English:

In diesen Wochen war ich Krankenpfleger. Ich war auch Koch und machte mittags, wenn ich aus der Schule kam, Rühreier, Schinkenomeletts, Bratkartoffeln und Reis- und Nudelsuppen mit Rindfleisch. Dabei verbrannte ich mir oft die Hände. Ich war Kellner und servierte meine angebrannten Meisterwerke stolz und ungeschickt auf Mutters Bett. Wenn Vater abends aus der Fabrik heimkam, wärmte ich das Essen für ihn auf. Dann spülten wir das Geschirr ab, und unser Mieter half beim Abtrocknen. Manchmal wuschen wir sogar die Wäsche und hängten sie auf die Leine, die wir quer durch die Küche gezogen hatten. Dann krochen wir, geduckt wie Indianer auf dem Kriegspfad, unter und zwischen den nassen Taschentüchern, Hemden und Unterhosen umher, und probierten alle Viertelstunde, ob die Wäsche endlich trocken sei.

H. Dialogue

In der Apotheke

Apotheker: Guten Morgen. Was darf es sein?
Kundin: Guten Morgen. Ich habe Kopfschmerzen. Geben Sie mir bitte 100 Stück Aspirin!
Apotheker: Danke. Sonst noch etwas?
Kundin: Haben Sie etwas gegen Halsschmerzen? Seit gestern tut mir der Hals weh. Ich habe auch schlecht geschlafen. Vielleicht habe ich die Grippe.
Apotheker: Hoffentlich nicht, aber ich kann Ihnen diese Tabletten empfehlen. Sie sind ausgezeichnet. Sie müssen sie dreimal am Tag nach dem Essen nehmen. Wenn es Ihnen danach nicht besser geht, dann gehen Sie lieber zum Arzt!
Kundin: Recht vielen Dank. . . . Ach, ich hatte fast vergessen. Meine Tochter hat Magenschmerzen.
Apotheker: Suchen Sie etwas gegen Durchfall oder Verstopfung?
Kundin: Gegen Durchfall. Sie muß ständig auf die Toilette gehen.
Apotheker: Dann brauchen Sie dieses Medikament. Sie soll es dreimal täglich nehmen.
Kundin: Danke schön. Was kostet das?
Apotheker: Neun Mark fünfundsechzig. Vielen Dank.
Kundin: Auf Wiedersehen.

Apotheke

I. A helping hand

Translate the following passage into German:

When my mother woke up yesterday she felt very ill. She had a headache and a temperature. As my father was away on business, I phoned the doctor who arrived an hour later. I had already decided to stay at home to look after my little brother and help in the house, but first of all I had to go to the chemist's to fetch some medicine and pills. I took my little brother with me. On the way home we went into the supermarket to buy some meat and vegetables. When we arrived home, I made the beds and tidied the lounge. Then I went into the kitchen to peel the potatoes and to put the meat into the oven. In the evening my father returned home. The following day I was able to go to school again as my mother felt better.

J. Revision exercises

Expressions of time (p. 181 §16)

Translate into German:

(a)
1. next week
2. last year
3. every month
4. last Tuesday
5. every Summer
6. last Winter
7. every morning
8. next Wednesday
9. every evening
10. every afternoon

(b)
1. today
2. yesterday
3. tomorrow
4. this afternoon
5. tonight
6. last night
7. tomorrow morning
8. tomorrow afternoon
9. yesterday afternoon
10. the day before yesterday

(c)
1. one morning
2. one day
3. one evening
4. one year
5. one night
6. one rainy April morning
7. one foggy November evening
8. one fine Summer's day
9. one cold Winter's morning
10. one windy Autumn afternoon

(d)
1. in Spring
2. in Summer
3. in Autumn
4. in Winter
5. in February
6. in June
7. at Christmas
8. at Easter

(e)
1. in the mornings
2. on Saturdays
3. in the evenings
4. on Mondays
5. in the afternoons
6. on Saturday
7. on Monday
8. on the 6th March

(f)
1. first of all
2. suddenly
3. shortly afterwards
4. shortly before
5. then
6. soon
7. immediately afterwards
8. finally

(g)
1. a quarter of an hour later
2. half an hour later
3. three quarters of an hour later
4. an hour later
5. one and a half hours later
6. several hours later

(h)
1. at two o'clock
2. at 3.15
3. at 6.30
4. at 5.45
5. at twenty three minutes past eight
6. at five minutes to nine
7. at one minute past eleven

Thema 7
Winter

A. Weihnachten

Translate the following passage into German:

We children were very excited when we bought our Christmas tree last Saturday. When we got home, dad put it in a bucket and carried it into the living room. Then I helped my brother and sister to decorate it with glitter balls, tinsel and candles. It looked very pretty when we had finished. On Sunday we lit the fourth candle on our Advent wreath which was standing on a small table in the hall.

On Christmas Eve at about six thirty we sang carols, before we opened our presents which were around the Christmas tree. Later in the evening we all went to church but dad had to drive very carefully as it had snowed heavily during the day and the roads were dangerous.

B. Translate the following two passages into English:

(a) A guest sets out on a Christmas visit

Am 24. Dezember lag der Schnee überall fußhoch, und es war bitter kalt. Mein Freund hatte mich gebeten, recht früh zu kommen, und so machte ich mich, nachdem ich um ein Uhr zu Mittag gegessen hatte, auf den Weg zum Bahnhof. In der Stadt herrschte um diese Zeit ein recht lebhafter Verkehr, und es war fast kein Mensch zu sehen, der nicht irgend etwas trug.

Die Tannenbaumhändler standen frierend aber zufrieden da, denn ihre Bäume waren bereits zum größten Teil verkauft. Verspätete Einkäufer, mit Puppenstuben und großen Paketen von phantastischen Formen beladen, schwankten vorbei. Überall waren die Transportwagen der großen Geschäfte zu sehen, welche bald hier, bald dort anhielten. Von jubelnden Kindern begleitet, fuhren die Möbelwagen, die die Post zur Weihnachtszeit zu mieten pflegt, langsam von Haus zu Haus.

Auf dem Bahnhof war das Gedränge noch stärker, und obgleich mein Zug erst in zwanzig Minuten abfahren sollte, waren die Plätze schon alle besetzt. Auch die Gänge waren mit Reisenden überfüllt, die ängstlich auf ihre Pakete achtgaben. Ich hatte auch allerlei zu tragen, denn außer meinem Gepäck hatte ich für meinen Freund einige Kisten Zigarren und für seine Frau ein Kästchen mit Süßigkeiten. Für die beiden Kinder hatte ich ein Märchenbuch gekauft.

Christmas scene in Düsseldorf

(b) The snowball fight

Während des Vormittags hatte es stark geschneit, und die Schüler freuten sich, als sie nach den Stunden in den Schnee hinausrennen konnten. Im Schulhof flogen die Schneebälle hin und her. Auf dem Heimweg gab es an der Straßenecke eine hitzige Schneeballschlacht. Etwa zwanzig Jungen waren dabei. Eine Gruppe war hinter das Eckhaus gelaufen und wartete nun dort auf ihre Kameraden, die gerade die Straße entlang kamen. Diese näherten sich der Ecke, ohne die anderen bemerkt zu haben.

Plötzlich traten die Wartenden hervor, warfen ihre Schneebälle und verschwanden schnell wieder hinter der Mauer, bevor die anderen sie angreifen konnten. Das machten sie einige Male mit Erfolg. Jetzt standen ihre Kameraden auf der Straße, jeder mit einem Schneeball wurfbereit in der Hand. Sie warteten gespannt darauf, daß die anderen wieder an der Ecke erscheinen sollten.

Da kam wieder jemand! Die Schneebälle flogen los. Es waren aber keine Schüler, die um die Ecke gekommen waren, sondern zwei Arbeiter aus der Fabrik. Der jüngere Mann sah die Gefahr und konnte sich noch schnell zurückziehen. Nicht aber der ältere. Den Warnungsruf seines Kameraden hatte er zu spät verstanden. Zwei Schneebälle flogen dicht an seinem Kopf vorüber, zwei trafen ihn auf der Schulter.

Daß die Jungen ihn getroffen hatten, war ja schlimm genug, daß aber einige laut darüber lachten und weiterwarfen, fand er natürlich unerhört. Er beschimpfte sie heftig, lief ihnen aber nicht nach, da sie zu schnell die nächste Straße hinunterrannten.

A.E.B. 1971

C. General oral questions

1. Den wievielten haben wir heute? Geben Sie Tag, Monat und Jahr an!
2. Wann ist der erste Weihnachtstag?
3. Wie ist das Wetter im Winter?
4. Wie ist das Wetter heute?
5. Was machen Kinder gern im Winter, wenn es geschneit hat?
6. Was tragen Sie, wenn es sehr kalt ist?
7. Was braucht man, um rodeln zu können?
8. Was für einen Baum kauft man zu Weihnachten, und was macht man damit?
9. Was singt man gewöhnlich zu Weihnachten?
10. Was essen Sie gewöhnlich am ersten Weihnachtstag?
11. Wem geben Sie Geschenke zu Weihnachten?
12. Was für Geschenke würden Sie vielleicht Ihrer Familie zu Weihnachten geben?

D. Use of German — How to find a hotel room

Der Sommer war vorbei, und ich hatte meinen Urlaub nicht nehmen können. Während des Winters war es mir aber plötzlich möglich, nach Tirol zu fahren. Ich stieg in meinen Volkswagen und wünschte meiner achtzehnjährigen Schwester „Auf Wiedersehen."

Endlich konnte ich in Tirol skilaufen, aber ich hatte noch kein Hotelzimmer. Immerhin fuhr ich nach dem Süden, erreichte ein kleines Dorf und fing an, ein Hotelzimmer zu suchen. Das Wetter war herrlich fürs Skilaufen, und natürlich hatten die Hotels keine Zimmer frei.

Ich suchte ein Zimmer in mehreren Hotels aber ich konnte keines finden. Um vier Uhr nachmittags kam ich wieder traurig aus einem Hotel. Ein Tiroler stand davor und fragte mich, ob ich ein Zimmer suche. „Gehen Sie sofort ins Krankenhaus und fragen Sie dort den nächsten, der wegen eines Skiunfalls ankommt, wo er wohnt," sagte der Tiroler.

Eine halbe Stunde später hatte ich ein Hotelzimmer. Ich war sehr froh.

1. In welcher Jahreszeit wollte der Erzähler seinen Urlaub nehmen?
2. In welchem Land wollte er seinen Urlaub nehmen?
3. Wie kam der Erzähler nach Tirol?
4. Wie alt war seine Schwester?
5. Was wollte er während seines Urlaubs machen?
6. Suchte er ein Hotel in einer großen Stadt?
7. Warum hatten die Hotels keine Zimmer frei?
8. Mit wem sprach er?
9. Wo stand dieser?
10. Warum war der Erzähler froh?

E. Reading comprehension — Austria

Wenn man seine Ferien in Österreich verbracht hat, bringt man sicher zwei Erinnerungen nach Hause – die Berge und die Musik.

Nur im Norden des Landes – im Donautal – ist die Landschaft ziemlich flach, aber in den anderen Teilen des Landes findet man wunderschöne Berge, die bis 3797 m hoch sind. Im Winter kommen Tausende hierher, um Wintersport zu treiben, und auch im Sommer kann man mit Bergbahnen, Seilbahnen und Sesselliften die höchsten Bergketten erreichen.

Überall in Österreich hört man Musik; in den Dörfern spielen die Bauern ihre Blasinstrumente und ihre Zithern; in den Städten kann man ins Konzert oder in die Oper gehen. In Wien, der Hauptstadt, spielt das weltberühmte Orchester, die „Wiener Philharmoniker," und hier kann man oft die „Wiener Sängerknaben," einen fabelhaften Chor von Jungen, hören.

Im achtzehnten und neunzehnten Jahrhundert lebten mehrere bekannte Komponisten in Wien, unter ihnen Haydn, Schubert und Mozart. Mozart wurde in Salzburg geboren, und jedes Jahr finden in dieser Stadt die Salzburger Festspiele statt, wobei allerlei musikalische Aufführungen in den Opernhäusern, Theatern und Konzerthallen das Publikum begeistern.

1. Which is the lowest part of Austria?
2. Why do many people come to Austria in winter?
3. Name *two* kinds of transport which enable visitors to reach the highest mountain areas.
4. Describe *two* kinds of music which can be heard in Austria.
5. Give two facts about Salzburg which you can learn from this passage.

F. Rôle playing

Imagine that you are talking to a friend who has just returned from a skiing holiday.

1. Tell your friend that she looks very brown and healthy.
2. Ask what her holiday was like.
3. Ask her what the hotel was like and if the food was good.
4. Ask if the weather was good all the time.
5. Ask if there was a lot of snow.
6. Ask if she had a good ski-instructor and if she can now ski well.
7. Say that you went skiing with your family two years ago.
8. Say that you would like to go skiing again next winter.

G. Letter writing

Imagine you are either Klaus' grandfather or grandmother. Write a reply to his letter. Answer his questions and ask some of your own.

München, den 4. Januar.

Liebe Oma und lieber Opa,
    Es war wirklich schade, daß Ihr zu Weihnachten nicht zu uns kommen konntet. Wir waren sehr enttäuscht, daß das Wetter so schlecht war. Wie geht es Dir, Opa? Wir haben von Mutti gehört, daß Du auf einer eisigen Straße ausgerutscht bist und Dir das Fußgelenk verrenkt hast. Hoffentlich kannst du jetzt wieder gehen! Wir möchten auch gerne wissen, wie das geschehen ist. Schade auch, daß Du, Oma, die Grippe hattest. Geht es Dir jetzt besser? Habt Ihr beide Weihnachten im Bett bleiben müssen, oder habt Ihr Besuch gehabt?
    Vielen Dank für das schöne Geschenk, das Ihr mir geschickt habt. Ich kann einen neuen Taschenrechner gut gebrauchen. Vielleicht werden meine Noten in Mathe besser! Habt Ihr auch schöne Geschenke bekommen? Erzählt uns davon!
    Mutti und Vati möchten auch wissen, ob Ihr Ende Januar zu uns kommen könnt. Sie haben schon Karten für ein schönes Theaterstück. Hoffentlich klappt es! Laßt bald von Euch hören!
    Herzliche Grüße Euch beiden und ein glückliches Neues Jahr.

Euer Klaus

H. Après-ski

Fragen

1. Wo findet diese Szene statt?
2. Was machen die Leute links?
3. Wie viele Musiker gibt es?
4. Welcher Mann spielt Akkordeon?
5. Welche anderen Instrumente außer dem Akkordeon sehen Sie?
6. Was tragen die Musiker?
7. Was haben die meisten Leute wohl während des Tages gemacht?
8. Was hat die Kellnerin an?
9. Was hat sie auf dem Tablett?
10. Was wird sie wohl damit machen?
11. In welchem Land findet diese Szene wohl statt?
12. Warum hält der junge Mann den Fotoapparat vor den Augen?

I. Ein Wintertag

(a) Es hat während der Nacht geschneit. Karl besucht seinen Freund Peter. Sie bauen einen großen Schneemann im Garten. Zwei große Knöpfe bilden die Augen und eine Karotte ist die Nase. Sie stecken ihm eine alte Pfeife in den Mund. Sie setzen ihm einen alten Zylinderhut auf den Kopf. Sie binden ihm einen alten Schal um den Hals. Sie bewerfen den Schneemann mit Schneebällen. Sie werfen ihn allmählich um.	(b) Karl hat seine Schlittschuhe und seinen Schlitten mitgebracht. Peter holt seine eigenen Schlittschuhe aus seinem Schlafzimmer. Sie gehen den Weg entlang. Sie setzen sich auf den Schlitten. Karl sitzt vorne und Peter hinten. Sie fahren bergab bis zu einem großen Teich neben einem Bauernhof.
(c) Sie rodeln noch ein bißchen. Sie ziehen ihre Schlittschuhe an. Sie gehen vorsichtig auf das Eis.	(d) Der Landwirt steht auf einer Leiter und repariert ein Dach. Er winkt ihnen freundlich zu. Sie beginnen, Schlittschuh zu laufen. Sie amüsieren sich gut.
(e) Das Eis beginnt zu brechen. Ein Loch erscheint. Karl fällt in den Teich. Er schreit um Hilfe.	(f) Der Landwirt steigt schnell die Leiter hinunter. Er läuft damit zum Teich. Er legt sie auf das Eis. Er klettert sie entlang. Es gelingt ihm, Karl aus dem Wasser zu ziehen.

Aufgabe

Write out the principal parts and meanings of the following verbs:

schneien / bauen / binden / werfen / bringen / stehen / brechen / erscheinen / fallen / schreien / laufen / gelingen

Retranslation sentences

1. Karl decided to visit his friend as it had snowed during the night.
2. They went into the garden to build a snowman.
3. While Karl was putting the pipe into the snowman's mouth, Peter went into the house to fetch an old top hat.
4. After they had thrown snowballs at the snowman, Peter went into his bedroom because he wanted to fetch his skates.
5. After they had tobogganed to the pond, which was next to a small farm, they decided to put on their skates.
6. The farmer, who was standing on a ladder repairing the roof of his house, waved to them.
7. After Karl had fallen into the pond, he shouted for help.
8. As soon as the farmer saw what had happened, he ran to the pond with his ladder.
9. After he had climbed along the ladder, the farmer managed to pull him out of the water.

65

Aufgabe

Rewrite the story on page 64 in the PAST in essay form. The following words and phrases may be useful:

früh am folgenden Morgen	*early the next morning*
mit großer Freude	*with great pleasure*
zu ihrem großen Erstaunen	*to their great astonishment*
so schnell wie möglich	*as quickly as possible*
glücklicherweise	*fortunately*

J. Listening comprehensions

(a) An unexpected start to a honeymoon

1. When *exactly* did Andreas and Heidi get married?
2. How long had Heidi's parents lived in the village?
3. In what sort of a church did the young couple get married?
4. Where did the couple intend to spend their honeymoon?
5. How far away from the village was Stuttgart airport?
6. When did they notice that it had started to snow?
7. What were conditions like when they set off?
8. Give *two* reasons for them deciding to discontinue their journey to the airport.
9. Where *exactly* did they spend the night?
10. What *two* things did the landlord do for them and what did his wife do?

(b) A serious flood

1. What kind of weather was experienced last December?
2. What happened soon after Christmas?
3. What was the effect on the following day?
4. How did the police warn residents?
5. What were the workmen busily engaged in when the writer was standing in her front garden?
6. Why did she and her husband have to go upstairs?
7. What was the scene from the bedroom window?
8. State precisely how the elderly neighbour was evacuated.
9. Give *two* examples of damage in the sitting room.
10. What did the writer learn about a similar occurence in 1926?

K. Nacherzählung

A treacherous night

The following words and phrases might be found useful:

heiraten – Kirche – Freunde und Angehörige – nah und fern – beglückwünschen – Flitterwochen – Empfang – Flughafen – Auto – schneien – Flocken – dicht – gar nichts – sehen – glatt – Straße – gefährlich – halten – Gasthof – Wirt – Koffer – Heizung – andrehen – Essen.

L. Revision exercises

Prepositions (p. 182 §17)

(a) Write out from memory a list of prepositions that are used with the dative case only.
(b) Write out from memory a list of prepositions that can be used with both the accusative and dative cases.
(c) Complete the following sentences:

With the Dative

1. Mein Bruder wohnt gegenüber d— Kirche, meine Schwester wohnt gegenüber d— Freibad, mein Vater wohnt gegenüber d— Bauernhof und ich wohne gegenüber dies— Läden.
2. Er wohnt bei sei— Onkel, aber sie wohnt bei ihr— Tante.
3. Ich wohne seit ei— Jahr in diesem Haus, aber ich arbeite seit ei— Woche in diesem Büro. Arbeiten Sie seit viel— Wochen hier?
4. Niemand war dort außer mei— Freund und mei— Freundin.
5. Er trug den Fernsehapparat aus d— Wohnzimmer, die Uhr aus d— Küche und den Liegestuhl aus d—Garten.
6. Der Lehrer schreibt mit ei— Stück Kreide, aber ich schreibe mit ei— Kuli.
7. Er fährt gleich zu d— Schule, aber ich fahre zuerst zu d— Haus meines Freundes.
8. Nach d— Frühstück werde ich lesen, nach d— Mittagessen werde ich in die Stadt gehen, und nach d— Abendessen werde ich fernsehen.
9. Diese Straßenbahn fährt immer von d— Bahnhof ab. Jener Bus fährt von d— Kirche ab.

With the Accusative or Dative

1. (a) Er saß auf d— Rasen. (b) Er setzte sich auf d— Rasen.
2. (a) Er stellte den Regenschirm in d— Ecke. (b) Der Regenschirm war in d— Ecke.
3. (a) Sie setzte sich neben ihr— Bruder. (b) Sie saß neben ihr— Bruder.
4. Das Bild hing an d— Wand. (b) Er hängte das Bild an d— Wand.
5. (a) Der Papierkorb war unter d— Tisch (b) Er stellte den Papierkorb unter d— Tisch.
6. (a) Der Lehrer ging vor d— Klasse. (b) Der Lehrer stand vor d— Klasse.
7. Der Hubschrauber flog über d— Dorf. (b) Der Hubschrauber schwebte über d— Dorf.
8. (a) Der Polizist stand zwischen d— Wagen und d— Motorrad. (b) Der Polizist ging zwischen d— Wagen und d— Motorrad.
9. (a) Der Direktor setzte sich hinter sei— Schreibtisch. (b) Der Direktor saß hinter sei— Schreibtisch.

Thema 8
Unfälle

A. Dangerous driving

Translate the following passage into English:

Es regnete stark, und die Sicht war schlecht. Die paar Autos, die mir entgegenkamen, hatten ihre Scheinwerfer an, und ich schaltete auch die meinen an. Ich fuhr eine lange Steigung hinauf, die in die Berge führte. Vor mir fuhr ein Mercedes dicht hinter einem kleineren Auto her, einem Opel Kadett, den er mehrmals zu überholen versuchte. Da aber eine scharfe Kurve der anderen folgte, mußte er immer wieder abbremsen.

Schließlich kamen wir an eine Stelle, wo die Straße 800 Meter geradeaus führte. Der Mercedes schoß an dem anderen Auto vorbei, aber dort war die Straße ziemlich eng, und die beiden Autos berührten einander. Der Kadett rutschte nach rechts und kam von der Straße ab. Rechts von mir sah ich die Scheinwerfer des Autos, das den Hang hinunterrollte.

Ich trat wie verrückt auf die Bremse, stieg aus und rannte zurück. Dann rutschte ich den steilen Hang hinunter. Das Auto lag seitlich, und eines der Hinterräder drehte sich noch. Ich riß die Tür auf und zog den Fahrer heraus. Kaum hatte ich ihn dreißig Meter von dem Auto entfernt auf das Gras gelegt, da ging das Auto plötzlich in Flammen auf. Ich sah zur Straße hinauf, ob der Fahrer des Mercedes zurückgekommen war. Aber wenn er den Unfall doch gesehen hatte – und ich konnte es mir nicht anders denken – war er trotzdem weitergefahren. Leider erinnerte ich mich nicht mehr an seine Autonummer; an dem „LU" wußte ich nur, daß das Auto aus Ludwigshafen war.

A.E.B. 1982

B. Use of German
A car collides with a street barrow

Es war der dritte Mai und der vierte Tag einer großen Autoreise, die ich einmal mit meiner Frau nach Schwaben machte. Eine kleine Reparatur an dem Auto, die uns seit drei Tagen in Berlin aufhielt, war endlich fertig. So konnte an diesem strahlenden Frühlingsmorgen die Reise fortgesetzt werden. Wir fuhren los, Gerda, meine Frau, am Steuer und ich mit den Landkarten neben ihr und suchten die Straße nach Süden. Nun habe ich viele Jahre meines Lebens in Berlin gelebt und kenne es gut. So sagte ich meiner Frau ganz selbstsicher: „Gerda, an der nächsten Ecke mußt du rechts abbiegen."

„Aber Hans, ich glaube doch, wir müssen geradeaus," sagte sie. „Na," sagte ich empört, „kennst du Berlin, oder kenn' ich es? Außerdem vergißt du, was wir einander versprochen haben: ich soll mich um die Wege kümmern, und du hast nur zu fahren."

Also bogen wir nach rechts ein. Nach hundert Metern sah ich meinen Irrtum ein. „Du," sagte ich, „halt mal bitte an! Du hast ganz recht gehabt. Ich weiß nicht, wie ich so dumm sein konnte."

Wir hielten und betrachteten die Straße. Es war eine Straße von normaler Breite, völlig verkehrsfrei. Nur ein einsamer Handkarren, mit Obst beladen, stand auf unserer Straßenseite.

„Ich kehre einfach um!" meinte Gerda.

„Dann steige ich erst aus und gebe dir die nötigen Zeichen," sagte ich.

Nun versuchte meine Frau zu wenden. Es gelang ihr nicht, der Wagen war ein bißchen zu lang.

„Zurück! Zurück!" kommandierte ich und winkte dabei mit den Händen. „Noch ein bißchen zurück! – Ach . . . ."

Ich hatte etwas zuviel gewinkt, oder Gerda hatte zu stürmisch zurückgesetzt. . . . Unser Wagen schien den Karren kaum zu berühren, aber schon kippte er um, Äpfel und Apfelsinen auf die Straße streuend.

1. Wann hatte die Reise angefangen?
2. Wie lange mußten Hans und Gerda in Berlin warten?
3. Was mußte man mit dem Auto in Berlin machen, bevor sie weiterfahren konnten?
4. Warum hatte Hans die Landkarten?
5. Warum glaubte Hans die Straßen Berlins gut zu kennen?
6. Was sollte Gerda machen, während Hans sich um die Wege kümmerte?
7. Was hätten sie eigentlich tun sollen, statt rechts abzubiegen?
8. Was sahen sie auf der Seite der Straße, als sie hielten?
9. Was sollte Gerda machen, nachdem sie gehalten hatten?
10. Warum stieg Hans aus dem Auto?
11. Warum konnte Gerda nicht beim ersten Versuch wenden?
12. Was tat Gerda, als Hans mit den Händen winkte?
13. Warum kippte der Handkarren um?
14. Wo waren die Äpfel und Apfelsinen, nachdem der Karren umgekippt war?

C. Dialogue

Ein Unfall

Polizist: Also, was ist hier passiert?

Autofahrer: Ich habe den Jungen gar nicht gesehen. Er ist plötzlich aus der Seitenstraße gekommen, wissen Sie. Ich habe gleich gebremst und habe versucht, ihn zu vermeiden. Es war aber schon zu spät und bums – habe ich ihn angefahren!

Polizist: Haben Sie schon das Krankenhaus angerufen?

Autofahrer: Ja, vor einigen Minuten. Da, sehen Sie? Der Krankenwagen kommt schon. . . . Das linke Bein tut ihm weh. Hoffentlich ist es nicht gebrochen. Er blutet auch ein bißchen am Kopf.

Polizist: Er soll auf keinen Fall aufstehen. Er soll lieber dort auf der Straße liegenbleiben, bis die Krankenträger kommen. Ich muß ihn aber zuerst fragen, wie er heißt, wo er wohnt und welche Telefonnummer er hat, bevor sie ihn ins Krankenhaus fahren.

D. Rôle playing

Imagine that you are the cyclist in the dialogue above.

1. Tell the policeman that you rode out of the side street and that you didn't see the car at all.
2. Say that the driver was travelling much too fast. You fell off your bike when he hit you.
3. Tell him you can't get up because your left leg hurts.
4. Say that your mother will be worried when she hears about the accident.
5. Tell him your name, where you live and your telephone number.

E. Essay titles

1. A friend has just been given a new motorbike for his birthday. Last Sunday he took his girlfriend out for a ride, during which they had an accident. Recount the incident.

2. Erzählen Sie, wie Sie einen Freund/eine Freundin im Krankenhaus besucht haben!

F. Letter writing

Imagine you are Heike. Write a reply to Ulla's letter. Answer her questions and ask some of your own.

```
                                         Chamonix, den 21. Februar.
Liebe Heike,
         Es war wirklich blöde, mir das Bein am vorletzten Tag unserer
Ferien zu brechen.  Bis dann war die Klassenfahrt toll, und ich konnte schon
ganz gut Ski laufen.  Wie hast Du die Umgebung gefunden?  Das Hotel war sehr
gemütlich, oder?  Mir hat es auch Spaß gemacht, das Zimmer mit Dir und Elke
zu teilen.  Erinnerst Du Dich noch an den ersten Abend?  Fräulein Behrens war
doch böse auf uns, nicht?  Sie ist aber sehr nett, und wie Du weißt, muß sie
hier in Frankriech bleiben, bis Mutti morgen ankommt.  Wie war der
Flug nach Stuttgart?  Seid Ihr pünktlich angekommen?  War das Wetter gut?  Habt
Ihr im Flugzeug gegessen?  Wer hat Dich abgeholt?
         Hier im Krankenhaus ist es ganz bequem, aber das Bein tut mir immer
noch weh, und ich langweile mich ein bißchen.  Die Krankenschwestern und die
anderen Patienten sind sehr freundlich, aber leider spreche ich kein
Französisch.  Zum Glück habe ich mich mit einem englischen Mädchen angefreundet,
und ich kann mindestens mein Englisch üben.  Deine Schwester arbeitet in einem
Krankenhaus, nicht?  Was muß sie da alles machen?
         Schreib bald und erzähle mir, was Du gemacht hast, seit Du wieder zu Hause
bist!
         Schöne Grüße an Dich und Deine Familie,

                   Deine Ulla
```

G. Das neue Fahrrad

(a) Karl-Heinz ist sehr glücklich. Seine Eltern haben ihm ein neues Fahrrad zum Geburtstag geschenkt. Er ist sehr stolz auf das neue Geschenk. Er beschließt, einen Ausflug mit dem Rad zu machen. Er gibt an. Er läßt die Lenkstange los.	(b) Er sieht den großen Stein nicht, der mitten auf der Straße liegt. Er fährt dagegen. Er verliert das Gleichgewicht. Er fällt zu Boden. Er verletzt sich dabei den Kopf, das linke Bein und den linken Arm. Er verliert das Bewußtsein.
(c) Das Fahrrad ist kaputt. Das Vorderrad ist verbogen. Ein Autofahrer hat gesehen, was passiert ist. Er hält an. Er steigt aus seinem Wagen. Er lehnt sich über den Jungen. Er sieht, daß er verletzt ist. Er eilt zur Telefonzelle, die gegenüber liegt. Er ruft das Krankenhaus an. Er läßt einen Krankenwagen kommen. Ein Polizist kommt. Er notiert die Einzelheiten des Unfalls in seinem Notizbuch.	(d) Der Krankenwagen kommt an. Zwei Krankenträger steigen mit einer Bahre aus. Sie tragen den Verletzten in den Krankenwagen. Sie fahren ihn zum Krankenhaus. Er kommt wieder zu sich.
(e) Ein Arzt untersucht Karl-Heinz im Krankenhaus. Er stellt fest, daß dieser sich das Bein gebrochen hat. Karl-Heinz muß zwei Wochen im Krankenhaus verbringen. Seine Eltern und Andreas besuchen ihn.	(f) Er darf das Krankenhaus verlassen. Er darf wieder rausgehen. Er muß mit einem Stock gehen. Seine Freunde necken ihn über den Unfall. Karl-Heinz ist unglücklich. Er muß ohne sein Fahrrad in die Schule gehen. Seine Eltern lassen das Fahrrad reparieren. Er wird es bald wieder fahren können. Er wird in Zukunft vorsichtiger fahren.

Aufgabe

Write out the principal parts and meanings of the following verbs:

schenken / loslassen / verletzen / verlieren / passieren / liegen / anrufen / notieren / tragen / feststellen / verbringen / besuchen

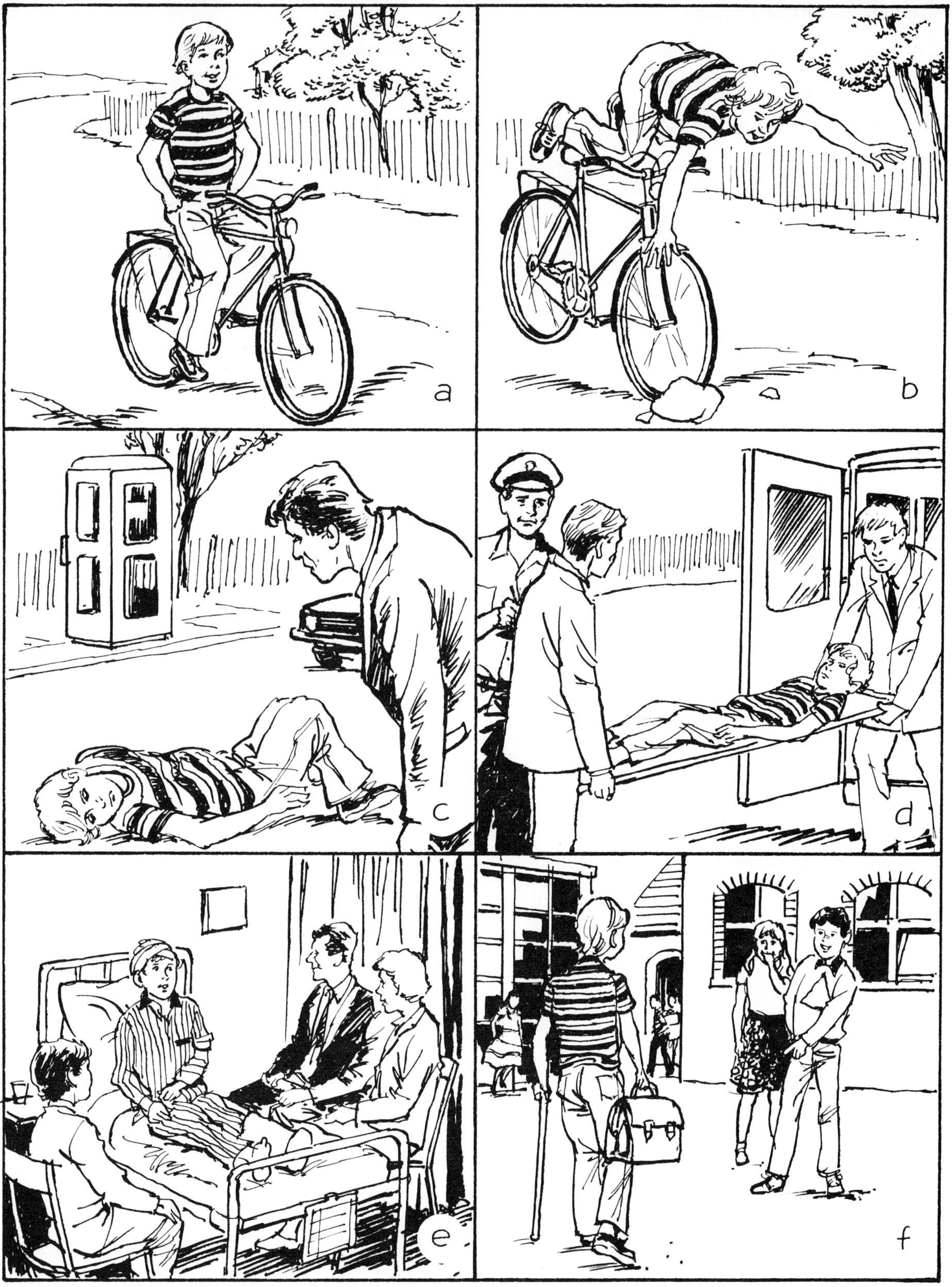
a
b
c
d
e
f

Retranslation sentences

1. Karl-Heinz was very happy because his parents had given him a new bike for his birthday.
2. After breakfast he decided to go for a ride on his new bike.
3. He began to show off and let go of the handlebars.
4. Unfortunately he didn't see the large stone that was in the middle of the road.
5. After he had hit the stone, he fell to the ground and lost consciousness.
6. Fortunately a motorist who had seen what had happened got out of his car in order to phone the hospital.
7. Shortly afterwards a policeman came who noted the details of the accident in his note book.
8. Ten minutes later an ambulance arrived and the ambulance men drove him to the hospital.
9. After the doctor had examined him, he diagnosed that Karl-Heinz had broken his leg.
10. He had to stay in hospital for two weeks and his parents visited him every day.

Aufgabe

Rewrite the story on page 72 in the PAST in essay form. The following words and phrases may be useful:

an einem schönen Sommertag	*one fine Summer's day*
besorgt	*concerned*
zufälligerweise	*by chance*
sorgfältig	*carefully*
bald	*soon*
während seines Aufenthaltes im Krankenhaus	*during his stay in hospital*
eine Woche später	*a week later*
als es ihm besser ging	*when he felt better*

H. An accident on the way to school

Translate the following passage into German:

Last Thursday morning Jutta was cycling along the road to school as usual. A young man had just parked his car next to the post-office where he wanted to buy some stamps. Just as she was about to cycle past the car, however, the man opened the car door. Unfortunately Jutta drove into it and fell to the ground. The driver jumped out of the car to see what had happened and to his great horror, he realised that she was unconscious. He hurried to the telephone box which was next to the post office and phoned the hospital. An ambulance arrived a quarter of an hour later and they took Jutta to hospital. Fortunately she regained consciousness in the ambulance but the doctor decided that she should stay in hospital for a couple of days. That evening the motorist, who was very concerned, visited her and brought her some grapes.

I. Listening comprehension 🎧
An accident on the way home

1. What clear memory does the writer still have?
2. What did the boy do outside the shop?
3. What unwise thing did he do afterwards?
4. Why did the boy ride as fast as he could?
5. What was the last thing he remembered?
6. What was he first aware of on regaining consciousness?
7. What was the man anxious to find out?
8. How did the man excuse himself?
9. How did the boy know he had been hurt?
10. Why did he have to ride slowly?
11. What happened when he reached his village?
12. Where was his mother when she heard of his accident?
13. What did she do and say?

J. Revision exercises
Prepositions (p. 182 §17)

(a) Write out from memory a list of prepositions that are used with the accusative case only.
(b) Write out from memory a list of prepositions that are used with the genitive case only.
(c) Complete the following sentences:

With the Accusative

1. Er ging durch d— Speisesaal, d— Klubzimmer und d— Gaststube, während sie durch d— Läden ging.
2. Er kaufte eine Pfeife für sei— Vater, einen Pullover für sei— Mutter und ei— Puppe für d— Baby.
3. Der Mann lehnte sich gegen d— Tisch, die Frau gegen d— Sofa und das Kind gegen d— Wand.
4. Fritz kam ohne sei— Füller, Karl ohne sei— Jacke, Lisa ohne ihr— Bleistifte und Peter ohne d— Fußball.
5. Die Jungen liefen um d— Feld herum, während die Mädchen um d— Tisch herumsaßen.
6. Der Mann lief d— Straße entlang, das Mädchen ging d— Flußufer entlang, und die Frau schlenderte d— Strand entlang.

With the Genitive

1. Während d— Woche arbeite ich, aber während d— Wochenendes gehe ich immer aus.
2. Trotz d— Schnees und d— Kälte gingen wir spazieren.
3. Mein Vater nahm mich statt mei— Bruder— zum Fußballspiel mit.
4. Der Bahnhof liegt innerhalb dies— Dorf—, und der Flughafen liegt außerhalb jen— Stadt.
5. Wegen d— dicht— Nebel— gab es nur wenig Verkehr.
6. Das Rathaus liegt jenseits d— groß— Kirche, und das Postamt liegt diesseits d— klein— Platz—.

Thema 9
Tiere

A. The zoo

Translate the following passage into English:

Vorigen Sonntag besuchten wir einen Tierpark. Es war kein gewöhnlicher Tierpark. Er unterschied sich von all den anderen dadurch, daß man mit dem Auto hindurchfahren konnte. Auch lebten die Tiere nicht in Käfigen, sondern im Freien. Natürlich gab es hohe Zäune, um das Publikum vor den gefährlichen Tieren, wie Löwen und Tigern, zu schützen. Die Elefanten waren nur durch einen breiten Graben von uns getrennt und nahmen gern mit dem Rüssel ein Stück Zucker aus unserer Hand. Den Kindern machte es sehr viel Spaß zu versuchen, die kleinen Känguruhs einzufangen, die im Park frei herumliefen. Der größte Erfolg waren eigentlich, wie immer, die Affen. Zum Vergnügen der Zuschauer schwangen sie sich wie Tarzan von Ast zu Ast, jagten einander laut schreiend nach oder standen auf dem Kopf. Zum Dank fütterten die Kinder sie mit Nüssen. Wir hatten einen Fotoapparat mit und haben von unserem Ausflug sehr nette Bilder zur Erinnerung gemacht.

B. Reading comprehension

A visit to the zoo

Base your answers on the passage above.

1. When did they visit the zoo?
2. In what *two* ways did the writer find this zoo different from many others?
3. What protected the public from the dangerous animals?
4. Which *two* animals did the writer describe as dangerous?
5. What separated the elephants from the spectators?
6. Which animals did the children enjoy trying to catch and what were they like?
7. Say *four* things that the monkeys did.
8. What did the children give to the monkeys?

C. Nacherzählungen

The following words and phrases might be useful:

(a) A ventriloquist's dog

Das Restaurant – der Boden – plötzlich – das Fleisch – der Gast – erstaunt – schauen – der Wunderhund – schieben – die Stimme – der Knochen – ruhig bleiben – das Tier – zornig – traurig – behandeln – kaufen – bieten – der Preis – zufrieden – folgen – sich umdrehen – rufen – Wort halten – klug – der Bauchredner.

(b) Straight from the horse's mouth

Herr Bender – aufs Land fahren – Stadtrand – die Endstation – entlangschlendern – sich umsehen – wachend träumen – verblüfft – „Blitzschnell" – Rennpferd – der große Preis von Baden-Baden – davonlaufen – blaß – Lügner – den dritten Platz belegen.

D. Use of German

The circus

Ich weiß nicht mehr, wie der Zirkus hieß, denn es muß ja etwa fünfzig Jahre her sein, daß er unsere kleine Stadt besuchte, und damals war ich erst sechs Jahre alt. Mein älterer Bruder und ich durften bis spät aufbleiben und auf das Feld am Stadtrande gehen, wo das riesige Zelt stand. Es schien, also ob fast die ganze Stadt da wäre, denn überall wimmelte es von Menschen. Zum Glück hatten unsere Eltern die Karten im voraus gekauft, und zwar hatten wir vier ausgezeichnete Plätze – ganz vorne in der ersten Reihe.

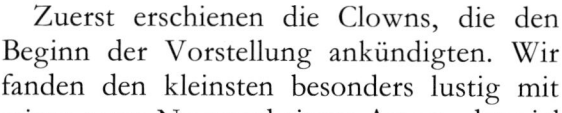

Zuerst erschienen die Clowns, die den Beginn der Vorstellung ankündigten. Wir fanden den kleinsten besonders lustig mit seiner roten Nase und einem Anzug, der viel zu groß war. Sie goßen sich Wasser in die Hosen, und dann verschwanden sie. Die meisten Nummern gefielen uns gut – die Ponys, die Elefanten, die Robben, die Seiltänzer und die Akrobaten – aber was uns am meisten imponierte, waren die Löwen.

Käfige wurden hereingebracht und für die Löwen aufgebaut. Es waren vier Löwen und zwei Löwinnen. Der Dompteur knallte mit der Peitsche, und ein Löwe sprang durch einen brennenden Reifen. Dann steckte der Dompteur seinen Kopf in den Rachen eines der Löwen. Ich hatte Angst und hielt mir die Hände vor die Augen.

Es tat uns leid, als das Programm zu Ende war. Wir waren mit unserem Abend sehr zufrieden, und ich habe ihn nie vergessen.

1. Wo wohnte der Erzähler, als er jung war?
2. Wie alt ist er jetzt?
3. Wo *genau* fand der Zirkus statt?
4. Mit wem ging der Erzähler zum Zirkus?
5. Was für ein Zelt gab es?
6. Woher wissen Sie, daß die Plätze, die sie hatten, ausgezeichnet waren?
7. Was für eine Nase hatte der kleinste Clown?
8. Was trug er?
9. Wozu erschienen die Clowns?
10. Wann verschwanden sie?
11. Wo waren die Löwen?
12. Was hielt der Dompteur in der Hand?
13. Wann sprang der Löwe durch den brennenden Reifen?
14. Wann hatte der Erzähler Angst?
15. Wann nahm der Erzähler die Hände von den Augen weg?

E. Reading comprehension
Ein schrecklicher Traum

Gewöhnlich träume ich selten. Vorgestern aber habe ich einen sehr seltsamen Traum gehabt. Der Tag war sehr warm gewesen, und ich hatte eine lange Wanderung durch die Wälder gemacht. Um halb zehn ging ich müde ins Bett.

Auf einmal fand ich mich in einem riesigen Lastwagen; der Fahrer war ein sehr freundlicher Affe mit langen haarigen Armen, der sehr fließend Deutsch sprechen konnte. Wir fuhren sehr schnell auf einer kurvenreichen Bergstraße, die kein Ende zu haben schien. Immer schneller rollte der Wagen und schaukelte furchtbar. Ich begann, Angst zu haben und mehrmals schrie ich „Halt!" „Halt!", aber der Affe grinste nur und gab noch mehr Gas, so daß wir immer schneller fuhren.

Plötzlich sah ich vor uns eine tiefe Schlucht. Ich machte die Augen zu .... Dann wachte ich auf. Ich war aus dem Bett gefallen und lag auf dem Fußboden des Schlafzimmers!

1. What had the writer been doing before he had his dream?
2. What do you know about the strange lorry-driver in the dream?
3. On what kind of road was the lorry travelling?
4. What did the driver do when the writer cried out "Stop!"?
5. What, in fact, had happened to the writer just before he woke up?

F. Listening comprehensions

(a) An unusual meal

1. What was Herr Schmidt doing in the restaurant?
2. Where exactly was his dog?
3. Why did the other people in the restaurant look at the dog in amazement?
4. What was Herr Schmidt's reaction to their staring?
5. What did the dog then do to make Herr Schmidt angry?
6. Who looked at the dog in a friendly way?
7. Why did this person want to buy the dog?
8. Why was Herr Schmidt willing to sell his dog?
9. What did the dog do after he had followed his new owner to the door and turned round to look at Herr Schmidt?
10. How had Herr Schmidt tricked the new owner?

(b) A shaggy horse story

1. Where did Herr Bender live?
2. What did he often do at the weekend?
3. What was he doing when he heard the cheerful voice?
4. Why was he surprised when he heard it?
5. Where exactly was the horse?
6. What did Herr Bender learn from the horse?
7. How did he react?
8. Why did the farmer think that Herr Bender was unwell?
9. What did Herr Bender tell the farmer?
10. What did the farmer say about the horse?

G. Vogelarten

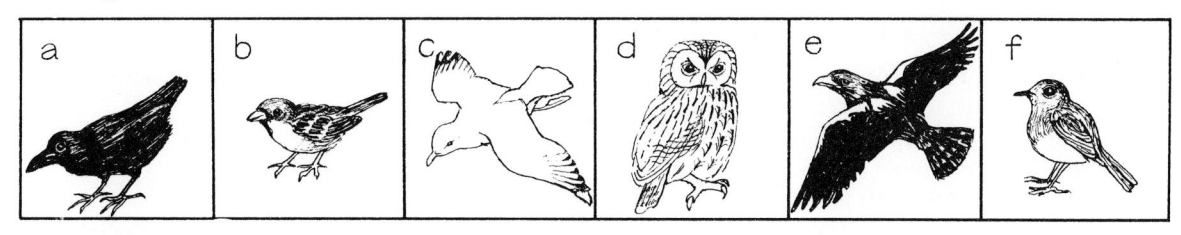

(a) die Krähe (–n)
(b) der Spatz (–en)
(c) die Möwe (–n)
(d) die Eule (–n)
(e) der Adler (–)
(f) das Rotkehlchen (–)

H. Rôle playing

Imagine that you are a farmer talking to a young student who has come about your advert in the paper in which you said you wanted some casual labour during the summer holidays.

1. Ask her if she has worked on a farm before.
2. Ask how many weeks she would be able to work.
3. Tell her she would have to help with the harvest and milk the cows.
4. Ask her if she thinks she would be able to drive a tractor.
5. Ask her if she lives in the area.
6. Tell her that your wife has been ill and that she could have a room free in the farmhouse if she could help a little in the house.
7. Tell her that she can start next Monday.

I. Haustiere

(a) der Hund (–e)
(b) die Katze (–n)
(c) die Maus (¨e)
(d) der Hamster (–)
(e) das Meerschweinchen (–)
(f) das Kaninchen (–)
(g) die Schildkröte (–n)
(h) der Wellensittich (–e)
(i) der Kanarienvogel (¨)
(j) der Goldfisch (–e)

J. Ein Hund rettet einen ertrinkenden Jungen

(a) Herr und Frau Müller beschließen, einen Ausflug mit ihrem dreizehnjährigen Sohn, Hans, aufs Land zu machen. Frau Müller bereitet das Picknick vor. Herr Müller fährt das Auto aus der Garage. Hans holt seine Angelrute, sein Netz, einen Eimer und etwas Köder aus seinem Schlafzimmer. Fritzi, der Hund, ist sehr zufrieden. Er wedelt mit dem Schwanz. Er darf mitfahren.	(b) Die Müllers fahren zu einem schönen Ort, den sie gut kennen. Sie setzen sich unter einen schattigen Baum neben dem Fluß. Sie beginnen zu essen. Das Essen im Freien schmeckt herrlich. Auch Fritzi ist glücklich. (Frau Müller hat ihm nämlich einen großen Knochen mitgebracht!)
(c) Hans nimmt seine Angelausrüstung und geht etwa zweihundert Meter am Flußufer entlang zu einer alten Steinbrücke. Fritzi begleitet ihn.	(d) Hans setzt sich an das Ufer und beginnt zu fischen. Es ist schön ruhig dort. Ein Fisch beißt an. Hans steht auf, rutscht aus und bums – er fällt ins Wasser.
(e) Fritzi sieht ihn einen Augenblick erstaunt an. Er läuft zu Herrn und Frau Müller zurück. Er bellt laut und zieht Herrn Müller mit dem Maul am Hemdsärmel.	(f) Herr Müller steht auf und läuft mit Fritzi zur Brücke. Es gelingt ihm, seinen Sohn aus dem Wasser zu ziehen. Frau Müller tröstet Hans und trocknet ihn mit einem Handtuch ab. Die ganze Familie ist sehr stolz auf ihren klugen Hund.

Aufgabe

Write out the principal parts and meanings of the following verbs:

vorbereiten / wedeln / dürfen / kennen / nehmen / begleiten / fischen / anbeißen / ausrutschen / aufstehen / trösten / abtrocknen

81

Retranslation sentences

1. Last Sunday Herr and Frau Müller decided to go for a trip in the car.
2. While Frau Müller was preparing the picnic in the kitchen, Herr Müller fetched the car from the garage.
3. Hans, their thirteen-year-old son went into his bedroom to fetch his fishing rod.
4. Their dog, Fritzi, wagged his tail because he was allowed to go with them.
5. They knew a nice place where Hans could fish.
6. They ate their picnic under a shady tree which was near the river.
7. After he had eaten, Hans went to an old stone bridge with his dog to fish.
8. When the fish bit, Hans stood up, slipped and fell into the river.
9. The clever dog fetched Herr Müller who pulled his son out of the water.
10. After Frau Müller had dried her son with a towel, they got into the car and drove home.

Aufgabe

Rewrite the story on page 80 in the PAST in essay form. The following words and phrases may be useful:

an einem schönen Sonntag	*one fine Sunday during the summer*
während der Sommerferien	*holidays*
gleich nach dem Picknick	*straight after the picnic*
nach etwa einer Viertelstunde	*after about a quarter of an hour*
aufgeregt	*excited*
so schnell wie möglich	*as quickly as possible*
sofort	*immediately*
sehr besorgt	*very worried*

K. A visit to the vet

Translate the following passage into German:

"Our cat is not well", said Mother, when Father came home from the supermarket at six o'clock. "What's the matter?" "she's sitting in a corner of the dining room and doesn't seem to be hungry. Yesterday she had a large plate of fish but today she didn't even want to drink milk." "Well, you must take her to the vet."

So next morning we got the basket from the cupboard under the stairs, put the cat in with great difficulty and drove to the vet. He was a kind man. He opened her mouth carefully and looked at her teeth. "It is nothing serious," he said, "but I would like to keep her here for a few days. Don't worry, she will soon be better."

The vet was right. In three days our cat was home again and had begun to chase the birds in the garden and steal the meat from the kitchen.

L. Letter writing

Imagine you are Sabine. Write a reply to Jane's letter. Answer her questions and ask some of your own.

Windsor, den 25. Februar.

Liebe Sabine,
    Ich habe mich sehr über Deinen letzten Brief gefreut. Wie schade, daß Dein Hund Waldi drei Tage lang verschwunden war, und wie gut daß er wieder da ist. Er muß beinahe verhungert sein, der Arme! Ich wäre sehr traurig gewesen, wenn unser Dougal verschwunden wäre. Wo hast Du ihn denn wieder gefunden? - oder ist er von selbst nach Hause gekommen?
    Ich muß Dir unbedingt erzählen, daß wir mit meiner französischen Brieffreundin, Nicole, die hier auf Besuch ist, im Safaripark in Windsor waren. Es macht riesigen Spaß, die Tiere vom Auto aus zu beobachten. Warst Du schon mal in einem Safaripark? Welche Tiere hast Du gesehen, und welche haben Dir am besten gefallen? Uns haben am besten die Delphine gefallen, weil sie so geschickt und intelligent sind. Möchtest Du auch hin, wenn Du zu uns kommst?
    Reitest Du eigentlich immer noch? Ist der Stall weit von Deinem Haus entfernt? Wie oft gehst Du dorthin? Reitet Dein Bruder auch? Wir haben neulich einen Wellensittich geschenkt bekommen. Er spricht noch nicht sehr viel. Vielleicht werde ich ihm später ein paar deutsche Wörter beibringen!
    Hast Du noch andere Haustiere? Erzähle mir etwas darüber in Deinem nächsten Brief!
    Viele Grüße an Euch Alle,

Deine Jane

M. Essay titles

1. Ihr Hund ist von zu Hause weggelaufen. Was tun Sie?
2. Ein Tag im Leben eines Hundes.
3. Pferde.

N. Revision exercises

The Present Tense (pp. 183 and 184 §20)

(a) Conjugate the following verbs in the Present tense:

spielen, arbeiten, lesen, geben, fahren, haben, sein, werden, aufstehen, sich waschen

(b) Make questions of the following statements:
1. Du gehst in die Stadt.
2. Wir stehen um acht Uhr auf.
3. Ihr trinkt Kaffee.
4. Ich steige in Köln aus.
5. Er rasiert sich im Badezimmer.
6. Sie ruhen sich im Garten aus.

The Future Tense (p. 184 §21)

(a) Conjugate the following verbs in the Future tense:

essen, sich ausruhen

(b) Rewrite the following sentences in the Future tense:
1. Das Flugzeug landet um 2.00 Uhr.
2. Wir essen im Restaurant.
3. Ich spiele Tennis.
4. Fahrt ihr nach Deutschland?
5. Kommt er ins Kino mit?

The Imperfect Tense (pp. 184 and 185 §22)

(a) Conjugate the following verbs in the Imperfect tense:

wohnen, arbeiten, sich umdrehen, nehmen

(b) Rewrite the following passage in the Imperfect:

Frau Mainzer holt ihren Wagen aus der Garage und fährt damit in die Stadt. Sie findet einen Parkplatz und stellt den Wagen ab. Dann geht sie einkaufen. Zuerst geht sie in ein Warenhaus, wo sie einen Pullover kauft. Plötzlich sieht sie eine Freundin. Sie plaudern zusammen und beschließen, in eine Konditorei zu gehen. Dort essen sie Kuchen und trinken Kaffee.

The Perfect tense (pp. 185 and 186 §24)

(a) Conjugate the following verbs in the Perfect tense:

parken, essen, sich ausruhen, gehen, aufstehen

(b) Rewrite the following sentences in the Perfect tense:
1. Ich lese ein interessantes Buch.
2. Sie schreibt einen langen Brief.
3. Sie trinken eine Flasche Wein.
4. Trägt ihr Sohn den Koffer?
5. Wir fahren zum Bahnhof.
6. Bleibst du zu Hause?
7. Arbeitet ihr in diesem Büro?
8. Ruht sie sich im Schlafzimmer aus?
9. Ich gehe in die Milchbar, wo ich ein Eis esse.
10. Die Kinder laufen in den Garten, wo sie Versteck spielen.

Thema 10
Flugzeuge

A. Reading comprehension

A disaster averted

Flugkapitän Schröder und seine Crew waren mit der Bahn in Paris eingetroffen und hatten sich im Hotel Celtic einquartiert, wie immer bei ihren Übernachtungen in Paris. Nach dem Frühstück kletterten sie in den Lufthansa-Kleinbus Richtung Flughafen. Sie sollten eine Boeing 747 übernehmen, die um 11.00 aus New York erwartet wurde, und nach Kairo weiterfliegen. Pünktlich um 11.00 landete die riesige viermotorige Maschine, Kennzeichen „Hansestadt Hamburg". Nach den routinemäßigen Flugvorbereitungen, Tanken, Gepäckverstauen usw., die eine Stunde brauchten, ging die Schröder-Crew an Bord. Die Meteorologen hatten klares Wetter angesagt; nur über Norditalien herrschte Nebel. Die Kabine des Flugzeugs war nur zur Hälfte besetzt. Sieben von den Passagieren waren Stewardessen der British Airways aus London, die ihre Reise nach Delhi über Kairo fortsetzten. Sie waren froh, einmal nicht während des ganzen Fluges hin und her laufen zu müssen.

Etwa eine halbe Stunde später donnerte die Boeing los. Doch etwas stimmte nicht. Bald nach dem Abflug erkannte Schröder an seinen Instrumenten, daß Motor Nr. 2 zu brennen begann. Flammen und schwarzer Rauch strömten heraus. Im Kontrollturm gab man Befehl, alle eintreffenden Flugzeuge vom Flughafen fernzuhalten. Kapitän Schröder flog mit kühlem Kopf zum Flughafen zurück und landete das brennende Flugzeug dicht neben den vom Kontrollturm alarmierten Feuerwehrwagen. Es gelang den Mannschaften, den Brand zu löschen und die Passagiere kletterten verschreckt aber unverletzt durch die Notausgänge ins Freie.

Base your answers on the passage above.

1. How did Captain Schröder and his crew travel to Paris?
2. What did they always do when in Paris?
3. Where did they go after breakfast?
4. What was to happen at 11.00?
5. Give two details about the aircraft.
6. What happened in the hour after landing?
7. What was the weather report?
8. About how long was the aircraft on the ground?
9. Had it a full complement of passengers?
10. What was the route of the air stewardesses' journey?
11. Why were they looking forward to the flight?
12. What emergency arose and at what stage in the flight?
13. How was the emergency recognised?
14. What action did the control tower take?
15. Where did the plane land?
16. What state were the passengers in after landing?

B. Use of German   A first flight

Mein Onkel Paul ist ein reicher Fabrikbesitzer. Während der lezten zwei Jahre hat er gelernt, wie man ein Flugzeug fliegt. Jetzt hat er seinen Flugschein, und vor einem Monat kaufte er sich ein kleines Flugzeug. Letzten Sonntag lud er mich ein, mitzufliegen.

Ich war sehr aufgeregt, als wir auf das Rollfeld gingen, wo sein hellblaues Flugzeug stand. Er half mir einzusteigen, und dann schwang er sich selber auf den Pilotensitz. Bald lief der Motor, und nachdem mein Onkel die Instrumente überprüft hatte, wartete er, bis er vom Kontrollturm hörte, daß er starten durfte. Die Maschine hob auf, und wir stiegen immer höher. Ich war nie vorher geflogen, und für mich war dieser Flug einmalig. Nach zehn Minuten flogen wir über unserem Dorf, das nicht weit vom kleinen Flughafen entfernt lag. ,,Schau mal, Onkel! Da ist die Kirche und unser Haus, und vor dem Haus steht mein Wagen. Ich hätte nie geglaubt, daß ich ihn von der Luft sehen würde!"

1. Wie ist die Erzählerin mit Paul verwandt?
2. Was ist ein Fabrikbesitzer?
3. Was mußte Paul machen, bevor er ein Flugzeug fliegen durfte?
4. Seit wann hat Paul sein Flugzeug?
5. Wo stand das hellblaue Flugzeug, als sie auf es zugingen?
6. Wann schwang sich Paul auf den Pilotensitz?
7. Was machte Paul, gleich nachdem er den Motor angelassen hatte?
8. Was mußte er machen, bevor er starten durfte?
9. Warum war dieser Flug einmalig für die Erzählerin?
10. Was sah die Erzählerin vor ihrem Haus?

C. Translate the following passage into English:

Der Frankfurter Flughafen

Der Flughafen Frankfurt ist nicht nur der größte in der Bundesrepublik sondern auch einer der modernsten in der Welt. Im Jahr hat er rund 15 Millionen Fluggäste, und er bewältigt täglich etwa 600 An- und Abflüge. Als Passagier im Transit erfahren Sie Auskunft über Ihrem Flug entweder an der nächsten Fluginformationstafel oder an einem der Fluggesellschaften-Schalter im Erdgeschoß. Wenn Sie schon eine Bordkarte haben, und Ihr Gepäck abgefertigt ist, dürfen Sie zu Ihrem Flugsteig gehen.

Außer Restaurants, Snackbars, Bars and Imbißecken hat er Banken, eine Post, eine Apotheke, eine Chemische Reinigung, eine Schuhschnellreparatur, ein Kino und einen Supermarkt. Es gibt auch sogar eine Flughafenkapelle.

Die Gepäckausgabe befindet sich unterhalb der Schalterhalle, und ganz unten finden Sie den Bahnhof mit einer Schnellbahn in die Stadtmitte. Wenn Sie die Flughafenbahn benutzen wollen, müssen Sie natürlich einen Fahrschein kaufen und entwerten.

D. Ein Flughafen

Fragen

1. Wo findet diese Szene statt?
2. Wie viele Flugzeuge sehen Sie auf dem Bild?
3. Wo stehen sie?
4. Was hat das große Flugzeug vorne eben gemacht?
5. Woher wissen Sie das?
6. Welches große Gebäude sehen Sie rechts?
7. Wo steht die Stewardeß?
8. Wohin gehen die Fluggäste?
9. Was für Gepäck tragen sie?
10. Wohin werden sie mit dem Bus fahren?
11. Wo sind ihre größeren Koffer wahrscheinlich?
12. Was wird man damit machen?
13. Was werden sie wohl im Hauptgebäude machen müssen?
14. Warum sind Feuerwehrwagen und Krankenwagen auf der Rollbahn?
15. Warum steht der Tankwagen dort?

E. Rôle playing

Imagine that you are taking your eighteen-year-old daughter to the airport. Unfortunately you have arrived late because there was a lot of traffic on the road.

1. Tell your daughter to take her luggage and tickets and check in.
2. Tell her to find out which gate she has to go through.
3. Ask her if she knows her flight number.
4. Say that you will park the car in the multi-storey car park.
5. Say that you will meet her in ten minutes at the check-in desk.

Imagine that you have now parked the car and met your daughter as arranged.

1. Tell her that you have talked to an official and that fortunately the flight to Düsseldorf has been delayed for an hour.
2. Ask her if she would like to have a quick cup of tea before she goes through the customs.
3. Ask her to bring you back some duty-free perfume and a bottle of whisky.
4. Say that you hope she has a good flight and a pleasant stay in Germany.

F. Letter writing

Imagine that you are Thorsten's exchange partner. Last year you spent three weeks of your summer holidays with him in Marburg. This year he is coming to visit you. Answer his questions and ask some of your own.

```
                                        Marburg, den 14. April.
Lieber Richard!
          Ich freue mich schon, daß ich im August nach England komme, um
einige Zeit bei Dir zu verbringen. Wie lange darf ich bei Dir bleiben?
          Letztes Jahr, als Du bei uns in Marburg warst, haben wir viele schöne
Ausflüge gemacht. Wohin können wir dieses Jahr in England fahren? Werden wir
schwimmen gehen? Was für ein Schwimmbad gibt es in der Nähe Deines Hauses?
          In den Osterferien waren wir im Schwarzwald. Was hast Du zu Ostern gemacht?
Mein Flugzeug soll am 14. August um 11 Uhr in London landen. Wer wird mich
vom Flughafen abholen, und wie kommen wir zu Dir?
          Ich habe gehört, daß das Wetter in Ostengland nicht immer warm ist. Was
für Kleider soll ich mitbringen?
          Was machen wir abends, und - noch eine sehr wichtige Frage - um wieviel
Uhr müssen wir zu Bett gehen und morgens aufstehen?!!
                Viele Grüße, auch von meinen Eltern,

                           Dein Thorsten
```

G. A holiday flight to Spain

Translate the following passage into German:

We arrived at the airport in the morning. We had got up early as our plane was due to take off at half past eleven. We were very excited as it was the first time we had flown. After we had checked in, we decided to have a cup of coffee before we went through customs.

Shortly afterwards we were walking across the tarmac to the large plane which was to fly us to Spain. We soon found our seats and fastened our safety belts. Two hours later we landed at a small airport, the name of which I have forgotten. The journey by rail and sea would have taken at least twenty-four hours. It was very hot when we got out of the plane. You see it was July, the hottest month. A coach was waiting to take us to our hotel.

H. Listening comprehension

A dangerous flight

1. Who is Klaus Zimmermann?
2. Name three places he has to visit when he uses a larger air line.
3. When does he use his own plane?
4. When and at what time of the year did he have to go to Milan on business?
5. Who went with him?
6. What was the weather like when he took off?
7. What did he hope to find?
8. What did he eventually have to do?
9. How high were the mountains?
10. Why didn't he leave his plane immediately?
11. Who found him eventually?
12. How many days did he spend on the mountain altogether?

I. Revision exercises

The pluperfect tense (pp. 185 and 186 §24)

(a) Conjugate the following verbs in the Pluperfect tense:
arbeiten, trinken, sich anziehen, bleiben, aussteigen.

(b) Rewrite the following sentences, changing the sequence from Perfect/Present to Pluperfect/Imperfect.

Example:
Nachdem ich mich gewaschen habe, ziehe ich mich um.
Nachdem ich mich gewaschen hatte, zog ich mich um.

1. Nachdem ich aufgestanden bin, gehe ich nach unten.
2. Nachdem wir abgewaschen haben, fahren wir zur Arbeit.
3. Nachdem er den Wein getrunken hat, verläßt er die Gaststätte.
4. Nachdem sie sich gesonnt hat, badet sie.
5. Nachdem der Zug in den Bahnhof eingelaufen ist, steigen viele Reisende aus.
6. Obwohl es während der Nacht geregnet hat, sind die Straßen schon trocken.
7. Obwohl der Einbrecher ohne Schwierigkeiten ins Haus eingebrochen ist, hat er trotzdem Angst.
8. Weil er seinen Schlüssel vergessen hat, kann er die Haustür nicht aufmachen.
9. Da sie den Bus verpaßt hat, muß sie auf den nächsten warten.

Thema 11
Züge

A. A train is halted by an avalanche

Translate the following passage into English:

Etwas später kam ein grauhaariger Schaffner in den Wagen und nickte freundlich nach links und rechts. Er versuchte, die Reisenden zu beruhigen, und erst als es wieder still wurde, sagte er:

„Wir sind in einer kleinen Lawine steckengeblieben. Es ist nichts Ernstes geschehen. Aber wenn jemand beim Schneeräumen helfen will ... der Bahningenieur, der mit uns fährt, kann jetzt jede Hand brauchen."

Und bald hatten sich einige Dutzend Männer und Jungen am Kopf des Zuges versammelt. Jetzt arbeiteten sie mit Spaten und Schaufeln, einige auch mit bloßen Händen, um Steine, zersplittertes Holz und abgerissene Zweige, die der Schnee mitgeschleppt hatte, aus dem Weg zu räumen. Nicht viel davon war auf die Schienen vor dem Tunnel niedergefallen, aber es war ein Glück, daß der Lokomotivführer es rechtzeitig gemerkt und gebremst hatte.

Leichte Schneeflocken fielen, und nach einer Stunde war alles wieder weiß – die Lokomotive, die Schnee- und Erdmasse selbst, und die Schultern und Rücken der schweigend arbeitenden Reisenden. Ab und zu blickten sie ängstlich den Berghang hinauf. Wer konnte wissen, ob dasselbe nicht noch einmal passieren würde? Es schien, als ob sie schon seit Stunden arbeiten. Würden sie jemals die Station erreichen?

B. Reading comprehension

A hazardous train journey in winter

Base your answers on the passage above.

1. Who came into the carriage?
2. What did he try to do?
3. What did he ask?
4. Who offered to help?
5. Where did they gather?
6. What did they have to clear away apart from the snow?
7. How did they clear the line?
8. What had the train been about to do when the avalanche happened?
9. What was the weather like while they were clearing the line?
10. What did they do from time to time while they were clearing the line and why did they do it?

C. Use of German

The train crash

Das Essen hatte gut geschmeckt. Ich zahlte die Rechnung und verließ den Speisewagen, um zum Schlafwagen zurückzugehen. Ich machte nämlich eine Reise zu meinen Verwandten in Wien, wo ich geboren war. Zum Glück war der Zug nicht übermäßig besetzt. Da das Abteil neben dem Schlafwagen leer war, beschloß ich, einige Zeit darin zu verbringen, da es erst halb neun war, und ich noch nicht schlafen gehen wollte. Ich holte also meine Illustrierte und meine Zigaretten aus dem Schlafwagen und machte es mir bequem. Die Zeit verging, und als ich auf meine Uhr sah, war es elf Uhr. Ich stand auf und ging zu meinem Platz im Schlafwagen. Da legte ich mich hin und las ruhig weiter.

Plötzlich gab es einen großen Krach und so einen Stoß, daß ich aus dem Bett geschleudert wurde. Ich ließ die Illustrierte fallen und landete schmerzhaft auf dem Fußboden. Einen Augenblick lang lag ich da, ohne mich bewegen zu können. Dann hörte ich jemanden ganz in der Nähe „Hilfe" rufen und stürzte in den Gang. Dort sah ich den Schlafwagenschaffner, der vergebens versuchte, einen älteren, dicken Mann in einem gestreiften Schlafanzug zu beruhigen.

Fragen

1. Wo hatte der Erzähler gegessen?
2. Wann verließ er den Speisewagen?
3. Warum fuhr er nach Wien?
4. Warum holte er seine Illustrierte und seine Zigaretten?
5. Wo las er seine Illustrierte zuerst?
6. Wie lange las er, bevor er zu seinem Platz im Schlafwagen zurückging?
7. Wo war der Erzähler, als das Unglück passierte?
8. Was konnte der Erzähler einen Augenblick lang nicht machen?
9. Wer versuchte den älteren, dicken Herrn zu beruhigen?
10. Was trug der ältere, dicke Herr?

D. Der Hund und die Pfeife

(a) Eine dünne Dame in den Sechzigern fährt mit dem Zug nach Neustadt. Sie sitzt auf einem Eckplatz in einem Nichtraucherabteil. Sie hat einen kleinen Hund auf dem Schoß.	(b) Ein junger Mann steigt in das Abteil ein. Er setzt sich der alten Dame gegenüber. Er nimmt eine Pfeife, eine Dose Tabak und eine Schachtel Streichhölzer aus der Tasche. Er stopft die Pfeife und zündet sie an. Die Dame zeigt auf das Fenster, worauf „Nichtraucher" geschrieben steht.
(c) Der junge Mann achtet nicht darauf. Er raucht weiter. Die Dame ist sehr zornig auf ihn. Sie bittet ihn nicht zu rauchen. Er hört nicht auf, die Pfeife zu rauchen.	(d) Sie setzt ihren kleinen Hund auf den Platz neben sich. Sie steht auf und reißt die Pfeife aus dem Mund des Mannes. Sie wirft sie zum halboffenen Fenster hinaus. Der Mann ist sehr überrascht.
(e) Er ist jetzt zornig auf die Dame. Er steht auf. Er hebt den Hund auf. Er wirft ihn zum Fenster hinaus. Der Zug trifft in dem Neustadter Bahnhof ein.	(f) Die alte Dame und der junge Mann steigen aus. Sie wollen sich beim Bahnhofsvorsteher beklagen. Der Hund kommt den Bahnsteig entlang gelaufen. Er hat die Pfeife im Maul. Die Dame und der Mann müssen beide lachen.

Aufgabe

Write out the principal parts and meanings of the following verbs:

einsteigen / stopfen / anzünden / zeigen / bitten / aufhören / rauchen / reißen / werfen / aufheben / eintreffen / lachen

93

Retranslation sentences

1. The thin lady, who was carrying her small dog, got into a non-smoking compartment and sat down on a corner seat.
2. After the young man had sat down opposite her, he took his pipe out of his pocket and began to smoke.
3. Although the lady had asked him politely not to smoke, he went on smoking his pipe.
4. He shouldn't have smoked his pipe because it was a non-smoking compartment.
5. The old lady, who was very angry with the young man, stood up and tore the pipe out of his mouth.
6. She had decided to throw the pipe out of the window.
7. As soon as she had thrown the pipe out of the window, the man, who was angry with the woman, picked up her little dog and threw it out of the window too.
8. Immediately afterwards the train arrived at the station, where they both wanted to get out.
9. They had decided to complain to the station master.
10. They both had to laugh when they saw the dog which was running along the platform with the pipe in its mouth.

Aufgabe

Rewrite the story on page 92 in the PAST in essay form. The following words and phrases may be useful:

eines Tages in der vorigen Woche	one day last week
am nächsten Bahnhof	at the next station
nach einigen Minuten	after a few minutes
höflich	politely
jedoch	however
ohne etwas zu sagen	without saying anything
mit rotem Gesicht	with a red face
in dem Augenblick	at that moment
zu ihrem großen Erstaunen	to their great astonishment

E. Listening comprehension

This seat is taken

1. From what city did the train depart and where was its destination?
2. What kind of train was it?
3. When did the young man get on the train and what did he do?
4. Where did the man finally find a seat?
5. What did the fat man tell him?
6. How did the fat man attempt to prove his point?
7. How did the other passengers react and why?
8. How was the fat man affected as the train was about to move off?
9. What did he say as the train left?
10. What was the young man's reply?
11. What did the young man then do?
12. What was the reaction of the fat man and of the other passengers?

F. Ein Bahnhof

Fragen

1. Wo findet diese Szene statt?
2. Wo sind die Schalter?
3. Sind die Schalter alle offen?
4. Was macht die Frau wohl, die am Schalter steht?
5. Ist sie allein?
6. Warum gehen die Leute wohl zu den Bahnsteigen?
7. Beschreiben Sie die Leute, die auf den Bänken sitzen!
8. Was macht der ältere Mann, der auf der Bank sitzt?
9. Was für ein Tier hat die Dame mit sich?
10. Was schiebt der junge Mann?
11. Was hat der junge Mann auf dem Kofferkuli?
12. Warum ist der Mann wahrscheinlich in die Blumenhandlung gegangen?
13. Wo ist die Uhr?
14. Wie spät ist es auf dieser Uhr?
15. Wo kann man Briefmarken kaufen?
16. Warum geht man zur Gepäckaufbewahrung? (2 Beispiele)
17. Wo telefoniert die junge Frau?
18. Was kann man am Zeitungstand kaufen? (2 Beispiele)

G. Dialogue

Im falschen Zug

Schaffner: Fahrkarten bitte!
Reisender: Moment mal. Sie ist hier irgendwo in der Tasche. So, bitte.
Schaffner: Wohin fahren Sie denn?
Reisender: Ich fahre nach Bickersdorf.
Schaffner: Nein. Da irren Sie sich. Leider fahren Sie in der falschen Richtung. Dieser Zug fährt nach Kieselstadt.
Reisender: Ach nein. Was soll ich machen? Ich muß unbedingt bis halb eins in Bickersdorf sein. Ich habe nämlich eine wichtige Verabredung dort.
Schaffner: So schlimm ist es nicht. Sie müssen einfach an der nächsten Haltestelle aussteigen. Es ist jetzt erst halb elf. In zehn Minuten fährt ein Zug von dort nach Bretin zurück, wo Sie eingestiegen sind. Von Bretin fahren die Züge jede Viertelstunde nach Bickersdorf.
Reisender: Und wie lange dauert es von Bretin nach Bickersdorf?
Schaffner: Oh, eine knappe halbe Stunde ungefähr.
Reisender: Danke vielmals.
Schaffner: Bitte schön.

H. A near miss

Translate the following passage into German:

We were standing on the platform waiting for the train to Stuttgart. We were going to stay with my uncle and aunt on their farm. Dad had gone to buy a newspaper and some magazines. My sister and I were talking to mum who looked very worried.

"I hope Achim comes soon", said mum. "Otherwise we shall miss the train." Achim, my elder brother, had forgotten his anorak and had gone home to fetch it.

I walked around the station to see if I could find him. I looked everywhere but in vain. When I went back to the others, the train had already come in. Dad had found seats for us in a second class compartment. I helped him to carry the luggage in.

Dad looked at his watch. "It's five past ten already and the train is due to leave in two minutes", he said. "I'm sorry, but you will have to stay behind to wait for your brother. Take these tickets." Fortunately, however, we saw Achim running along the platform.

I. Essay titles

1. Beschreiben Sie eine Reise, die Sie mit dem Zug gemacht haben!
2. Imagine you are making your first train journey alone in Germany. Write a conversation between yourself and a fellow traveller in the compartment telling him/her where you are going and why.

J. Rôle playing

Imagine you are at the ticket office at the main station in Munich.

1. Tell the official that you want to travel to Hamburg the following Tuesday morning.
2. Ask him when the trains leave and if you can travel direct or have to change.
3. Ask him from which platform the 10.26 train to Hamburg leaves.
4. Ask if there is a dining car.
5. Say you would like a second-class return ticket.
6. Ask if you can reserve a seat.

K. Revision exercises

The Conditional Tense (p. 186 §25)

(a) Conjugate the following verbs in the Conditional tense:
schlafen, sich umziehen

(b) Answer the following questions:
1. Was würden Sie machen, wenn Sie Hunger hätten?
2. Was würden Sie machen, wenn Sie Durst hätten?
3. Was würden Sie machen, wenn Sie nach Deutschland führen?
4. Was würden Sie machen, wenn Sie müde wären?
5. Was würden Sie machen, wenn Sie sich langweilten?
6. Was würden Sie machen, wenn Sie einen Plattenspieler und Schallplatten hätten?
7. Was würden Sie machen, wenn Sie reich wären? (3 Beispiele)
8. Was würden Sie machen, wenn Sie schmutzig wären?

(c) Rephrase the following sentences:
Example:
Wenn ich Zeit hätte, würde ich einen Brief schreiben.
Hätte ich Zeit, dann würde ich einen Brief schreiben.

1. Wenn ich zu Hause bliebe, würde ich fernsehen.
2. Wenn wir viel Geld hätten, würden wir nach Südamerika fahren.
3. Wenn du ihn sähest, würdest du ihm das Buch geben.
4. Wenn sie ins Kino gingen, würden sie einen französischen Film sehen.
5. Wenn er seinen Brieffreund besuchte, würde er deutsch sprechen können.

Thema 12
Schüleraustausch

A. Karin visits her pen-friend

Translate the following passage into English:

Karin hatte etwas Angst, als der Zug sich London näherte. Auf Gleis 10 wartete schon ihre englische Brieffreundin Julia. Aber der Zug lief heute ausnahmsweise auf Gleis 12 ein, und deshalb fand Julia ihre Brieffreundin erst um halb zehn, also zwanzig Minuten, nachdem der Zug eingetroffen war.

Die beiden Mädchen kannten sich nur von den Fotos, die sie sich geschickt hatten, aber Karins lange rotbraune Haare gab es nur einmal auf dem Liverpool Street Station. Mit einem Taxi ging es dann schnell durch die Stadt nach Paddington. Karin war erstaunt. Hier war viel mehr Verkehr als in ihrem kleinen Dorf zu Hause in der Nähe von Stuttgart.

In High Wycombe wartete Julias Vater mit dem Auto und kurz darauf war Karin im Hause ihrer Brieffreundin und packte ihre Sachen aus.

In der Familie sprach nur Julia etwas Deutsch, sonst niemand. Das war auch gut so, denn Karin sollte ja ihr Englisch üben und verbessern. Zuerst war es schwer. Das Englisch hier hörte sich ganz anders an, als das ihres Lehrers. Mit dem Lesen war es nicht ganz so schlimm, aber das Sprechen war fast unmöglich am Anfang.

Eine Woche später aber ging es schon viel besser, und Karin konnte sich schon gut auf englisch unterhalten. Manchmal ging sie ganz allein einkaufen, und es machte ihr viel Spaß. Am Ende ihres Aufenthaltes hatte sie noch genug Taschengeld übrig, um ihrer Familie zu Hause etwas mitzubringen. Jeder hatte ihr vor der Abfahrt gesagt, was er haben wollte, und sie konnte alle Wünsche erfüllen, bis auf den ihres kleinen Bruders. Er wollte ein Fahrrad haben. Dazu reichte das Geld nicht.

B. Reading comprehension

A first visit to England

Base your answers on the passage above.

1. Why did Julia have difficulty in finding Karin?
2. How do you know that Julia and Karin had not met before?
3. How did Julia recognise Karin?
4. Where exactly did Karin live?
5. What did Karin do first when she arrived at Julia's house?
6. Why did Karin find it difficult at first to understand the family?
7. What did she find easier than speaking?
8. What did she enjoy doing?
9. What had the members of Karin's family done before she left Germany?
10. Why would Karin's little brother be disappointed?

C. Use of German

A trip abroad

Die englische Schulgruppe hatte sich schon lange auf den Besuch nach Deutschland gefreut. Die Lehrer, die sie begleiten sollten, hatten alles genau geplant, und jeder Schüler und jede Schülerin hatte eine kleine Mappe mit einem großen Stadtplan von Köln bekommen. Jetzt standen sie noch auf dem Schulhof und warteten auf den Sonderbus, der sie zum Hafen bringen würde. Bald kam er an, und sie nahmen von ihren Eltern und Geschwistern Abschied. Alle winkten dem Bus nach, als er langsam die Straße hinauffuhr. Er war nämlich mit Kindern und Gepäck vollgestopft, und einige aßen bereits ihr Mittagessen, obgleich es erst elf Uhr war. Nach einer dreistündigen Fahrt waren sie alle auf dem Schiff, und Lehrer und Kinder atmeten auf, als sie das Meer sahen. Es sah schön ruhig aus.

1. Was wollte die englische Schulgruppe machen?
2. Wo hatten jeder Schüler und jede Schülerin ihre Stadtpläne?
3. Was für einen Stadtplan hatte jeder?
4. Wozu waren sie auf den Schulhof gegangen?
5. Womit wollten sie zum Hafen fahren?
6. Wann nahmen sie von ihren Eltern und Geschwistern Abschied?
7. Warum glauben Sie, daß der Bus *langsam* die Straße hinauffuhr?
8. Wo aßen einige der Schüler und Schülerinnen ihr Mittagessen?
9. Wie lange dauerte die Fahrt von der Schule bis zum Hafen?
10. Woher wissen Sie, daß Lehrer und Kinder eine gute Überfahrt hatten?

D. Letter writing

Imagine that you are Jane. Write a reply to Sylvia's letter. Answer her questions and ask some of your own.

Hamburg, den 12. April.

Liebe Jane!

    Nach Deiner Abfahrt letzte Woche sind wir wieder nach Hause gekommen und haben ein Paar Schuhe im Kleiderschrank in Deinem Schlafzimmer gefunden, die Du wohl vergessen hattest, in Deinen Koffer zu stecken. Soll ich sie mit der Post schicken, oder sollen wir sie mitbringen, wenn wir im Sommer zu Euch herüberkommen?

    Auch möchte ich wissen, was Du als Geschenk zum Geburtstag haben möchtest. Am besten gibst Du mir zwei oder drei Möglichkeiten.

    Wir hatten ein frohes Osterfest. Du weißt wahrscheinlich, daß der Osterhase Schokolade für die kleinen Kinder am Ostersonntag bringt, auch versteckt er Ostereier im Garten. Kommt der Osterhase auch nach England? Was habt ihr zu Ostern gemacht?

    Ich freue mich schon auf meinen Sommerbesuch. Ich weiß nicht, ob ich fliegen sollte oder mit der Bahn fahren. Die Seereise von Ostende nach Dover kann auch schrecklich sein, wenn die See stürmisch ist. Was findest Du besser?

    Schreib' doch bald wieder!

Deine Sylvia

E. Dialogue

Am Zoll

Zollbeamter: Guten Morgen. Haben Sie etwas zu verzollen?
Reisender: Nichts Besonderes. Ich habe nur einige kleine Geschenke mitgebracht.
Zollbeamter: Was für Geschenke?
Reisender: Ach, bloß Andenken und Zigaretten.
Zollbeamter: Wie viele Zigaretten?
Reisender: Zweihundert.
Zollbeamter: In Ordnung. Haben Sie alkoholische Getränke?
Reisender: Ja. Ich habe eine Flasche Kognak und eine Flasche Wein auf dem Schiff gekauft.
Zollbeamter: Das geht. Haben Sie auch Parfüm?
Reisender: Ja, aber bloß ein ganz kleines Flakon.
Zollbeamter: Also, alles in Ordnung. Wie lange bleiben Sie in Deutschland?
Reisender: Drei Wochen ungefähr.
Zollbeamter: Na schön. Sie können weitergehen.

F. Rôle playing

Imagine that you have just arrived at your pen-friend's home and are talking to his/her mother.

1. Tell her that you have had a good journey but that you are a little tired.
2. Ask where you should put your suitcase and also if you can freshen up.
3. Say that you are glad that you are sharing a room as it will be more fun.
4. Tell her that you have brought a few small presents with you.
5. Tell her that you will show her some photos of your house and family later.

G. Reading comprehension

Hamburg

Hamburg ist nicht nur die größte Stadt Westdeutschlands sondern auch eine der modernsten. Im Jahre 1842 wurde ein Drittel der Stadt niedergebrannt, und kurz vor dem Ende des Zweiten Weltkriegs wurde Hamburg durch Luftangriffe schwer beschädigt.

Heutzutage ist Hamburg eine prächtige Großstadt mit vielen interessanten Sehenswürdigkeiten. Mitten in der Stadt erstreckt sich die Alster, ein schöner See, worauf Segel- Ruder- und Motorboote fahren.

Zwei Kanäle verbinden die Alster mit der Elbe, die ein sehr wichtiger Fluß für den Seehandel ist. Eine Hafenrundfahrt mit einem Boot ist sehr zu empfehlen. Im Hafen kann man Frachtschiffe aus allen Teilen der Welt sehen; hierher kommen auch Schiffe, die in den Schwimmdocks repariert werden.

Im Vorort Stellingen, einem Stadtteil, der im Norden liegt, befindet sich Hagenbecks Tierpark, wo wilde Tiere, wie zum Beispiel Löwen, Affen und Bären, in offenen Gehegen statt in Käfigen leben.

Vor vielen Jahren verkehrten zahlreiche Straßenbahnen in Hamburg, aber die meisten sind in den letzten 15 Jahren durch U-Bahn und Busse ersetzt worden. Eine neue Bahnlinie läuft in einem Tunnel unter der Alster.

1. Which *two* events caused great damage in Hamburg?
2. What is the Alster and where in Hamburg is it situated?
3. How can one best visit Hamburg harbour?
4. What is Stellingen, and why do many people go there?
5. What changes in Hamburg's transport system have taken place during the last fifteen years?

H. Rôle playing

Imagine that your pen-friend is doing his/her homework. You are talking to your pen-friend's parents in the kitchen.

1. Ask if you can help to wash up.
2. Ask if you should put the knives and forks in the drawer on the left and the plates, cups and saucers in the large cupboard.
3. Tell them that you really enjoyed the trip on the Rhine steamer.
4. Say that you are also looking forward to the visit to Cologne cathedral.
5. Say that you have written a letter to your parents and that you have to go to the letter-box to post it.
6. Ask if you can do any shopping for them while you are in the town.

I. Reading comprehension
Der Harz

Der Harz ist ein bergiges Gebiet, das im Osten der Bundesrepublik Deutschland liegt und sich über die Grenze bis in die Deutsche Demokratische Republik erstreckt. Die Berge des Harzes sind nicht besonders hoch, aber sie sind dicht bewaldet, und die Landschaft ist deswegen sehr schön. Der höchste Berg, der in der DDR liegt, heißt der Brocken; auf diesem Berg, sagt man, feiern die Hexen am 30. April die Walpurgisnacht. Hexen sind häßliche Frauen, die auf Besenstielen am Himmel reiten.

Im westlichen Teil des Harzes befinden sich einige herrliche alte Städte, wie Göttingen und Goslar. Göttingen ist für seine alte Universität berühmt, und im Mittelalter wohnte der deutsche Kaiser in der malerischen Stadt Goslar. Vor dem Goslarer Rathaus steht ein alter Brunnen mit einem bronzen Adler darauf.

Meistens gibt es viel Schnee im Winter auf den Bergen des Harzes, und viele Leute kommen hierher, um Wintersport zu treiben. Zu dieser Jahreszeit und auch im Sommer sind die Hotels und Gasthäuser oft voll.

1. Which boundary divides the Harz?
2. What are „Hexen" and what do they do on Walpurgisnacht?
3. What important person lived in Goslar in the Middle Ages?
4. Where is the fountain in Goslar situated and what bird is on the top of it?
5. Why do many people come to the Harz in Winter?

J. The lost passport

Translate the following passage into German:

My German pen-friend is called Klaus. Last year he spent a month at our house in order to learn English. His parents lived in Goslar and I had stayed with them two years ago.

We liked Klaus because he was a friendly, cheerful boy. During his first week in England, he had to come to school with me. He liked the English lessons and sport best. Although he was not very tall, he was a good tennis player and he could swim well.

It was a very hot summer. One day when he went out, Klaus took off his jacket and carried it over his arm. 'Be careful', I said, 'otherwise you'll lose your money.'

It was, however, not his money which he lost but his passport. When he went to bed in the evening, he found that his passport was not in his pocket. We couldn't find it anywhere.

K. Dialogues

Bekanntschaften machen und eine Verabredung

(a) Karl is introducing his pen-friend to his teacher.

Karl: Darf ich Ihnen meinen englischen Brieffreund John vorstellen? John, das ist Frau Mainzer, meine Englischlehrerin.
Lehrerin: Sehr angenehm. Ich freue mich, Sie kennenzulernen. Woher kommen Sie, John?
John: Ich komme aus Manchester.
Lehrerin: Gefällt es Ihnen hier? Haben Sie sich schon eingewöhnt?
John: Ja, sicher. Ich fühle mich wie zu Hause.
Lehrerin: Prima! Sie müssen zu uns in die Klasse kommen. Karls Mitschüler werden sich ganz bestimmt darüber freuen.

(b) John is introducing himself to Karl's neighbour.

John: Darf ich mich vorstellen? Ich heiße John Powell, und ich komme aus Manchester. Ich bin Karls englischer Brieffreund. Ich bin gestern abend angekommen und hoffe, drei Wochen bei Karl zu bleiben.

(c) John and Karl have been talking to Karl's friend Jürgen. They are making arrangements to meet the following morning to go swimming.

Karl: Also, wo wollen wir uns treffen?
Jürgen: Wie wär's vor dem Bahnhof? Von dort aus können wir mit der Straßenbahn direkt zum Freibad fahren.
Karl: Na schön. Um wieviel Uhr treffen wir uns also?
Jürgen: Um zehn Uhr?
Karl: Oh, nein, lieber etwas später. Ich muß zuerst zur Stadtbibliothek. Wir treffen dich um halb elf an der Haltestelle.
Jürgen: Gut. Ich muß jetzt gehen. Bis morgen also. Tschüß, ihr zwei.
Karl: Tschüß, Jürgen.

L. Essay titles

1. Imagine that your pen-friend lost his/her passport while he/she was staying with you. Describe how he/she lost it, how you were able to help (e.g. by going with him/her to look for it, reporting its loss, letting his/her parents know, etc.) and how the passport was finally found.

2. Your pen-friend was coming to visit you but unfortunately had to cancel the arrangements at the last moment. Write a letter to him/her in which you say what you would have done during the visit.

M. Listening comprehension
Ulla's trip to England

1. How had the German group travelled to England?
2. Where *exactly* were the English host families waiting?
3. How many people were waiting for Ulla?
4. Who was Helen and how old was she?
5. What *two* things did Ulla say about double decker buses?
6. What did Ulla find strange?
7. What time did Ulla go to bed on her first evening in England?
8. What did Helen's mother do the next morning at eight o'clock?
9. What was Ulla's reaction to breakfast?
10. What did Ulla and Helen do straight after breakfast?

N. Revision exercises

The Future Perfect Tense (p. 186 §26)

(a) Conjugate the following verbs in the Future Perfect tense:

arbeiten, schlafen, sich ausruhen

(b) Answer the following questions:

Example:
Ich werde den Bus um 8.00 Uhr erreichen. Was werde ich um 8.01 Uhr gemacht haben?
– Sie werden den Bus erreicht haben.

1. Ich werde einen Brief um 9.00 Uhr schreiben. (Ich werde eine halbe Stunde schreiben.) Was werde ich um 9.30 Uhr gemacht haben?
2. Um 7.30 Uhr werde ich einen Film sehen. (Der Film dauert anderthalb Stunden.) Was werde ich um 9.00 Uhr gemacht haben?
3. Es ist jetzt 10.00 Uhr. Ein Flugzeug wird in fünf Minuten abheben. Was wird es um 10.05 Uhr gemacht haben?
4. Es ist jetzt 4.20 Uhr. Ein Zug wird in acht Minuten abfahren. Was wird er um 4.29 Uhr gemacht haben?
5. Wir frühstücken um 7.45 Uhr. (Das Frühstück dauert immer zehn Minuten.) Was werden wir um 7.56 Uhr gemacht haben?

The Conditional Perfect Tense (p. 186 §27)

(a) Conjugate the following verbs in the Conditional Perfect tense:

schlafen, gehen, sich ausruhen

(b) Rephrase the following sentences:

Examples:
Ich wäre in Bonn ausgestiegen = Ich würde in Bonn ausgestiegen sein.
Ich hätte den Film gesehen = Ich würde den Film gesehen haben.

1. Ich würde nach Hause gegangen sein.
2. Du hättest den Wagen gekauft.
3. Wir wären nach Deutschland gefahren.
4. Sie würde ihre Freundin besucht haben.
5. Er wäre in die Stadt gefahren.
6. Würdest du das Kind gerettet haben?
7. Ihr würdet zu Hause geblieben sein.
8. Hätte er seine Hausaufgaben gemacht?
9. Wir hätten das Buch gelesen.
10. Sie würden mit dem Bus gefahren sein.

Thema 13
Jugendherbergen und Camping

A. A youth hostel is not an hotel

In a youth hostel common-room

Translate the following passage into English.

In einem Hotel begrüßt der Pförtner die Gäste, der Hausdiener trägt die Koffer und führt uns zu unseren Zimmern. Die Kellner versorgen uns mit Speisen und Getränken. Denn in einem Hotel ist man ein zahlender Gast, aber auch ein Fremder unter Fremden.

Eine Jugendherberge ist kein Hotel. Sie ist etwas ganz anderes. Ob sie klein ist oder eine der größten und vielleicht in München steht oder in Köln – in allen diesen Häusern fühlt man den freundlichen Geist, der ein notwendiger Teil des Jugendherbergslebens ist.

Freilich bekommt auch hier jeder Gast seine Nummer – die Herbergseltern müssen doch ein großes Haus mit einigen hundert Betten richtig führen – aber die jungen Menschen um uns herum sind Jungen und Mädchen wie wir. In der Jugendherberge hilft darum jeder sich selbst und damit zugleich allen anderen; in Küche und Tagesraum geht er Herbergsvater und Herbergsmutter zur Hand, mit Abräumen, Saubermachen, Abwaschen, und so weiter.

Diese leichte Arbeit in der Haushaltung ist zum Dank dafür, daß dieses freundliche Haus, mit billigen Betten und Mahlzeiten, am Wanderwege steht. Wer mit dem Wagen oder dem Luxusautobus reist und die Bequemlichkeiten eines Hotels sucht, kennt nicht die freundliche Stimmung einer Jugendherberge.

(from the *Handbuch der deutschen Jugendherbergen*)

B. Use of German

A twisted ankle

Birgit und Heike waren für einige Tage in die Berge gekommen, und sie hatten eine schöne Jugendherberge gefunden. Der höchste Berg der Gegend war 1500m hoch, und sie hatten beschlossen, ihn am zweiten Tag zu besteigen. Der Aufstieg dauerte vier Stunden. Die Aussicht vom Gipfel war herrlich, und sie saßen lange Zeit dort oben. Sie wollten den Gipfel nicht verlassen, aber schließlich wurde es Zeit. Eine Stunde später hatten sie dann Pech: Birgit verrenkte sich den Fuß. Sie versuchte weiterzulaufen, aber es ging nicht.
„Hoffentlich kommt jemand vorbei", sagte sie.
„Wir haben doch einige Leute dort oben gesehen", sagte Heike.
„Sie kommen bestimmt diesen Weg herunter."
   Gleich kamen in der Tat vier junge Männer den Weg herunter. Als sie erfuhren, was los war, waren sie gern bereit, Birgit nach unten zu tragen. Heike wünschte fast, sie hätte sich auch den Fuß verrenkt! Aber am nächsten Tag luden sie die jungen Männer zu einer Wanderung ein. Birgit mußte natürlich im Dorf bleiben. Nicht das sie allein war: einer der jungen Männer wollte gern bei ihr bleiben!

1. Wo verbrachten die Mädchen diese paar Tage?
2. Wo übernachteten sie?
3. Was machten sie am zweiten Tag?
4. Wie weit gingen sie?
5. Wann verrenkte sich Birgit den Fuß?
6. Was hoffte sie, als es klar wurde, daß sie nicht weitergehen konnte?
7. An welche Leute dachte Heike?
8. Wie halfen die jungen Männer Birgit?
9. Was machte Heike am nächsten Tag, und mit wem?
10. Was machte Birgit?

A.E.B. 1981

C. Youth hostelling in Germany

Translate the following passage into German:

Last summer two English boys, Mike and Andrew, were hiking through the Rhine valley. On the third day of their holiday, they spent the night in a modern youth hostel which was on top of a hill. The warden, who was a tall, friendly man, allowed them to have a disco in the common-room after supper. They and the other boys and girls chatted and danced but unfortunately they forgot that they had to be in bed before half past ten. That was the house rule of the youth hostel. At a quarter to eleven the warden came into the common-room and saw that they were still dancing. He was very angry with them and they were all very embarrassed. They had to stop the party immediately and go to bed.

D. Dialogue

In einer Jugendherberge

Junge: Guten Tag. Haben Sie noch Betten frei, bitte?

Herbergsvater: Ja sicher. Es sind noch welche für heute abend frei. Wie viele brauchen Sie denn?

Junge: Nur zwei, bitte – eines für mich und eines für meinen Freund. Er ist noch draußen. Er ist eben dabei, die Reifen seines Fahrrads aufzupumpen.

Herbergsvater: Wie lange möchten Sie bleiben?

Junge: Drei Nächte, wenn möglich, bitte.

Herbergsvater: Ja, das geht. Sie können zwei Plätze im Schlafsaal drei haben. Übrigens, wollen Sie Schlafsäcke mieten, oder haben Sie Ihre eigenen mit?

Junge: Wir haben unsere eigenen mit, danke.

Herbergsvater: Darf ich mal bitte ihre Ausweise haben?

Junge: Bitte schön. Hier ist mein Ausweis. Rolf wird Ihnen seinen geben, wenn er hereinkommt. Oh, da kommt er schon! Wo ist die Küche, bitte, falls wir kochen wollen?

Herbergsvater: Sie ist dort drüben, rechts am Ende des Korridors.

Junge: Servieren Sie auch Mahlzeiten?

Herbergsvater: Ja, das machen wir. Sie können Frühstück und Abendessen bekommen. Wir bereiten auch Lunchpakete vor, wenn Sie uns das im voraus sagen.
Übrigens, der Eßsaal ist direkt gegenüber. Wir haben auch einen Tagesraum im ersten Stock, wo Sie Tischtennis, Karten und Schach spielen können.

Junge: Um wieviel Uhr gibt's Abendessen?

Herbergsvater: Um 19.00 Uhr. Das Frühstück können Sie ab sieben Uhr bekommen.

Junge: Recht vielen Dank. Wo ist Schlafsaal drei, bitte?

Herbergsvater: Er ist im zweiten Stock neben dem Waschraum.

Am folgenden Morgen nach dem Frühstück spricht der Junge noch einmal mit dem Herbergsvater:

Junge: Können wir Ihnen vielleicht helfen?

Herbergsvater: Ja, Sie können mir beim Abwaschen helfen, und Ihr Freund kann den Fußboden im Tagesraum fegen.

E. Nacherzählung

The new tent

The following words and phrases might be useful:

Familie Müller – Campingplatz – das neue Zelt – aufbauen –
am Tage vorher – sich hinlegen – Regentropfen – trocken bleiben –
Auto – Elisabeth – Bett – Fritz – zu Hause bleiben – fernsehen –
Regen durchlassen – Montag – ins Geschäft zurückbringen –
Mutter – Schlafsack – sich ärgern.

F. Dialogues

Auf dem Campingplatz

Manfred: Guten Tag. Ein Freund hat uns Ihren Campingplatz empfohlen. Haben Sie noch Plätze frei, bitte?
Angestellter: Zelten Sie oder haben Sie einen Wohnwagen?
Manfred: Wir haben ein Zelt.
Angestellter: In Ordnung. Wie lange möchten Sie bleiben?
Manfred: Zwei Wochen, wenn möglich. Was kostet das, bitte?
Angestellter: Das kostet 20 DM pro Tag. Wollen Sie bitte dieses Formular ausfüllen?
Manfred: Ja, natürlich. (*Während er schreibt*) Wo sind die Waschanlagen?
Angestellter: Der Waschraum ist unten rechts. Duschen und Toiletten sind auch da. Alles sehr modern.
Manfred: Prima! Haben Sie auch einen Laden?
Angestellter: Ja, den haben wir auch, und da können Sie fast alles kaufen, was Sie brauchen.
Manfred: Ist er jeden Tag offen?
Angestellter: Ja, von 8.00 Uhr bis 13.00 Uhr und dann wieder von 14.00 Uhr bis 20.00 Uhr abends. Sonntags macht er aber um Mittag zu.
Manfred: Recht vielen Dank. Soll ich das Formular hier unterschreiben?
Angestellter: Ja, bitte.
Manfred: Bitte schön.
Angestellter: Danke. Ich wünsche Ihnen einen recht schönen Aufenthalt hier im Schwarzwald.

Im Campingladen

Angelika: Guten Morgen.
Verkäuferin: Guten Morgen. Was darf es sein?
Angelika: Ich möchte einige kleine Andenken für meine Familie. Darf ich mir mal die Kuckucksuhr dort drüben ansehen?
Verkäuferin: Ja, gerne.
Angelika: Sie ist sehr hübsch. Was kostet sie denn?
Verkäuferin: 45 DM.
Angelika: Na schön. Ich nehme sie. Ich möchte auch den roten Geldbeutel, bitte. Nein, nicht diesen, den nebenan, den größeren.
Verkäuferin: Danke. Sonst noch etwas?
Angelika: Ja, ich möchte auch diese kleine Trachtenpuppe.... Übrigens, was kosten die Ansichtskarten?
Verkäuferin: Die schwarz-weißen kosten dreißig Pfennig das Stück und die farbigen vierzig.
Angelika: Gut. Dann suche ich mir welche aus. Verkaufen Sie auch Briefmarken?
Verkäuferin: Leider nein. Die müssen Sie auf der Post kaufen.

G. Der Campingplatz

Fragen

1. Wo findet diese Szene statt?
2. Wo schläft die Familie, während sie auf Urlaub ist?
3. Was haben die Kinder eben gemacht?
4. Wo haben sie gebadet?
5. Wo sitzt die Oma?
6. Was macht sie?
7. Womit schneidet der Vater das Brot?
8. Was wird die Familie gleich machen?
9. Was werden sie essen?
10. Woher wissen Sie, daß sie Wein trinken werden?

H. Camping macht Spaß

(a) Peter und seine Freunde Jürgen und Uwe beschließen, ein Wochenende auf dem Lande zu verbringen. Sie wollen einen Ausflug mit dem Fahrrad zu einem kleinen See in den Bergen machen. Sie wollen dort zelten.	(b) Sie bereiten ihre Sachen vor. Sie beschließen, ein ziemlich großes Zelt, Schlafsäcke, Kochgeräte, Essen, ihre Badesachen, einen Fußball, Taschenlampen und eine Landkarte von der Gegend mitzunehmen. Sie packen die Sachen auf die Fahrräder. Jürgen und Uwe kommen, um Peter abzuholen. Peters Eltern winken zum Abschied. Sie fahren los.
(c) Es ist ein schöner Nachmittag. Sie freuen sich auf das Wochenende. Sie denken an die schönen Sachen, die sie machen werden. Sie radeln durch die schöne Landschaft. Sie fahren einen steilen Hügel zum See hinunter. Der See ist von Bäumen umgeben. Ein kleiner Bauernhof liegt in der Nähe. Sie melden sich bei dem Landwirt. Sie bekommen Milch und frisches Wasser von ihm.	(d) Peter und Jürgen bauen das Zelt auf. Uwe beschäftigt sich mit dem Essen. Sie essen Abendbrot.
(e) Das Wetter ändert sich. Der Himmel ist nicht mehr blau. Dunkle Wolken erscheinen am Himmel. Es wird windig. Ein heftiges Gewitter zieht auf. Die Jungen kriechen in ihre Schlafsäcke. Sie versuchen vergebens zu schlafen. Das Zelt wird immer nasser. Ein heftiger Windstoß bläst das Zelt weg. Die Jungen retten ihre Sachen. Sie beschließen, zum Bauernhof zu gehen.	(f) Der Landwirt und seine Frau sind sehr behilflich. Die Jungen können in einer trockenen Scheune schlafen. Die Jungen nehmen ein heißes Bad. Die Frau bereitet ihnen eine warme Suppe. Sie besorgt ihnen Wolldecken und warme Kleider. Die Jungen plaudern mit dem Landwirt und seiner Frau. Der Landwirt zeigt ihnen die Scheune. Sie schlafen warm und gut.

Aufgabe

Write out the principal parts and meanings of the following verbs:

verbringen / zelten / abholen / losfahren / denken / melden / bekommen / werden / aufbauen / erscheinen / kriechen / wegblasen

111

Retranslation sentences

1. Two weeks ago Peter, Jürgen and Uwe decided to spend a weekend in the country.
2. They wanted to camp near a small lake in the mountains.
3. After they had packed their things on their bikes, they set off.
4. As they cycled through the beautiful countryside, they thought of all the pleasant things they wanted to do.
5. They went to the farmer to fetch some milk and fresh water.
6. While Peter and Jürgen were putting up the tent, Uwe prepared the supper.
7. Suddenly the weather changed. Dark clouds appeared in the sky and it became very windy.
8. Because of the violent storm, the boys crawled into their sleeping bags and tried to sleep.
9. A quarter of an hour later, a violent gust of wind blew the tent away, and after the boys had rescued their things, they went to the farmhouse.
10. After the farmer's wife had found them some blankets and warm clothes, the farmer showed them the barn where they could sleep.

Aufgabe

Rewrite the story on page 110 in the PAST in essay form. The following words and phrases may be useful:

vor ein paar Tagen	*a few days ago*
am Abend zuvor	*the previous evening*
früh am folgenden Morgen	*early the next morning*
um etwa neun Uhr	*at about nine o'clock*
als alles fertig war	*when everything was ready*
bald danach	*soon afterwards*
leider	*unfortunately*

I. Insekten und Spinnen

Wegen der Insekten zelten manche Leute nicht gern.

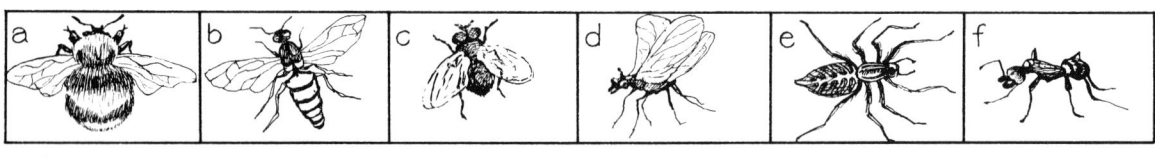

(a) die Biene (–n)   (b) die Wespe (–n)   (c) die Fliege (–n)   (d) die Mücke (–n)   (e) die Spinne (–n)   (f) die Ameise (–n)

J. Rôle playing

Imagine that you are spending your holidays hiking through Germany. You have just arrived at a youth hostel and are speaking to the warden.

1. Ask if you can have beds for two nights for yourself and two friends who are doing some shopping in the village.
2. Tell the warden that you all have sleeping bags with you but that you would like to hire some pillows.
3. Say that you would all like to have breakfast and an evening meal during your stay.
4. Ask if it is possible to have packed lunches.
5. Ask if there is a table tennis table in the common-room.
6. Ask where your dormitories are and find out which are the most interesting places to visit in the vicinity.

Imagine that you are in a souvenir shop.

1. Tell the shop assistant that you want to buy souvenirs for your mother and father.
2. Say that you don't want a picture.
3. Ask how much the little barometer house costs.
4. Ask if they sell cigars.
5. Ask how much the coloured post cards cost.
6. Say that you will have four cards.
7. Ask for four stamps.
8. Say that you want to send the cards to England.

K. Listening comprehension

Camping in the rain

1. When did the Müller family arrive at the camp site?
2. How do you know it was cloudy?
3. Why was Herr Müller confident that they wouldn't get wet?
4. Who *exactly* put up the tent?
5. How often had the family been camping before?
6. When had Herr Müller bought the tent?
7. When did it start to rain?
8. What did the family do when the tent started to leak?
9. How old were Elisabeth and her brother Fritz?
10. What had Fritz wanted to do instead of camping?
11. What was Herr Müller going to do with the tent?
12. Why could you only see the mother's head?

L. Letter writing

Imagine you are Rainer. Write a reply to Philip's letter. Answer his questions and ask some of your own.

```
                                            Bristol, den 24. Juni.
Lieber Rainer,
            Vielen Dank für Deinen letzten Brief, den ich gestern bekommen
habe. Ich freue mich schon riesig auf meine Deutschlandreise. Natürlich würde
ich sehr gerne eine längere Radtour mit Dir machen. Das würde mir sicher Spaß
machen. Wie viele Tage würden wir unterwegs sein? Wessen Fahrrad könnte ich
haben? Wie viele Kilometer könnten wir jeden Tag zurücklegen?
      Letzten Sommer habe ich mit meiner Familie in Devon gezeltet, aber leider
war das Wetter nicht besonders gut. Übrigens hast Du jemals gezeltet? Ich würde
also lieber in Jugendherbergen übernachten. Camping gefällt mir nicht. Geht
das? Muß man im voraus buchen? Ich habe schon einen Schlafsack. Soll ich ihn
mitbringen? Wie ist es mit Bettlaken und Kopfkissen? Kann man sie in den
Jugendherbergen leihen, oder muß man sie mitnehmen?
      Schreib bald! Ich bin gespannt zu wissen, wohin wir fahren sollen. Übrigens
muß ich Mitglied des DJH sein?
      Schöne Grüße an Dich und Deine Familie,

                                         Dein Philip
```

M. Essay titles

1. Imagine that you and your friend want to spend your Summer holidays in Germany. Write a letter to a German youth hostel booking your accommodation and meals and enquiring about local sights, etc.
2. Eine Tour mit dem Fahrrad.

N. Revision exercises

The Imperative (p. 186 §28)

(a) Each of the following sentences contains one of the three usual Imperative forms. Rewrite each sentence twice using the other two forms.
Example:
Trinken Sie den Kaffee!
Trink den Kaffee!/Trinkt den Kaffee!

1. Fahr geradeaus!
2. Stehen Sie auf!
3. Mach das Fenster nicht auf!
4. Schreibt das Datum oben!
5. Geben Sie mir Ihr Heft!
6. Nehmt die Stühle ins Wohnzimmer!
7. Geht in den Garten!
8. Schickt uns eine Postkarte!
9. Kauf ihm einige Bonbons!
10. Sagen Sie mir die Wahrheit!

(b) Give the polite Imperative form for the following:
Example:
Sie möchten gern einen Spaziergang machen.
Was schlagen Sie Ihrem Freund vor? –
Wollen wir mal einen Spaziergang machen?

Was schlagen Sie Ihrem Freund vor?

1. Sie möchten gern ins Kino gehen.
2. Sie möchten gern ein Glas Bier trinken.
3. Sie möchten gern Schach spielen.
4. Sie möchten gern Platten hören.
5. Sie möchten gern nächstes Jahr nach Deutschland fahren.

Thema 14
Ferien

A. The right spot for a picnic

Translate the following passage into English:

Ich ließ den Wagen an und fuhr rückwärts aus der Auffahrt auf die Straße hinaus. Den Jungen mußte ich wie gewöhnlich verbieten, im Wageninnern aufzustehen, weil ich sonst nichts auf dem Fahrdamm sehen konnte. Tatsächlich hatte ich gerade noch Zeit zu bremsen, sonst wäre ich in einen Lieferwagen hineingefahren.

Fünf Minuten später waren wir aus der Stadt heraus und fuhren am Ufer entlang. Ein herrlicher Tag für unser erstes Picknick, seitdem wir in Innsbruck angekommen waren. Eine Frühlingsbrise kräuselte kaum das Wasser des Flußes, und die Buchen zu beiden Seiten der Straße waren mit neuen Blättern bedeckt.

Nach ungefähr einer halben Stunde begannen wir, nach einem geeigneten Platz für das Picknick Ausschau zu halten. Wir sahen mehrere Möglichkeiten, doch war uns, so oft wir anhielten, irgend etwas nicht ganz recht. Schließlich fanden wir gerade die richtige Stelle; es war ein Hügel, der vom Fluß hinaufragte.

Dicht daneben lag ein hübscher offener Platz, wie geschaffen für ein Lagerfeuer und die Spielzeugboote der Kinder. Ohne einen Augenblick zu verlieren, zogen sie Schuhe und Socken aus, wateten ins Wasser und schoben ihre Boote hin und her. Ich setzte mich auf eine Decke und sah dem Spiel der Kinder zu.

B. Dialogue

An der Tankstelle

Tankwart: Guten Morgen.
Autofahrerin: Morgen.
Tankwart: Volltanken?
Autofahrerin: Nein, nur für fünfzig Mark, bitte.
Tankwart: Super oder Normal?
Autofahrerin: Super, bitte. Und könnten Sie auch Öl und Wasser prüfen?
Tankwart: Jawohl. (*Er prüft sie.*) Öl und Wasser sind in Ordnung. Soll ich auch die Reifen prüfen?
Autofahrerin: Bitte, ja. Verkaufen Sie auch Karten und Süßigkeiten?
Tankwart: Sicher. Die können Sie im Kiosk kaufen, wenn Sie das Benzin bezahlen.
(*Während die Autofahrerin zahlen geht, reinigt der Tankwart die Windschutzscheibe. Die Autofahrerin kommt zurück.*)
Tankwart: So, alles wieder in Ordnung.
Autofahrerin: Danke schön. Das ist für Sie. (*Sie gibt ihm ein Trinkgeld.*)
Tankwart: Vielen Dank. Gute Fahrt.
Autofahrerin: Auf Wiedersehen.
Tankwart: Auf Wiedersehen.

C. Die Tankstelle

Fragen

1. Wo findet diese Szene statt?
2. Was macht die Frau vorne?
3. Was macht der Mann vorne?
4. Warum geht die ältere Frau an die Kasse?
5. Wo hat sie wohl ihr Geld?
6. Wann wird sie wieder abfahren?
7. Wo sind die Toiletten?
8. Was will der Mann neben der Kasse eben machen?
9. Was für ein Fahrzeug hat der Mann, der die Windschutzscheibe reinigt?
10. Womit reinigt er die Windschutzscheibe?

D. Rôle playing

Imagine you are at a filling station.	Imagine that it is later and that you have broken down on the motorway. You are phoning the police from an emergency phone.
1. Ask the pump attendant to fill up the tank with twenty-five litres of super grade petrol. 2. Ask him/her to check the oil and water and clean the windscreen. 3. Ask where you can check the tyres. 4. Ask where the toilets are. 5. Ask if you can buy cigarettes and coca cola at the kiosk. 6. Ask how far away the next service station on the motorway is.	1. Tell them that your car has broken down. 2. Tell them that you are on the motorway between Düsseldorf and Erkrath. 3. Tell them you have a red Audi. 4. Ask them if they can contact the road patrol assistance for you. 5. Ask how long it will take before it arrives.

E. Dialogues

Die Sommerferien

Max und Walter sind Schüler in Frankfurt, und da sie beide schon siebzehn Jahre alt sind, dürfen sie ihre eigenen Ferien planen.

Max: Du, Walter, ich habe während des Winters jedes Wochenende gearbeitet und habe gut verdient. Ich habe genug gespart, um nach Italien zu fahren. Kommst du mit? Wir können mit meinem Motorrad fahren.

Walter: Du hast es aber gut, Max. Ich habe auch gearbeitet und gespart, aber ich war im Februar und März krank, und deshalb sind mir in diesen Monaten 300 Mark entgangen. Ich kann nicht so weit fahren. Wenn wir in Jugendherbergen übernachten, könnten wir eine Tour durch Süddeutschland und Österreich machen.

Max: Schön, wenn wir Glück haben, werden wir auch dort schönes Wetter haben. Wie weit können wir in einem Tag fahren?

Walter: Auf unseren Autobahnen geht es schnell, aber auf den österreichischen Straßen fährt man viel langsamer, weil sie eng sind und viele Kurven haben. Wir wollen aber nicht mehr als 120 km pro Tag auf dem Motorrad sitzen, sonst sehen wir nichts von den Städten, die wir besuchen wollen.

Max: Da hast du bestimmt recht. Na, wir müssen alles genau ausrechnen. Ich schlage vor, daß wir in Jugendherbergen übernachten – die sind am billigsten. Wir wollen nicht mehr als 25 Mark pro Tag ausgeben. Wenn wir Obst, Gemüse und Käse auf dem Markt kaufen, können wir billig essen. Und dann können wir vielleicht alle drei Tage in einem Hotel schön zu Abend essen. Was sagst du dazu?

Walter: Das ist eine fabelhafte Idee!

Ferienpläne

Heike: Vati, darf ich mal kurz mit dir sprechen? Es geht um die Sommerferien.
Vater: Wieso denn? Wie du weißt, fahren wir alle nach Spanien.
Heike: Ja, aber dieses Jahr möchte ich mit Renate in die Berge fahren.
Vater: Aber in Spanien ist es doch viel schöner. Die Villa liegt direkt am Meer.
Heike: Aber Vati. Wir waren seit Jahren jeden Sommer in Spanien, immer in derselben Villa.
Vater: Und wie werdet ihr in die Berge fahren?
Heike: Entweder per Anhalter oder mit dem Rad. So ist es billiger, nicht? Wir wollen auch campen oder in Jugendherbergen übernachten.
Vater: Nein, das geht gar nicht. Du fährst wie immer mit uns nach Spanien.
Heike: Aber, Vati...

F. Listening comprehensions

(a) A mountain hike

1. Who did not take part in the hike? Why not?
2. What did the children put in their rucksacks?
3. How did the children want to dress?
4. What sort of shoes did father insist on?
5. Where was the first halt made?
6. What did they see at about 1 300 metres?
7. What could be seen on the Alpine meadow?
8. What was the weather like at the mountain hotel?
9. What and where was their destination?
10. How did they return?

(b) A visit to Bavaria

1. Why did Uschi and Jürgen go to Bavaria last summer?
2. How old was Uschi?
3. Why did they go by train?
4. What did their father tell them when the train left the station?
5. What time did they get up when they helped with the harvest?
6. Where did they have breakfast?
7. Where were the fields?
8. What did Jürgen especially like doing?
9. Who fetched the cows in the evening?
10. Who preferred to stay at the farmhouse and why?

G. Die Eingangshalle

Fragen

1. Wo findet diese Szene statt?
2. Der wievielte ist es?
3. Wie spät ist es auf der Uhr?
4. Was machen die Leute im Speisesaal?
5. Was macht der Kellner?
6. Was wird der Empfangschef gleich machen?
7. Wessen Koffer trägt der Hotelboy nach oben?
8. Auf wen hat der junge Mann gewartet?
9. Was hat er gemacht, während er wartete?
10. Wie ist die junge Frau mit dem schwarzen Haar nach unten gekommen?

H. Letter writing

Imagine that you work in the *Verkehrsamt* in Kahlwand. Write a reply to Herr Schulpfingster's letter.

Kassel, den 3. April.

Sehr geehrte Herren!

    Ich möchte gerne mit meiner Frau im August nach Kahlwand kommen. Wir wollen dort ungefähr zwei Wochen bleiben. Können Sie uns wohl ein gutes Hotel empfehlen? Wir brauchen ein Zweibettzimmer mit Bad und W.C., wenn möglich auch mit eigenem Balkon. Könnten wir ein Zimmer haben, das nicht zu weit oben ist? Meine Frau steigt nicht gern Treppen! Aber unten soll es auch nicht sein. Bei dem Verkehrslärm kann meine Frau nie gut schlafen. Kann man von Kahlwand schöne Ausflüge machen? Wir werden mit dem Wagen kommen und oft den ganzen Tag wegbleiben. Darum möchten wir Halbpension haben. Wir lieben die Lunchpakete nicht sehr! Im vorigen Urlaub bekamen wir jeden Tag Schwarzbrot mit Schweizer Käse; dazu Eier, die zu hart und nicht mehr frisch waren, und ein paar überreife Tomaten .... Also, keine Lunchpakete, bitte!

    Ich hoffe, Sie können mir ein gutes Hotel empfehlen. Bitte schicken Sie uns noch ein Büchlein über Kahlwand, und vielleicht ein Bild (bzw. Bilder) von den Hotels, wo wir für DM 50,00 bis 60,00 Halbpension bekommen können.

    Ich danke Ihnen schon jetzt für Ihre Antwort, die ich bald erwarte.

    Mit freundlichem Gruß,

A. Schulpfingster

I. Rôle playing

Imagine that you are having a motoring holiday with your family in Germany. You want to stay overnight in a hotel. You are talking to the receptionist.

1. Ask if he has any rooms free.
2. Say that you only want to stay for one night.
3. Say that you would like a double room with bath and a single room with a shower.
4. Ask if the double room has a colour television set.
5. Ask how much the rooms cost and if you can see them.
6. Say that you will have the rooms.
7. Ask if the hotel boy can carry your suitcases upstairs.
8. Ask the times of the evening meal and breakfast.

J. Dialogue

> ### In der Sparkasse
>
> *Richard:* Ich möchte Reiseschecks einlösen, bitte.
> *Bankbeamter:* Gewiß. Wieviel Geld möchten Sie wechseln?
> *Richard:* Ich habe zwei Schecks – einen zu 10 Pfund und einen zu 5 Pfund. Wie steht der Kurs heute?
> *Bankbeamter:* Moment mal. Also, drei Mark achtzig für ein Pfund Sterling.
> *Richard:* Na schön, aber zuerst muß ich die Schecks unterschreiben. Ich möchte das Geld in Zehnmarkscheinen bitte.
> *Bankbeamter:* Danke. Gehen Sie jetzt bitte zur Kasse dort drüben!
>
> *Bankbeamtin:* Herr Williams.
> *Richard:* Ja, das bin ich.
> *Bankbeamtin:* Also, hier ist Ihr Geld.
> *Richard:* Danke schön.
> *Bankbeamtin:* Bitte schön. Auf Wiedersehen.

K. Rôle playing

> Imagine you are in a bank. You are talking to a bank clerk.
>
> 1. Ask if you can change a £20 traveller's cheque.
> 2. Ask what the exchange rate is today.
> 3. Say that you would like the money in twenty mark notes.
> 4. Ask him if you can also change some English notes.
> 5. Ask him if he can give you some change.
> 6. Ask him if he needs your passport.
> 7. Ask him if the bank is open in the afternoon.

L. Essay titles

1. Schreiben Sie einen Dialog, in dem eine Familie (Vater, Mutter, 16 jähriger Sohn und 15 jährige Tochter) ihre Ferienpläne diskutieren!
2. Im Sommer wollen Sie eine Reise nach Deutschland machen. Beschreiben Sie, was Sie vor Beginn dieser Reise machen müssen!
3. Eine Tour mit dem Fahrrad.
4. Ein Ausflug mit der Familie.
5. Sie sind mit einem Freund oder einer Freundin auf Urlaub. Schreiben Sie einen Brief an Ihre Eltern, in dem Sie erklären, warum sie Ihnen mehr Geld schicken sollen.

M. Der inkompetente Empfangschef

(a) Herr und Frau Zimmermann machen eine Tour mit dem Wagen in Österreich. Sie wollen zwei Tage in Innsbruck verbringen. Sie beschließen, sich im Hotel Schwan aufzuhalten. Sie tragen die Koffer ins Hotel.	(b) Sie gehen zum Empfang. Herr und Frau Zimmermann melden sich an. Der Empfangschef ist sehr hilfsbereit. Er gibt Herrn und Frau Zimmermann den Schlüssel für Zimmer 325.
(c) Sie fahren mit dem Fahrstuhl zum dritten Stock. Sie gehen den Gang entlang. Sie machen die Tür von Zimmer 325 auf. Sie sind sehr überrascht. Das Zimmer ist leer. Ein Mann streicht die Wände mit einer Rolle an.	(d) Sie sind sehr zornig. Sie fahren wieder nach unten. Sie gehen wieder zum Empfang. Sie erklären dem Empfangschef, was geschehen ist. Er entschuldigt sich vielmals. Er gibt Herrn Zimmermann den Schlüssel für Zimmer 642.
(e) Herr und Frau Zimmermann fahren zum sechsten Stock. Sie gehen den Gang entlang. Sie machen die Tür von Zimmer 642 auf. Eine junge Frau ist im Begriff sich auszuziehen. Sie sind sehr verlegen. Sie fahren wieder nach unten.	(f) Sie sind noch böser als zuvor. Sie beklagen sich beim Empfangschef. Er entschuldigt sich wieder. Er will ihnen noch einen Schlüssel geben. Sie haben die Nase voll. Sie beschließen ein anderes Hotel zu suchen. Sie verlassen das Hotel Schwan.

Aufgabe

Write out the principal parts and meanings of the following verbs:

verbringen / sich aufhalten / sich anmelden / geben / entdecken / anstreichen / erklären / geschehen / sich entschuldigen / sich ausziehen / sich beklagen / verlassen

123

Retranslation sentences

1. Last summer Herr Zimmermann and his wife were touring in their car in Austria.
2. As they wanted to spend two nights in Innsbruck, they had decided to stay in the Schwan hotel.
3. After Herr Zimmermann had taken the suitcases out of the boot of his car, they went into the hotel.
4. They went into the hotel to check in.
5. The receptionist, who was very helpful, gave them the key for room 325, which was on the third floor.
6. To their great surprise they found that the room was empty apart from a man who was painting the walls of their room.
7. After they had explained to the receptionist what had happened, he apologised and gave them another key.
8. When they opened the door of the new room, they saw a young woman who was on the point of getting undressed.
9. They returned to the ground floor to complain to the receptionist again.
10. Although the receptionist tried to give them another key, they were so angry that they decided to look for another hotel.

Aufgabe

Rewrite the story on page 122 in the PAST in essay form. The following words and phrases may be useful:

letzten Sommer	*last summer*
Sie hatten im voraus gebucht	*They had booked in advance.*
mit den schweren Koffern	*with the heavy suitcases*
Es war leer, abgesehen davon, daß ein Mann die Wände anstrich.	*It was empty apart from a man painting the walls.*
zum zweiten Mal	*for the second time*
schließlich	*finally*

N. Rôle playing

> Imagine that you are in a restaurant with a friend. You are talking first to the waitress and then to your friend.
>
> 1. Say that you would like a table for two in the corner near the window.
> 2. Ask for the menu and the wine list.
> 3. Ask your friend what he/she would like to eat.
> 4. Ask if he/she would like red wine or white.
> 5. Say that you are in a hurry as you have to meet someone at half past two.
> 6. Ask where the toilets are.
> 7. Ask the waitress for the bill.
> 8. Tell her that you enjoyed your meal very much.

O. General oral questions

1. Wann tragen Sie eine Sonnenbrille?
2. Was tragen Sie bei regnerischem Wetter?
3. Wozu dient eine Wettervorhersage?
4. Wieviele Tage hat der Februar?
5. Treiben Sie gern Sport?
6. Was machen Sie am liebsten?
7. Was tragen Sie, wenn Sie Hockey bzw. Fußball spielen?
8. Wo kann man schwimmen?
9. Wann tragen Sie einen Badeanzug bzw. eine Badehose?
10. Wie helfen Sie im Haushalt?
11. Wie nennt man die Mahlzeiten in Deutschland?
12. Was ißt man in Deutschland gewöhnlich zum Frühstück?
13. Beschreiben Sie bitte mal ein typisches deutsches Mittagessen!
14. Was sagen die Deutschen, bevor sie das Essen beginnen?
15. Was muß man vor und nach dem Essen machen?
16. Beschreiben Sie ein typisches deutsches Abendessen!
17. Was fragt eine deutsche Mutter ihre Familie nach dem Essen?
18. Beschreiben Sie, wie man schnell Kaffee machen kann!
19. Wie haben Sie letzten Samstag verbracht?
20. Was haben Sie während der Osterferien gemacht?
21. Wie werden Sie nächsten Samstag verbringen?
22. Was werden Sie während der Sommerferien machen?
23. Was werden Sie im September machen?

P. Revision exercises

Modal verbs (p. 187 §30)

(a) Conjugate the Present and Imperfect tenses of *können*.

(b) Put the following sentences into the plural:
1. Ich sollte meine Hausaufgaben machen.
2. Darfst du heute abend ausgehen?
3. Muß er zu Hause bleiben?
4. Er hat das Buch lesen müssen.
5. Willst du mit mir ins Kino gehen?
6. Ich konnte das Fahrrad reparieren.
7. Sie wird ins Reisebüro gehen müssen, um den Flugschein zu kaufen.
8. Magst du deinen Chef?

(c) Put the following sentences into the singular:
1. Die Sekretärinnen mußten die Briefe tippen.
2. Ihr werdet um 7.00 Uhr essen können.
3. Wir hätten früher aufstehen sollen.
4. Wir sollten lieber nach Deutschland fahren.
5. Dürfen wir ins Theater gehen?
6. Wir mußten eine halbe Stunde auf den Zug warten.
7. Konntet ihr den Wagen reparieren?
8. Wir mochten den Film gar nicht!

The Passive (pp. 187 and 188 §32)

Change the following Active sentences into their Passive equivalents in the Present, Imperfect, Future and Perfect tenses:

Example:

Der kluge Dieb stiehlt den wertvollen Ring.
(a) Der wertvolle Ring wird von dem klugen Dieb gestohlen.
(b) Der wertvolle Ring wurde von dem klugen Dieb gestohlen.
(c) Der wertvolle Ring wird von dem klugen Dieb gestohlen werden.
(d) Der wertvolle Ring ist von dem klugen Dieb gestohlen worden.

1. Der junge Mann fährt den alten Wagen aus der Garage.
2. Der tapfere Feuerwehrmann rettet die alte Frau aus dem brennenden Haus.
3. Der dünne Einbrecher öffnet den kleinen Geldschrank im Wohnzimmer.
4. Die grauhaarige Ärztin untersucht den kranken Jungen.
5. Der große Briefträger leert den gelben Briefkasten.

Thema 15
Am Meer

A. A troublesome little boy falls overboard

Translate the following passage into English.

Es war ein warmer Nachmittag im Juli; die Sonne schien hell, und ein lauer Wind wehte über den Strand, wo es von Menschen wimmelte. Die Kinder bauten Sandburgen oder suchten unter den Felsen nach Muscheln, die meisten Erwachsenen schwammen im Meer oder bräunten sich in der Sonne, und an einem Ende des Strands stieg eine Gruppe Leute in ein kleines Motorboot, um sich für sechs Mark um die Bucht fahren zu lassen.

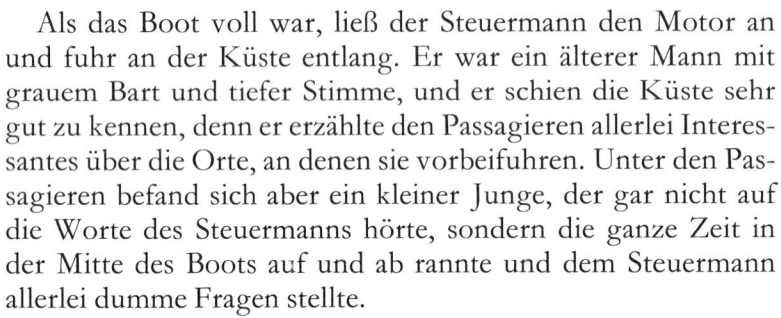

Als das Boot voll war, ließ der Steuermann den Motor an und fuhr an der Küste entlang. Er war ein älterer Mann mit grauem Bart und tiefer Stimme, und er schien die Küste sehr gut zu kennen, denn er erzählte den Passagieren allerlei Interessantes über die Orte, an denen sie vorbeifuhren. Unter den Passagieren befand sich aber ein kleiner Junge, der gar nicht auf die Worte des Steuermanns hörte, sondern die ganze Zeit in der Mitte des Boots auf und ab rannte und dem Steuermann allerlei dumme Fragen stellte.

Als der Junge schließlich sogar nach dem Steuerrad griff, verlor der Steuermann die Geduld und riß ihn so heftig zurück, daß der Junge über Bord fiel! Da er nicht schwimmen konnte, schlug er wild um sich und schrie aus voller Kehle, wobei er eine ganze Menge Wasser verschluckte. Aber der Steuermann blieb ganz ruhig: er warf dem Jungen ein Seil zu und zog ihn wieder an Bord. Dann übergab er ihn seinen Eltern mit den Worten: „Das nächste Mal kann er allein zurückschwimmen!"

B. Reading comprehension   The boat trip

Base your answers on the passage above.
1. What was the beach like on this particular day?
2. Where did the children look for mussels?
3. Say *three* things about the skipper of the boat.
4. How do you know that he seemed to know the coast well?
5. What *two* things did the little boy do that annoyed the skipper?
6. What finally made the skipper lose his patience?
7. Say *three* things that the boy did after he had fallen overboard.
8. How did the skipper react when the boy fell overboard?
9. How was the boy rescued?
10. What did the skipper say to the boy's parents after he had been rescued?

126

C. Use of German

(a) On the beach

Jutta lag in ihrem roten Bikini auf einer Liege. Es war schön, in Griechenland zu sein, und sie war sehr zufrieden am Strand faulenzen zu können. Von Zeit zu Zeit plauderte sie mit ihrem Mann Klaus, der vor etwa einer Viertelstunde mit ihrer Sonnenbrille vom Hotel zurückgekehrt war. Dummerweise hatte sie sie in einer Schublade des Toilettentisches im Schlafzimmer liegenlassen. Bevor er sich wieder auf seine Liege neben seine Frau hingelegt hatte, hatte er kurz gebadet, um sich abzukühlen. Während die beiden sonnenbadeten, betrachteten sie ihre zwei Kinder, die im Meer waren. Sie lächelten, als Ulla die Luftmatratze umkippte, auf der ihr Bruder ruhig gelegen hatte, bevor er ins Wasser fiel.

1. Was trug Jutta?
2. Warum war sie sehr zufrieden?
3. Wie war Klaus mit Jutta verwandt?
4. Warum war Klaus ins Hotel gegangen?
5. Was mußte er wohl im Schlafzimmer machen, bevor er die Sonnenbrille holen konnte?
6. Warum wollte Klaus sich abkühlen?
7. Wo genau lag Klaus, nachdem er gebadet hatte?
8. Wen sahen Renate und Klaus auf der Luftmatratze?
9. Was machte Ulla mit der Luftmatratze?
10. Wann fiel Ullas Bruder ins Wasser?

(b) The lifeboat

Uwe und sein älterer Bruder Jürgen wohnten in einem Fischerdorf, und sie fuhren oft in ihrem Motorboot die Küste entlang, um vom Boot aus zu fischen. An einem besonders schönen Februartag beschlossen sie, zum Hafen hinunterzugehen, wo ihr Motorboot festgemacht war. Um halb elf fuhren sie los. Bis Mittag blieb das Wetter schön, aber kurz danach erhob sich plötzlich ein heftiger Sturm. Der Vater der Jungen machte sich Sorgen und verständigte die Rettungsstation. Nach einer Viertelstunde war die ganze Mannschaft versammmelt. Sie zogen ihr Ölzeug an und setzten die Südwester auf, kletterten gelassen in das Rettungsboot, das sofort losgelassen wurde. Es glitt die Schienen hinunter and klatschte auf das Wasser. Dann wurde der Motor angelassen. Die Wellen wurden immer höher, als das Boot mit überraschender Geschwindigkeit der offenen See zufuhr.

1. Welcher Bruder war Uwe?
2. Was machten die beiden Brüder gern vom Boot?
3. Wo war ihr Motorboot festgemacht?
4. Warum machte sich der Vater Sorgen?
5. Wie lange dauerte es, bis die ganze Mannschaft versammelt war?
6. Wann kletterten sie in das Rettungsboot?
7. Was machte man, nachdem das Rettungsboot auf das Wasser geklatscht war?
8. Was war überraschend?

D. Dialogue

Spaziergang am Strand

Zwei junge Leute sind eben in einem Badeort angekommen, um ihre Ferien dort zu verbringen. Sie machen einen Spaziergang am Strand.

Hans: Das Meer sieht ja herrlich aus.
Ulla: Und der Strand hier besteht ganz aus Sand. Keine Steine, so wie im vorigen Jahr, an denen wir uns die Füße so verletzt haben. Wie schade, daß wir unsere Badesachen nicht mithaben.
Hans: Ja. Sonst hätten wir gleich baden können, statt bis nach dem Mittagessen zu warten.
Ulla: Ich glaube, das Wasser geht zurück. Hoffentlich steigt es bald wieder.
Hans: Ob wir heute nachmittag noch Strandkörbe bekommen?
Ulla: Ja, sicher. Mutti und Vati wären aber schon zufrieden, wenn sie die ganze Zeit in Liegestühlen herumsitzen könnten, um braun zu werden.
Hans: Du! Siehst du den großen Dampfer dort am Horizont? Wo mag der wohl hinfahren?
Ulla: Das muß das Schiff sein, das nach Helgoland fährt.
Hans: Ich möchte gerne einmal mitfahren.
Ulla: Ich auch. Hans, weißt du, was ich jetzt machen möchte?
Hans: Was denn?
Ulla: Ich hätte Lust, eine große Sandburg zu bauen, bevor wir zum Hotel zurückgehen.
Hans: Na schön.

E. Rôle playing

Imagine that you are on holiday at the seaside. You are talking to your sister who has just been swimming.
1. Ask her if the water was warm.
2. Tell her that you prefer to lie on the beach a little longer and sunbathe before you swim.
3. Ask her to pass you the suntan cream and your sunglasses.
4. Say that you are going to the shop soon to buy an ice-cream and a coca-cola.
5. Suggest that you go for a walk to the lighthouse after lunch.

F. Der Strand

Fragen

1. Wo findet diese Szene statt?
2. Woher wissen Sie, daß das Wetter heiß ist?
3. Was sehen Sie im Hintergrund?
4. Was hat der Junge rechts eben gemacht?
5. Was wird er wohl mit dem Eis machen?
6. Warum läuft der kleine Junge ins Meer?
7. Wo baden die Leute?
8. Was machen die zwei Mädchen vorne?
9. Wo genau liegt die Mutter?
10. Warum ist der Vater naß?

G. Am Meer

(a) Uwe und Jürgen, zwei dreizehnjährige Jungen, wohnen an der Küste. Sie beschließen, die Schule zu schwänzen und den Tag am Meer zu verbringen. Sie verlassen das Haus um Viertel nach sieben. Sie haben ihre Schulmappen mit. Jeder hat seine Badesachen und einen Imbiß darin. Sie machen sich auf den Weg zum Strand.	(b) Sie erreichen den Strand. Sie sammeln Muscheln. Sie werfen Kieselsteine ins Meer. Sie spielen Fußball. Sie spielen Verstecke. Sie spielen Karten. Sie rauchen Zigaretten. Sie baden. Sie essen.
(c) Sie beschließen, auf die Felsen zu klettern. Sie amüsieren sich gut. Sie bemerken nicht, daß das Wasser wieder steigt. Sie sind vom Meer umgeben.	(d) Sie haben Angst. Sie schreien um Hilfe. Sie winken mit den Armen. Sie weinen fast.
(e) Sie sehen einen Hubschrauber. Er kommt immer näher. Er schwebt über ihnen. Die Rettung ist nah.	(f) Ein Seil wird niedergelassen. Ein Flieger wird hinuntergelassen. Die beiden Jungen sind erleichtert und glücklich. Sie werden heraufgezogen. Sie werden an Land geflogen. Ob sie wieder die Schule schwänzen?

Aufgabe

Write out the principal parts and meanings of the following verbs:
schwänzen / erreichen / ankommen / spielen / baden / schwimmen / klettern / schreien / schweben / niederlassen / fliegen / retten

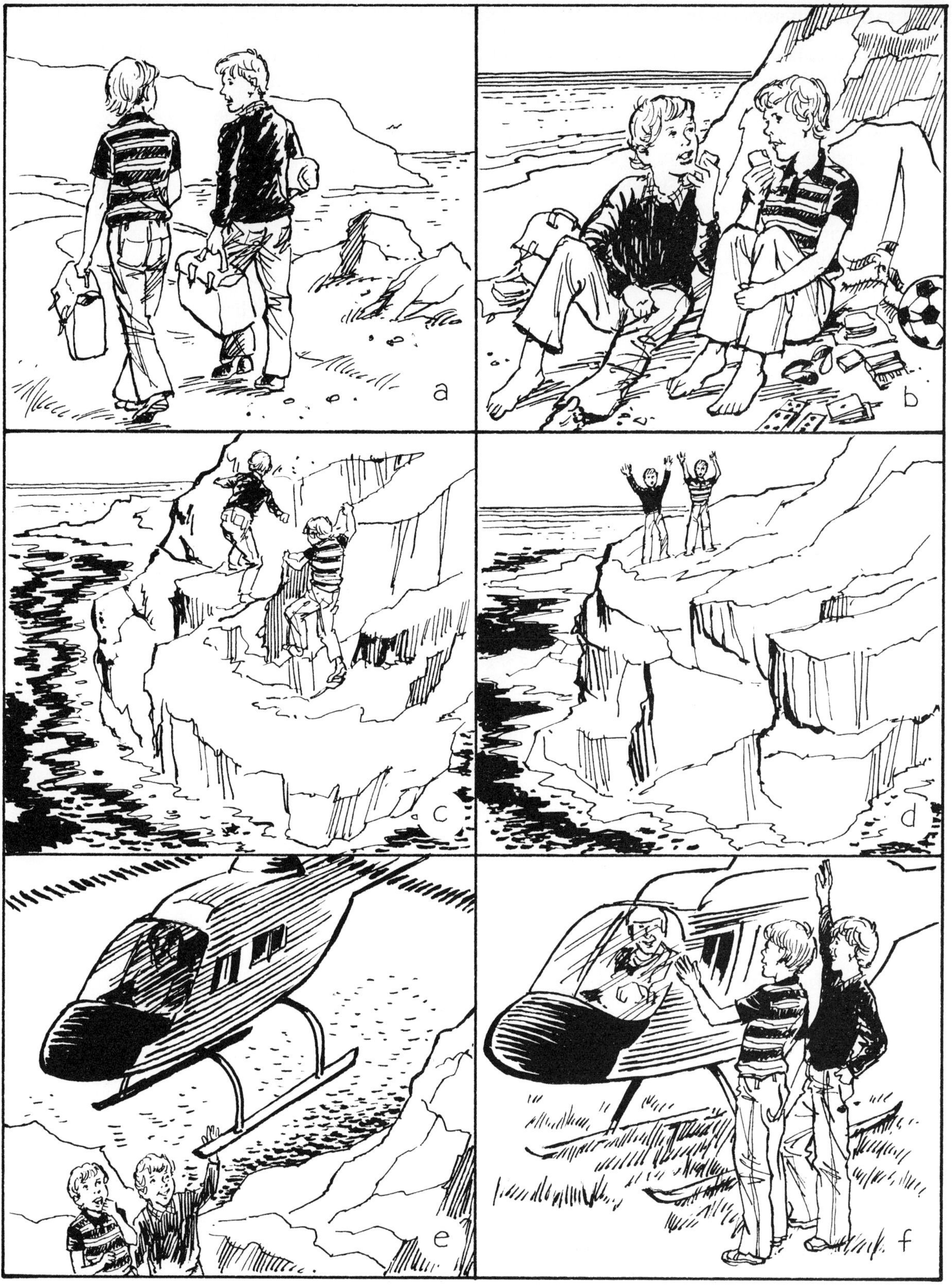
a
b
c
d
e
f

Retranslation sentences

1. Last Monday Uwe and Jürgen decided to stay away from school as it was a lovely day.
2. They wanted to spend the day by the sea.
3. They left the house as usual with their schoolbags so that their parents wouldn't know what they wanted to do.
4. After they had reached the beach, they put on their swimming-trunks and played cards before they ran into the sea to swim.
5. After they had swum, they decided to climb up the rocks.
6. Unfortunately they didn't notice that the tide had come in and that they were surrounded by water.
7. As they were afraid, they shouted for help and waved their arms.
8. Fortunately the pilot of a helicopter saw them.
9. Shortly afterwards a rope was lowered and they were rescued.
10. Their parents were very angry when they discovered what had happened.

Aufgabe

Rewrite the story on page 130 in the PAST in essay form. The following phrases may be useful:

an einem schönen Sommertag	*on a fine summer's day*
anstatt in die Schule zu gehen	*instead of going to school*
wie gewöhnlich	*as usual*
sobald sie den Strand erreicht hatten	*as soon as they had reached the beach*
zu ihrer großen Überraschung	*to their great surprise*
einige Minuten später	*several minutes later*

H. Listening comprehension

A regular trip to the seaside

1. When does the family usually drive to the seaside?
2. How long does the trip to the sea take if the traffic is not too heavy?
3. How far away from the sea does the family live?
4. What does the family do after they have parked the car if the sun isn't shining?
5. How do you know from the text that the writer is a girl?
6. What do her parents prefer to do while she and her brother swim?
7. What game do they sometimes play on the beach?
8. What do they also enjoy doing?
9. What does the family find unfortunate?
10. What do they think might happen?

I. Letter writing

Imagine you are Kathryn. Write a reply to Sabine's letter. Answer her questions and ask some of your own.

> Frankfurt, den 21. Juni.
>
> Liebe Kathryn,
>
> Endlich komme ich dazu, Deinen letzten Brief zu beantworten. Es tut mir wirklich leid, daß ich so lange nicht geschrieben habe. Ich hatte in letzter Zeit so viel für die Schule zu tun, aber jetzt habe ich meine Klassenarbeiten hinter mir. Hast Du auch immer so viele Hausaufgaben zu machen? Wie geht es Deiner Schwester nach ihrem Unfall? Was ist denn passiert? Übrigens möchte meine jüngere Schwester auch eine Brieffreundin. Könnte sie vielleicht einen Briefwechsel mit Deiner Schwester beginnen? Besucht sie dieselbe Schule wie Du? Ich möchte gerne wissen, was für eine Uniform Du in der Schule trägst.
>
> Im August fahre ich mit meinen Eltern nach Griechenland. Wir wollen drei Wochen am Meer verbringen. Wir werden in einer Villa wohnen. Warst Du schon einmal in Griechenland? Es wird dort bestimmt sehr heiß sein. Kannst Du die Hitze vertragen? Hoffentlich bekomme ich keinen Sonnenbrand! Was macht Ihr dieses Jahr während der großen Ferien? Fahrt Ihr auch ans Meer?
>
> Hier ist es jetzt schön warm. Wie ist das Wetter bei Euch? Hast Du neulich etwas Interessantes gemacht? Erzähl mir darüber!
>
> Nun Schluß für heute,
>
> Deine Sabine

J. Revision exercises

Um ... zu (p. 187 §29)

Make one sentence out of each of the following pairs of sentences using *um ... zu* in your answers:

Example:
Sie fuhren zum See. Sie badeten.
Sie fuhren zum See, um zu baden.

1. Frau Behrens holte den Rasenmäher. Sie mähte den Rasen.
2. Erich fuhr seinen Wagen aus der Garage. Er wusch ihn.
3. Die Touristen fuhren nach Neuschwanstein. Sie besichtigten das Schloß.
4. Herr Müller fuhr in die Stadt. Er kaufte ein.
5. Sein Bruder ging ins Wohnzimmer. Er sah fern.
6. Seine Mutter holte einen Besen. Sie fegte den Fußboden in der Küche.
7. Die alte Frau setzte sich in den Lehnstuhl. Sie ruhte sich aus.
8. Klaus ging ins Badezimmer. Er rasierte sich.

The Subjunctive (pp. 188 and 189 §33 and 34)

Put the following sentences into Indirect Speech. Begin each sentence with either: 'Er sagte, daß ... Er fragte, ob ...,' or 'Er fragte, wann ...:'

1. Er hat einen Unfall gehabt.
2. Hat ihr der Film gefallen?
3. Sie war pünktlich am Flughafen angekommen.
4. Wann fährt der Zug ab?
5. Sie hatten um acht Uhr gegessen.
6. Sie spielen mit ihren Freunden im Park.
7. Hat der Feuerwehrmann die alte Frau gerettet?
8. Er muß zum Supermarkt gehen.
9. Sind die Jungen naß geworden?
10. Der Bus ist sehr langsam gefahren.

Thema 16
Sport

A. The semi-final

Translate the following passage into English:

Edgar und sein bester Freund Klaus freuten sich schon seit Tagen besonders auf das Pokalspiel zwischen Hamburg und Stuttgart, weil es ein Halbfinalspiel war. Wenn die Stuttgarter bloß ins Finale kommen könnten, dann hätten sie sogar die Gelegenheit, Meister zu werden! Das wäre doch schön, dachten die Jungen. Sie waren nämlich beide Fußballfanatiker, und daher gingen sie regelmäßig jeden zweiten Samstag ins Stadion, um die Stuttgarter Mannschaft zu unterstützen. Wenn möglich fuhren sie auch zu den Auswärtsspielen, aber dazu reichte das Taschengeld häufig nicht. Beide waren noch auf dem örtlichen Gymnasium und mußten jeden Freitagabend in einem Supermarkt arbeiten, wo sie Regale auffüllten, um Geld zu verdienen.

Endlich kam der Tag des Spiels. Es sollte um halb vier beginnen. Die Jungen machten sich rechtzeitig auf den Weg ins Stadion. Beide trugen rotweiße Schals – Rot und Weiß waren nämlich die Farben ihrer Mannschaft. Edgar hatte eine Rassel mit dabei und Klaus eine kleine Trompete, die er während des Spiels blasen wollte, um die Stuttgarter anzufeuern. Bald erreichten sie das Stadion, wo sich schon sehr viele Menschen, die laut jubelten und schrieen, vor den Eingängen drängelten. Die Stimmung im Stadion würde wirklich fantastisch sein – aber, gerade als Edgar und Klaus hineingehen wollten, entdeckte Edgar zu seinem großen Entsetzen, daß er die beiden Eintrittskarten zuhause gelassen hatte!

B. Reading comprehension

Football crazy

Base your answers on the passage above.
1. Who was Klaus?
2. What were the boys looking forward to?
3. How often did they go to football matches?
4. What couldn't they do very often?
5. Where did the boys go to school?
6. What did they do in the supermarket?
7. What did they take with them to the match?
8. What time was the match due to start?
9. What were the people doing in front of the stadium?
10. What did Edgar discover as they were about to go into the stadium?

C. Use of German

The good swimmer

Eines Tages während der Sommerferien machten Karl und seine Freundin einen Spaziergang am Meer. Es war gerade Flut, und sie konnten nicht am Strand gehen. Sie schlenderten also die Straße entlang, die sich direkt am Wasser befand. Nach etwa einer halben Stunde setzten sie sich neben einen alten Mann, der am Kai angelte. Es machte ihnen Spaß ganz ruhig da zu sitzen und die Beine über dem Rand des Kais baumeln zu lassen.

Plötzlich aber rutschte Karl vom Kai und fiel etwa fünf Meter hinunter – ins tiefe Wasser. Leider konnte er nicht schwimmen, aber zum Glück hing ein Rettungsring an einem Brett ganz in der Nähe. Seine Freundin riß ihn schnell vom Brett und warf ihn Karl zu. Dann mit Hilfe eines Seiles gelang es dem alten Mann, Karl aus dem Wasser zu ziehen.

Als Karl wieder zu Hause war, beschloß er schwimmen zu lernen. Er ging regelmäßig ins Hallenbad, und allmählich wurde er ein guter Schwimmer. Bald begann er viele Wettschwimmen zu gewinnen. Endlich gewann er sogar die Schulmeisterschaft. Seine Eltern waren sehr stolz auf ihn. Er erhielt einen großen Pokal vom Schuldirektor, und die ganze Schule klatschte ihm Beifall.

1. Mit wem machte Karl den Spaziergang am Meer?
2. Warum konnten sie nicht am Strand gehen?
3. Wie lange schlenderten sie, bevor sie sich setzten?
4. Wer angelte am Kai?
5. Was machten sie mit den Beinen, während sie saßen?
6. Wie war das Wasser neben dem Kai?
7. Was warf die Freundin Karl zu, nachdem er ins Meer gefallen war?
8. Was machte der Mann, der geangelt hatte?
9. Wo lernte Karl schwimmen?
10. Wann waren seine Eltern besonders stolz auf ihn?
11. Wer überreichte Karl den Pokal?
12. Warum klatschte die ganze Schule ihm Beifall?

D. Dialogue

Die Sportschau

Rolf: Du, sag' mal, hast du gestern abend die Sportschau gesehen?

Dieter: Leider nur die Hälfte, weil ich meine Hausaufgaben machen mußte. Fußball habe ich versäumt, aber Eislaufen und Volleyball hab' ich gesehen.

Rolf: Ach, wie schade! Dann hast du das Bundesligaspiel zwischen Köln und Stuttgart verpaßt. So ein spannendes Spiel hab' ich schon lange nicht mehr gesehen. So viele schöne Tore.

Dieter: Na, wie ist es denn ausgegangen?

Rolf: Rat' mal!

Dieter: Ich habe wirklich keine Ahnung.

Rolf: Na, also. – Stuttgart hat fünf zu vier gewonnen. Der Müller hat in der letzten Minute einen Elfmeter geschossen.

Dieter: Das muß ja toll gewesen sein. Leider war das Volleyballspiel gar nicht so interessant, aber die Weltmeisterschaft im Eislaufen war dagegen sehr sehenswert. Wie die das bloß schaffen? Ich kann kaum auf den Schlittschuhen stehen, geschweige denn laufen!

Rolf: Ach übrigens „laufen"; kommst du heute abend ins Training?

Dieter: Na sicher. In zwei Wochen sind die Schulmeisterschaften. Bis dahin muß ich für den 800m Lauf fit sein!

E. Rôle playing

Imagine that you are spending the summer term at a German school. You also want to stay on in the German town during the summer holidays. Your friend has suggested that you should join the local sports club. You are talking to the secretary.

1. Tell him you will be staying in Germany for four months.
2. Say that you would like to become a member of the club.
3. Say that you like doing athletics, swimming and playing tennis.
4. Ask how many courts there are.
5. Ask if there is an outdoor swimming-pool and if it is heated.
6. Ask if you have to wear white clothes when you play tennis.
7. Ask if you can play tennis every day.
8. Ask if you have to have your own racquet and balls.
9. Ask how much it will cost to become a member.

F. Der Tennisplatz

Fragen

1. Wer hat eben Tennis gespielt?
2. Was trägt der Mann, der über das Netz springt?
3. Warum springt der Mann wohl über das Netz?
4. Was trägt seine Partnerin?
5. Warum sieht das andere Paar traurig aus?
6. Was haben die Zuschauer eben gemacht?
7. Womit spielt man Tennis?
8. Warum gehen die zwei Männer an den Tennisplatz?
9. Die anderen Spieler werden ganz bestimmt Durst nach dem Spiel haben. Was werden sie wohl machen?
10. Wohin werden die Spieler gehen, um sich umzuziehen?
11. Das Spiel war sehr anstrengend, und die Spieler haben viel geschwitzt. Was werden sie wahrscheinlich machen, bevor sie sich umziehen?
12. Wann also werden sie sich wieder anziehen?

G. Das unterbrochene Hockeyspiel

(a) Martina ist Mitglied eines Sportvereins. Sie treibt sehr gern Sport. Am liebsten spielt sie Hockey. Sie spielt für die erste Mannschaft ihres Vereins. Sie trainiert zweimal in der Woche mit der Mannschaft. Jeden Sonntag spielt sie entweder zuhause oder auswärts. Am Sonntag geht sie wie gewöhnlich mit den anderen Spielerinnen in den Umkleideraum.	(b) Sie zieht sich um. Sie ist die Mannschaftsführerin. Sie nimmt ihren Hockeyschläger in die Hand. Sie läuft mit den anderen auf das Spielfeld. Die Spielerinnen lassen ihre Kleider im Umkleideraum. Zwei kleine Jungen kommen mit ihren Fahrrädern an. Sie verstecken sich hinter einem Baum. Sie haben vor, Geld zu stehlen. Sie warten, bis die Spielerinnen den Umkleideraum verlassen haben.
(c) Die kleinen Jungen gehen in den Umkleideraum. Martina und ihre Freundin beobachten die Jungen, ohne daß sie es bemerken. Sie beschließen, die Fahrräder der Jungen zu nehmen.	(d) Die Jungen nehmen Geld aus den Taschen und Handtaschen der Spielerinnen. Sie sind sehr zufrieden mit dem Geld. Es sind fast 200M. Sie lachen und sehen das Geld an.
(e) Die Jungen kommen aus dem Unkleideraum. Sie sind überrascht und entsetzt, die Mädchen zu sehen. Martina springt auf eines der Fahrräder. Ihre Freundin Petra springt auf das andere. Die Jungen laufen weg. Die Mädchen folgen ihnen.	(f) Es gelingt den Mädchen, die Diebe einzuholen. Sie rufen die Polizei an. Die Polizei führt die Diebe ab. Das Spiel kann weitergehen!

Aufgabe

Write out the principal parts and meanings of the following verbs:
treiben / trainieren / lassen / verstecken / stehlen / nehmen / beobachten / bemerken / erzählen / entdecken / springen / gelingen

139

Retranslation sentences

1. Last Sunday Martina went to her sports club in order to play hockey.
2. She was the captain of the first team.
3. As usual, she went into the changing-room in order to get changed.
4. After the players had got changed they ran on to the pitch.
5. Two small boys who had been hiding behind a tree went into the empty changing-room because they wanted to steal the players' money.
6. While the boys were stealing the money, Martina and her friend took their bikes.
7. When the boys came out of the changing-room, they saw the girls and ran away as quickly as possible.
8. After the girls had jumped on their bikes, they followed the boys.
9. Martina and her friend managed to catch the thieves up.
10. The game could continue when the police had taken the thieves away.

Aufgabe

Rewrite the story on page 138 in the PAST in essay form. The following words and phrases may be useful:

wie gewöhnlich	*as usual*
ohne einen Augenblick zu verlieren	*without losing a moment*
sie sahen verblüfft aus	*they looked puzzled*
sie fuhren auf sie zu	*they drove up to them*
endlich	*at last*

H. Letter writing

Imagine you are either Mr or Mrs Robinson or Angela. Write a reply to Sonja's letter. Answer her questions and ask some of your own.

Mannheim, den 10. Juni.

Lieber Herr und liebe Frau Robinson,

    Ich habe eben Ihre Adresse von der Trainerin unserer Hockeymannschaft bekommen. Sie hat mir gesagt, daß ich eine Woche bei Ihnen wohnen werde, wenn wir in den Sommerferien nach Swansea fahren. Ich freue mich schon, endlich einmal unsere Partnerstadt kennenzulernen! Wie groß ist denn Swansea? Wie weit wohnen Sie denn vom Meer entfernt? Kann man dort auch schwimmen? Wie sind die Strände? Und das Wetter? Regnet es sehr oft?

    Wir sollen, wie Sie wissen, an einem internationalen Wettkampf teilnehmen. Wissen Sie zufällig welche Nationen vertreten sind? Seit wann spielt Ihre Tochter Angela Hockey? Ist das Spiel in Großbritannien sehr beliebt? Hier in Deutschland spielt man es leider kaum. Spricht Angela deutsch?

    Ich muß jetzt für heute Schluß machen. Ich freue mich auf eine Antwort entweder von Ihnen oder von Angela. Ich lege Fotos von mir und unserer Mannschaft bei.

    Viele Grüße,

Sonja

I. Revision exercises

Conjunctions (p. 189 §35)

(a) Revise the co-ordinating conjunctions and write them out from memory.
(b) Revise the subordinating conjunctions and write them out from memory.

Word order (p. 190 §36)

(a) Complete the following sentences by adding a suitable main clause in German:

1. ....., wenn er nach Hause kommt.
2. ....., weil er sehr müde war.
3. ....., nachdem sie ihren Bruder im Krankenhaus besucht hatte.
4. ....., bevor sie ins Kino ging.
5. ....., sobald er den Rasen gemäht hatte.
6. ....., während er die Zeitung las.
7. ....., als er seine Hausaufgaben gemacht hatte.
8. ....., obwohl es noch stark regnete.

(b) Rewrite your completed sentences beginning each one with the subordinate clause.

(c) Construct sentences that make sense from the following. Do *not* begin the first three sentences with the subject of the verb:

1. fuhr/mit der Fähre/nach Frankreich/letzten Sommer/mein Freund.
2. ich/ins Kino/ging/gestern abend/mit einer Freundin.
3. laufen/er/so schnell wie möglich/heute morgen/mußte/zum Bahnhof.
4. einmal in der Woche/die alte Frau/ging/in die Stadt/langsam.
5. zum Strand/die Familie/mit dem Wagen/letztes Wochenende/fuhr.
6. flog/mit einem Jumbo/nach Amerika/ich/vor einem Jahr.

(d) Replace the words in italics with pronouns:
(a) *Example*:
  Ich gab meinem Freund *ein Buch*./Ich gab *es* meinem Freund.

1. Er schrieb seiner Mutter *einen Brief*.
2. Der Junge schickte seinem Freund *ein Geschenk*.
3. Frau Müller schenkte ihrem Mann *eine Strickjacke*.
4. Der Sohn zeigte seinen Eltern *die Fotos*.
5. Der Fotohändler verkaufte dem Amerikaner *einen Fotoapparat*.

(b) *Example*:
  Ich gab *meinem Freund* ein Buch/Ich gab *ihm* ein Buch.

1. Die Frau zeigte *ihrem Bruder* ihr Haus.
2. Der Vater kaufte *dem Kind* ein Eis.
3. Die Mutter gab *ihrer Tochter* einen Plattenspieler.
4. Der Kellner brachte *den Männern* die Flasche Wein.
5. Geben Sie *dem Gepäckträger* Ihren Koffer!

(c) *Example*:
  Ich gab *meinem Freund ein Buch*./Ich gab *es ihm*.

1. Er verkaufte *dem Mann sein Tonbandgerät*.
2. Er zeigte *seinen Freunden seinen Wagen*.
3. Das Kind schickte *seinen Großeltern eine Postkarte*.
4. Das Mädchen kaufte *ihrem Vater eine Pfeife*.
5. Herr Braun schenkte *seiner Frau eine Halskette*.

(e) Translate into German:
(a)
1. He bought a watch for his son.
2. The waitress brought the man a glass of beer.
3. He gave his daughter a dog.
4. He sent his friend a letter.
5. He bought the sweets for the children.

(b)
1. They gave us some flowers.
2. We sent you (3 forms) a book.
3. He bought her a coat.
4. She gave me a record.
5. We showed them our garden.

Thema 17
Das Verbrechen

A. An elderly lady comes home to find that her flat has been broken into

Translate the following passage into English:

Die alte Frau war froh, als sie wieder in die Nähe ihrer Wohnung kam. Das Einkaufen in der Stadt hatte sie sehr müde gemacht, und ihre Einkaufstaschen wurden schwerer mit jedem Schritt. Als sie die Treppen zu ihrer Wohnung hinaufging, dachte sie an ihr Mittagessen und ihre wohlverdiente Ruhe danach. Sie kam oben an und sah schon von weitem, daß ihre Wohnungstür offen stand. Zuerst dachte sie, ihr Dienstmädchen hätte vergessen, die Tür zuzumachen, dann erinnerte sie sich aber, daß sie nach dem Mädchen aus dem Hause gegangen war und die Tür selbst abgeschlossen hatte.

    Sie ging langsam in die Wohnung hinein und sah in dem Wohnzimmer eine furchtbare Unordnung. Jemand hatte ihren Schreibtisch aufgebrochen und ihre Papiere durcheinandergeworfen. Es war ihr klar, daß während ihrer Abwesenheit Einbrecher da gewesen waren. Ihr erster Gedanke war festzustellen, ob die Diebe noch in der Wohnung seien.

    Aber dann dachte sie, daß sie nur eine alte Frau war und sich schlecht wehren konnte. Sie ging darum zu ihrem Nachbarn und bat ihn um Hilfe. Ihre Beine zitterten jetzt aber so, daß sie sich bei dem Nachbarn erst einmal für einen Augenblick hinlegte und dann eine Tasse Tee trank, während er die Polizei anrief. Sie fühlte sich bald besser und ging mit dem Nachbarn in ihre Wohnung zurück, um nachzusehen, ob vielleicht die Einbrecher doch noch da wären oder irgendwelche Spuren hinterlassen hätten.

B. A daring robbery

Translate the following passage into English:

Die junge Verkäuferin im Juweliergeschäft hatte Angst, als letzten Donnerstag ein maskierter Mann plötzlich in den leeren Laden hereinstürzte. Sie hatte weder Zeit noch Gelegenheit sich gegen den Räuber zu wehren. „Mach schnell! Gib die Ringe und Uhren her! – und die Halsketten und Armbänder auch!" sagte der Mann barsch. Sie sah ihn mit großen Augen an und überreichte ihm was er wollte. Er steckte sie schnell in einen kleinen Koffer, den er mithatte, und lief aus dem Laden. Dann stieg er in das Fluchtauto, das draußen geparkt war, wo seine Freundin schon vor dem Lenkrad saß und auf ihn wartete. Mit großer Geschwindigkeit sausten sie davon. Sie hatten jedoch gar nicht bemerkt, daß der Metzger von der gegenüberliegenden Metzgerei, der gesehen hatte, was geschehen war, ihnen in seinem Lieferwagen folgte. Er sah zu, wie sie zehn Minuten später in ein kleines Haus in der Wilhelmstraße gingen. Natürlich verständigte er die Polizei sofort, und zum Glück wurden die Räuber kurz danach verhaftet.

C. Reading comprehension

Der unglückliche Polizist

Die Nacht war sehr dunkel und regnerisch, und der Polizist hatte Nachtdienst gar nicht gern. Als er an einem unbewohnten Haus vorbeiging, hörte er ein Geräusch. Er knipste seine Taschenlampe an, sah aber nichts. Dann sprang eine Katze aus einem eingefallenen Fenster und verschwand um die Ecke. „Ach, das war es also," sagte der Polizist zu sich und ging weiter. Aber er war noch nicht zufrieden. „Warum blieb das Tier nicht im Haus, wo es trocken war?" Er ging zurück und stellte sich in einen Türbogen neben dem leeren Gebäude. Plötzlich bemerkte er zwei junge Männer, die aus dem Haus kamen. Sie trugen vier lange Holzbretter, die sie wahrscheinlich vom Fußboden herausgerissen hatten. „Halt!" rief der Polizist, „was machen Sie da?" Die beiden hielten nicht, sondern ließen die Bretter fallen und liefen so schnell wie möglich weg. Der Polizist lief ihnen nach, aber er konnte sie nicht einholen. Endlich kam er an das zerfallene Haus zurück, um die Bretter zu der Polizeiwache zu bringen. Die Bretter waren aber nicht mehr da. Jemand hatte sie inzwischen gestohlen!

1. Why was the policeman's tour of duty unpleasant?
2. From what sort of building did the cat emerge?
3. What were the two young men carrying?
4. Why did the policeman return to the scene of the incident when he had failed to catch the two young men?
5. What had happened while he was away?

D. Use of German
The antique shop

Als ich mit Christina telefonierte, kamen Kunden in meinen Antiquitätenladen. Ich bin Witwe – mein Mann ist vor zwei Jahren gestorben – und ich wollte meiner Freundin noch von meinem Sohn Karl-Heinz erzählen, der erst dreizehn Jahre alt ist und gestern wieder so spät nach Hause gekommen war. Doch ich fragte die beiden Herren: „Sie wünschen, bitte?"

Die zwei lachten laut, am lautesten der, der den dicken roten Rollkragenpullover trug. Er kam auf mich zu, ich möchte sagen, so nah, daß ich den Schnaps riechen konnte, den er offenbar getrunken hatte, griff mich am Arm und sagte laut: „Geld her! Los, schnell, schnell!" Mein Herz klopfte zum Zerspringen, ich schrie vor Angst, aber da hielt mir schon der andere Kerl den Mund zu. „Sei still, sonst passiert was", zischte er.

Ich zitterte. Von mir aus konnten sie das ganze Geld haben, das im Laden war. Mit schlotternden Knien ging ich zur Kasse, hinter mir die beiden Gauner. Ich zog die Schublade auf. Gerade heute, wo ich den alten Barockschrank verkauft hatte und soviel Geld da war.

„Los, steck' ein!" kommandierte der eine den anderen Spitzbuben. Sie waren ziemlich ruhig und gelassen, als sie das Geld einsteckten. Kein Wunder, denn in einen Antiquitätenladen kommt nicht viel Kundschaft. Die beiden konnten sich so viel Zeit nehmen wie sie wollten.

Als ich mich gerade nach einem Zehnmarkschein bücken wollte, der hinuntergefallen war und auf dem alten grünen Teppich lag, ging die Tür auf. Die zwei Diebe zuckten zusammen, ich auch. Ein Polizist stand schon im Laden, der zweite stieg gerade aus dem Funkwagen, den ich durch die offene Tür des Ladens sehen konnte. Ich war so überrascht, aber auch so froh. Ich konnte kaum glauben, daß tatsächlich Hilfe gekommen war.

„Na, da sind wir ja gerade im richtigen Moment gekommen", sagte der erste Wachtmeister und führte meine ungebetenen Gäste ab. Den anderen nahm ich zur Seite. „Woher wußten Sie überhaupt, daß bei mir Diebe waren?"

Der zweite Polizist lachte freundlich und beruhigend. „Sie hatten den Hörer nicht aufgelegt, wissen Sie, und Ihre Bekannte hat alles gehört und uns sofort alarmiert. Das hat prima geklappt, nicht wahr?"

Ich sah zum Telefon. Der Hörer lag noch brav auf dem Schreibtisch, nur meine Freundin Christina war nicht mehr in der Leitung.

1. Wer ist Christina?
2. In was für einem Geschäft fand die Szene statt?
3. Welcher Mann trug den roten Rollkragenpullover?
4. Wann roch die Ladenbesitzerin den Schnaps?
5. Warum waren die Männer in den Laden gekommen?
6. Wo genau im Laden war das Geld?
7. Warum hatte die Ladenbesitzerin an diesem Tag so viel Geld im Laden?
8. Warum waren die Männer so ruhig und gelassen, als sie das Geld einsteckten?
9. Was lag auf dem grünen Teppich?
10. Wann war die Ladenbesitzerin überrascht und froh?
11. Wen sah sie durch die offene Tür des Ladens?
12. Woher hatte die Bekannte gewußt, daß die Diebe im Laden waren?
13. Woher hatte die Polizei gewußt, daß die Diebe im Laden waren?
14. Was sah die Ladenbesitzerin auf dem Schreibtisch, als sie zum Telefon sah?

E. Listening comprehensions

(a) Rehearsal for murder

1. What was Frau Schmidt doing?
2. Why was her husband sitting on the balcony?
3. The woman in the flat across the street screamed. Why?
4. What details were in the telephone message Herr Schmidt gave the police?
5. How long did it take for the police car to arrive?
6. What was the police inspector's remark?
7. With whom did the police inspector and his colleague return?
8. What was the cause of the misunderstanding?
9. What did the actor promise to do next time he had a rehearsal?
10. How did the well-dressed gentleman make up for Herr Schmidt's trouble?
11. Give the title of the play in English.
12. What did Frau Schmidt offer all the gentlemen?

(b) A matter of life or death

1. Where was Günther Brach and what was he doing when the policeman tore open the door?
2. What *two* things did the policeman do when he told Brach to go with him?
3. Why was Brach puzzled by the policeman's behaviour?
4. Where was Brach taken and why?
5. Why had Brach's wife contacted the police?
6. What was Brach asked after he had been examined?
7. What had happened the previous evening between Brach and his wife?
8. What unpleasant thing happened to Brach that made him feel ill?
9. Why did Brach's wife phone the police the second time? (Say *two* things she said.)

F. Essay titles

1. „Mitten in der Nacht hörte mein Vater etwas. Er stand auf und ging zur Tür des Schlafzimmers." Erzählen Sie weiter!
2. Der Nachtwächter ging mit seinem Hund durch die Fabrik. Plötzlich hörte er ein Geräusch am Ende eines Korridors. Erzählen Sie weiter!
3. Sie gehen die Straße entlang. Plötzlich sehen Sie, wie ein Dieb eine alte Dame bestiehlt. Erzählen Sie weiter!
4. Als Sie eines Tages nach Hause kamen, sahen Sie ein Polizeiauto vor einem Haus in Ihrer Straße geparkt. Erzählen Sie, was passiert ist!

G. Der Einbrecher

(a) Herr Schulze ist Geschäftsmann. Er ist sehr reich. Er hat ein Luxusappartement in einem modernen Mietshaus.	(b) Das Appartement liegt in Dunkelheit. Ein Einbrecher steigt an einem Rohr zum Balkon des Appartements hinauf. Er steigt zum Fenster hinein.
(c) Er schleicht leise ins Wohnzimmer. Er hat eine Taschenlampe mit. Er sucht hinter den Bildern. Er findet den Geldschrank. Er lehnt das Ohr dagegen. Er dreht die Knöpfe. Es gelingt ihm, die Kombination zu finden. Er macht den Geldschrank auf.	(d) Herr Schulze liegt nebenan im Schlafzimmer im Bett. Er schläft nicht. Er hört ein Geräusch im Wohnzimmer. Er steht leise auf. Er zieht seinen Morgenmantel an. Er holt seinen Revolver aus einer Schublade. Er schleicht leise aus dem Schlafzimmer ins Wohnzimmer. Er macht das Licht an.
(e) Der Einbrecher ist überrascht. Er sieht Herrn Schulze mit dem Revolver. Er hat Angst. Er hebt die Hände hoch. Herr Schulze ruft die Polizei an.	(f) Der Polizeiwagen kommt. Zwei Polizisten steigen aus. Sie gehen ins Mietshaus. Sie verhaften den Einbrecher. Sie fahren ihn zur Polizeiwache.

Aufgabe

Write out the principal parts and meanings of the following verbs:
haben / klettern / schleichen / suchen / finden / lehnen / drehen / aufmachen / hören / sehen / heben / verhaften

Retranslation sentences

1. Herr Schulze was a rich businessman who had a large luxury appartment.
2. Last Sunday evening he decided to go to bed early but he couldn't sleep.
3. While Herr Schulze was lying in bed, a burglar clambered up a drainpipe and climbed through a window into the appartment.
4. The burglar managed to find the safe, which was behind a picture in the lounge.
5. After he had discovered the combination, he turned the knobs and opened the safe.
6. Herr Schulze, who had heard a noise in the lounge, got up quickly.
7. After he had taken his revolver out of a drawer, he crept quietly into the lounge and switched the light on.
8. The burglar was very surprised when he saw Herr Schulze with the revolver.
9. He put his hands up because he was afraid.
10. Herr Schulze phoned the police and shortly afterwards, two policemen arrested the burglar and drove him to the police station.

147

Aufgabe

Rewrite the story on page 146 in the PAST in essay form. The following words and phrases may be useful:

um etwa zwei Uhr nachts	*at about two o'clock in the morning*
an einem nebligen Novemberabend	*one foggy November evening*
nach ein paar Minuten	*after a few minutes*
sehr zufrieden	*very contented*
mit dem Revolver bewaffnet	*armed with the revolver*
natürlich	*of course*

H. Revision exercises

Question forms (p. 192 §38)

Make up at least ten questions on the short passage below:

An einem schönen Nachmittag im Juli lag eine junge Frau am Strand und sonnte sich. Nach einigen Minuten lief sie schnell ins Meer, weil sie baden wollte.

Inseparable prefixes (p. 194 §41)

Rewrite the following sentences giving the correct form of the verb in the Present, Future, Imperfect and Perfect tenses:

1. Der Junge (*zerbrechen*) das Fenster.
2. Der Dieb (*verschwinden*) um die Ecke.
3. Ein Licht (*erscheinen*) in einem der Fenster.
4. Der Hotelbesitzer (*empfangen*) die Gäste.
5. Es (*gelingen*) dem Mann, das Kind zu retten.
6. Der Einbrecher (*entdecken*) die Kombination des Geldschrankes.
7. Das Mädchen (*mißverstehen*) die Frage.

The Present Participle (pp. 194 and 195 §42 and §43)

Translate the following sentences into English using a present participle in your answers:

1. Der Hund kam den Bahnsteig entlanggelaufen.
2. Die im Wohnzimmer sitzende Frau strickt einen Schal.
3. Sie beschlossen zum Strand zu fahren, anstatt im Garten zu arbeiten.
4. Er setzte sich an die Bar, ohne daß er seinen Freund bemerkte.
5. Ich sah, wie er um die Ecke verschwand.
6. Ich rauchte meine Pfeife, während ich fernsah.
7. Ehe er das Haus verließ, setzte er seinen Hut auf.
8. Die Frau blieb im Abteil sitzen.
9. Er fand ihn auf der Straße liegen.
10. Ohne einen Augenblick zu zögern, lief er in das brennende Haus.
11. Ich fahre gern nach Frankreich, aber am liebsten fahre ich nach Deutschland.
12. Das Mädchen saß im Liegestuhl und las.
13. Die Frau, die den Brief tippt, ist ihre Schwester.
14. „Ich bin des Fahrens müde", sagte er plötzlich.

I. Nacherzählung
Poison for breakfast

The following words and phrases might be useful:

Günther Brach – Frühstücksbrot – Polizist – Lebensgefahr – Krankenhaus – Rattengift – absichtlich – auspumpen – wieder angerufen – Giftpapier wiedergefunden.

Thema 18
Feuer

A. A probable case of fire-raising

Translate the following passage into English:

Die Kriminalpolizei bemüht sich seit gestern abend, einen mysteriösen Brand im Haus Bohnenstraße 4 aufzuklären. Um etwa halb zehn stand plötzlich das Treppenhaus des dreistöckigen Gebäudes in Flammen. Eine Viertelstunde später erreichte der Alarmruf die Feuerwehr, die mit zwei Wagen losfuhr und den Brand innerhalb von knapp vierzig Minuten vollends unter Kontrolle brachte. Starker Rauch erschwerte die Arbeit der Feuerwehrleute, die darum mit Atemgeräten gegen die Flammen kämpfen mußten. In beiden oberen Stockwerken richteten das Feuer und das Wasser großen Schaden an Möbeln und Tapeten an, aber die Bewohner des zweiten Stocks – eine Kommune von sieben jungen Leuten – konnten sich rechtzeitig in Sicherheit bringen, indem sie aus einem Dachfenster stiegen und über das Dach ins Nachbarhaus gelangten.

Die Polizei hat nun gute Gründe anzunehmen, daß es sich bei diesem Brand um das Werk eines Brandstifters handelt. Im ausgebrannten Treppenhaus wurde ein Haufen verkohlter Kleidungstücke aufgefunden. Dazu hat es in den letzten zwei Monaten schon viermal in diesem Haus gebrannt. Erst vor einer Woche wurde im Keller ein alter Teppich mit Benzin begossen und in Brand gesteckt. Bis jetzt hat die Polizei aber dem Brandstifter nicht auf die Spur kommen können.

B. Reading comprehension
A mysterious fire

You should base your answers on the text above.
1. What do you know about the fire-damaged house in the Bohnenstraße apart from its number?
2. At what time approximately was the fire reported at the fire station?
3. What made the fireman's job more difficult?
4. What did the firemen have to do to overcome this difficulty?
5. What was badly damaged on the top two floors?
6. Who lived on the second floor?
7. How did they escape?
8. What was found in the burnt-out stairwell of the house?
9. Why do the police suspect arson?
10. What had happened only a week ago?

C. Ein Haus gerät in Brand

(a) Herr Seidmann ist siebzig Jahre alt. Er wohnt allein in einem Häuschen am Stadtrand.	(b) Er sitzt im Wohnzimmer. Er liest die Zeitung. Er macht den Fernseher an. Er sieht fern. Er schläft ein. Der Fernseher gerät in Brand.
(c) Ein Nachbar, Herr Lembke, mäht den Rasen. Seine Frau sitzt in einem Liegestuhl und liest. Sie sehen Rauch und Flammen aus einem offenen Fenster des Nachbarhauses kommen. Herr Lembke läuft zu Herrn Seidmanns Haus. Seine Frau verständigt die Feuerwehr.	(d) Die Haustür ist nicht zugeschlossen. Herr Lembke macht sie auf. Er stürzt ins Wohnzimmer. Herr Seidmann hat das Bewußtsein verloren. Herr Lembke macht das Fenster zu. Er trägt seinen Nachbarn aus dem Haus.

(e) Der Feuerwehrwagen und der Krankenwagen sind bald da. Die Feuerwehrleute bespritzen das Häuschen mit Wasser. Es gelingt ihnen, den Brand zu löschen. Herr Seidmann kommt wieder zu sich. Man braucht den Krankenwagen nicht. Herr Lembke besteht darauf, daß Herr Seidmann bei ihm wohnen soll, bis er in sein eigenes Haus zurückkehren kann.

Aufgabe

Write out the principal parts and meanings of the following verbs:

einschlafen / in Brand geraten / mähen / stricken / laufen / zuschließen / aufmachen / verlieren / bespritzen / brauchen / bestehen / zurückkehren

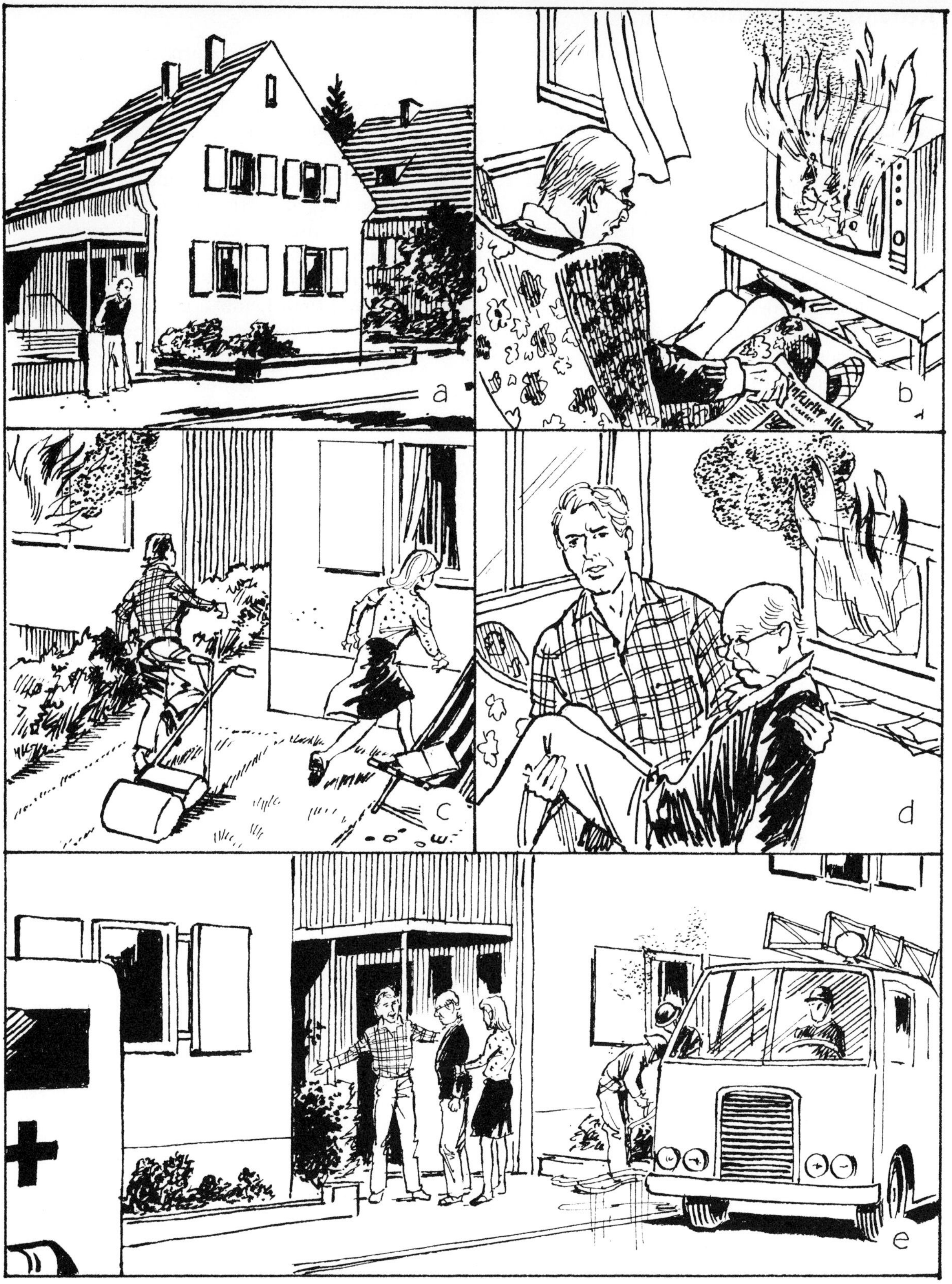
a
b
c
d
e

Retranslation sentences

1. Herr Seidmann was a seventy-year-old man who lived alone in a small house on the edge of the town.
2. Last Friday after supper he sat down in his armchair to watch television.
3. After he had watched television for about ten minutes, he read his newspaper.
4. After about half an hour he fell asleep as he was tired.
5. While he was asleep the television set suddenly caught fire.
6. His neighbour, who was mowing the lawn, and his neighbour's wife who was sitting in a deck-chair knitting, saw smoke and flames coming out of the open window of his lounge.
7. Frau Lembke alerted the fire-brigade while her husband rushed into Herr Seidmann's house.
8. After Herr Lembke had shut the window in the lounge, he carried Herr Seidmann, who had lost consciousness, out of the house.
9. Fortunately the firemen managed to put the fire out quickly.
10. Herr and Frau Lembke insisted that the old man should live with them until he could return to his own house.

Aufgabe

Rewrite the story on page 150 in the PAST in essay form. The following words and phrases may be useful:

letzten Sonntag	*last Sunday*
nach einer Viertelstunde	*after a quarter of an hour*
während er schlief	*while he was asleep*
ohne zu zögern	*without hesitating*
bald	*soon*
zum Glück	*fortunately*
glücklicherweise	*fortunately*

D. Listening comprehension

The brave fireman

1. What time did the fire start?
2. Who exactly discovered the fire?
3. What did this person do after he or she discovered the fire?
4. Say *two* things that the owner of the hotel did.
5. Where in the hotel had the fire started?
6. What sort of effect did the firemen's hoses have on the fire?
7. Who was Karl?
8. How exactly was Karl rescued?
9. What *three* things did the mother do?
10. What comments did the owner of the hotel make?

E. Use of German
Night duty

Friedrich küßte seine Frau Doris und verließ das Haus. Sie wollte ein Fernsehprogramm sehen, bevor sie zu Bett ging; er dagegen machte sich auf den Weg zur Feuerwache, wo er mehrere lange Stunden am Telefon sitzen mußte. Alle vier Wochen hatte er Nachtdienst, und es gefiel ihm nicht, sofort nach dem Frühstück zu Bett gehen zu müssen, während andere Leute am Beginn des Tages zu ihrer Arbeit gingen.

Zehn Uhr war es schon, und seine Kameraden saßen alle in einem Zimmer oben, spielten Karten oder lasen die Zeitungen. Sie durften sich ausruhen, aber mußten gekleidet bleiben, falls der Alarm klingen sollte.

Draußen auf der Straße hörte Friedrich ab und zu die Fußtritte eines spät Heimgehenden oder den Lärm eines Motors, wenn ein Auto oder Motorrad vorbeisauste. Sonst war alles ruhig.

Das Telefon klingelte. „Hier Doris," hörte er, „mein Bruder hat eben angerufen. Mutti ist plötzlich krank geworden, und ich soll so schnell wie möglich kommen. Ich kann mit dem Spätzug fahren, aber wenn du morgen früh nach Hause kommst, wirst du ein leeres Haus finden . . ." „Selbstverständlich müßt du zu ihr," sagte Friedrich, „weißt du, was lost ist?" „Nein, das heißt, nicht genau, aber du weißt schon, daß es ihr seit sechs Monaten nicht gut geht. Ich hoffe, sobald wie möglich zurück zu sein, vielleicht sogar morgen abend. Auf jeden Fall rufe ich dich von dort an." Und sie legte auf.

Friedrich saß eine Weile und überlegte die Sache. Er hatte sie nicht gefragt, ob sie für ihre Fahrkarte Geld genug hätte . . . oder ob er irgendwie helfen könnte. Eine laute Stimme von oben störte den Gang seiner Gedanken. „Wir machen Kaffee – ich bringe dir eine Tasse herunter!" Und einige Minuten später stand eine Tasse heißen Kaffees vor ihm auf dem Schreibtisch.

Auf einmal klingelte das Telefon noch einmal. Diesmal war es ein Nothilferuf: ein Haus in der Straße, wo er selbst wohnte, stand in Flammen. Friedrich drückte den Alarmknopf, die Sirene heulte, und die Männer oben stürzten herunter. Der Feuerwehrwagen war in Sekunden auf der Hauptstraße, und sein blaues Blinklicht war um die Ecke verschwunden, bevor Friedrich einen Schluck Kaffee nehmen konnte. Mechanisch wählte er die Nummer des Rettungsdienstes; ein Krankenwagen würde in kurzer Zeit folgen.

Allein im Gebäude, wunderte er sich, welches Haus in seiner Straße brannte und hoffte, daß seine Kollegen den Brand löschen könnten. Ein Auto hielt draußen und ein Polizist trat herein mit der erschütternden Nachricht, daß es Friedrichs

Haus war, das brannte. „Meine Frau!" schrie der arme Mensch, „war sie im Haus?" „Nur ruhig, mein Freund," kam die Antwort, „das Haus war leer. Steigen Sie in das Polizeiauto ein, und wir fahren Sie dahin. Wir haben einen von Ihren Kollegen mitgebracht, um Sie hier am Telefon zu ersetzen."

1. Warum verließ Friedrich das Haus?
2. Wie oft im Monat hatte er Nachtdienst?
3. Wann ist er an der Feuerwache angekommen?
4. Warum rief Doris an?
5. Woher wissen wir, daß die Mutter in einer anderen Stadt wohnte?
6. Was versprach Doris von dort zu tun?
7. Warum drückte Friedrich den Alarmknopf?
8. Wieviele Leute blieben noch im Feuerwehrgebäude?
9. Warum war Friedrich erschüttert?
10. Warum brachte die Polizei einen von Friedrichs Kollegen?

F. Nacherzählung

A disastrous hotel fire

The following words might be useful:

Mitternacht – Hotel – schlafen – Rufe – Feuermelder – Glocke – Hotelbesitzer – telefonieren – Geschrei – Flammen – Feuerwehrwagen – Leitern – Frau – schreien – Feuerwehrmann – dringen – Kind – Tuch – Retter – weinen – danken – Besitzer.

G. Revision exercises

Verbs followed by the Dative (p. 195 §44)

(a) Complete the following sentences:
1. Ich bin mei— jünger— Bruder in der Stadt begegnet.
2. Hast du d— schlecht— Nachrichten geglaubt?
3. Der Arzt riet d— klein— Mädchen im Bett zu bleiben.
4. Das Mädchen gleicht ihr— älter— Schwester.
5. Er wird d— alt— Mann helfen, den Garten zu jäten.
6. Er traute d— dick— Dieb nicht.
7. Der Polizist befahl d— alt— Dame außerhalb der Stadt zu parken.
8. Der Fluggast dankte d— jung— Stewardeß.

(b) Translate into German:
1. I trusted them.
2. He didn't advise me.
3. She followed you. (3 forms)
4. They obeyed us.
5. Will you help her?
6. We didn't believe him.
7. Answer me.
8. He threatened her.

Verbs with Prepositions (p. 196 §45)

Complete the following sentences:
1. Er dachte an sei— Geburtstag.
2. Sie freute sich auf ihr— Aufenthalt in Deutschland.
3. Ich habe mich an d— Sprache gewöhnt.
4. Er bat um ei— Apfel.
5. Sie ärgerte sich über ihr— Wagen.
6. Er interessierte sich für d— Mädchen.
7. Er beklagte sich bei d— Kellner über d— Essen.
8. Er stammte aus ei— klein— Stadt in Norddeutschland.
9. Ich erinnere mich noch an d— Tag, wo ich dich kennenlernte.
10. Das Trio besteht aus ei— alt— Mann, ei— jung— Frau und ei— siebzehnjährig— Mädchen.
11. Er wartete auf sei— Freundin.
12. Sie half ihrer Mutter bei d— Mittagessen.
13. Er schickte nach sei— Paß.
14. Sie hatte Angst vor d— groß— Hund.

Thema 19
Gespenster

A. The ghost train

Translate the following passage into English:

Zum erstenmal im Leben fuhr Renate in einer Geisterbahn. Als der Wagen an den gruseligen Figuren vorbeirollte, drückte sie sich an ihren Freund und schloß die Augen. „Hab' keine Angst!" tröstete sie Dieter. „So fürchterlich ist es wirklich nicht."

Plötzlich hörten sie ein leises Wimmern, das aus keinem Geistermund kam – danach einen schwachen Hilferuf. „Was war denn das?" flüsterte Renate. „Da ist jemand!" Dieter wandte sich um, aber in dem aufblitzenden Licht konnte er niemand sehen.

Sobald der Wagen wieder ins Freie kam, sagten sie einem Angestellten, was sie in der Geisterbahn gehört hatten. „Kommt! Da wollen wir gleich nachsehen!" sagte er. Die Bahn wurde gesperrt, die Lichter wurden angeschaltet, und Dieter und Renate durften mit dem Mann ins Innere gehen.

Wie anders sah jetzt alles aus, und wie lächerlich erschienen ihnen nun die hölzernen Geister und die tanzenden Skelette. Als sie sich der Stelle näherten, wo sie den Hilferuf gehört hatten, kam wieder das leise Wimmern. „Da!" rief Dieter und zeigte auf einen Jungen, der am Boden lag.

„Was ist passiert?" fragte ihn Renate. „Bist du verletzt?" „Der Fuß tut mir weh", schluchzte der Kleine, „und ich kann nicht aufstehen." Während Dieter ihn hinaustrug, erzählte der Junge, wie er aus dem Wagen gefallen war, und wie schrecklich lang die Minuten gewesen waren, die er unter den Geistern verbracht hatte.

B. Use of German

A haunting experience

You should base your answers on the passage above.

1. Wer war Dieter?
2. Warum schloß Renate die Augen?
3. Wovor hatte sie Angst?
4. Wer hatte um Hilfe gerufen, während Renate und Dieter mit der Geisterbahn fuhren?
5. Mit wem sprachen Renate und Dieter, sobald der Wagen wieder ins Freie kam?
6. Was machte der Angestellte mit der Bahn, bevor er ins Innere ging?
7. Was machte er mit den Lichtern?
8. Warum gingen Renate und Dieter mit dem Mann ins Innere?
9. Woraus waren die Geister gemacht?
10. Was machten die Skelette?
11. Wo fand man den Jungen?
12. Warum konnte der Junge nicht aufstehen?
13. Was machte Dieter, während der Junge ihm erzählte, was passiert war?
14. Warum hatte der Junge einen verletzten Fuß?

C. Eine Gespenstergeschichte

(a) Manfred Braun ist Student in Heidelberg. Er interessiert sich sehr für Gespenster. Er kennt ein altes baufälliges Haus, in dem es spuken soll. Er überredet seinen Freund Karl, mit ihm in dem Haus zu übernachten. Sie verabreden sich für den folgenden Abend.	(b) Sie treffen sich mit Schlafsäcken, Taschenlampen und Thermosflaschen vor dem Rathaus. Sie machen sich auf den Weg zum alten Haus. Es ist eine klare Nacht. Der Mond scheint hell vom Himmel herunter. Sie erreichen das Haus, das etwa zwei Kilometer außerhalb der Stadt liegt.
(c) Sie gehen in das Haus. Sie machen es sich so bequem wie möglich in ihren Schlafsäcken. Alles ist still und dunkel. Sie hören draußen eine Eule heulen. Sie sind ein bißchen bange. Die Kirchenuhr schlägt elf Uhr, dann halb zwölf. Sie werden immer gespannter.	(d) Es wird eiskalt im Zimmer. Es schlägt Mitternacht. Die in Licht gebadete Gestalt eines Ritters aus dem Mittelalter, geht, mit dem Kopf unter dem Arm, durch die Mauer. Sie verschwindet gleich. Die beiden können ihren Augen kaum glauben.

(e) Manfred und Karl sitzen in einer Studentenkneipe.
Sie erzählen ihren Freunden ihre Erlebnisse der vorigen Nacht.
Diese glauben ihnen nicht.
Sie machen sich über sie lustig.

Aufgabe

Write out the principal parts and meanings of the following verbs:

sich interessieren / kennen / überraschen / übernachten / sich verabreden / treffen / scheinen / schlagen / verschwinden / erscheinen / erzählen / glauben

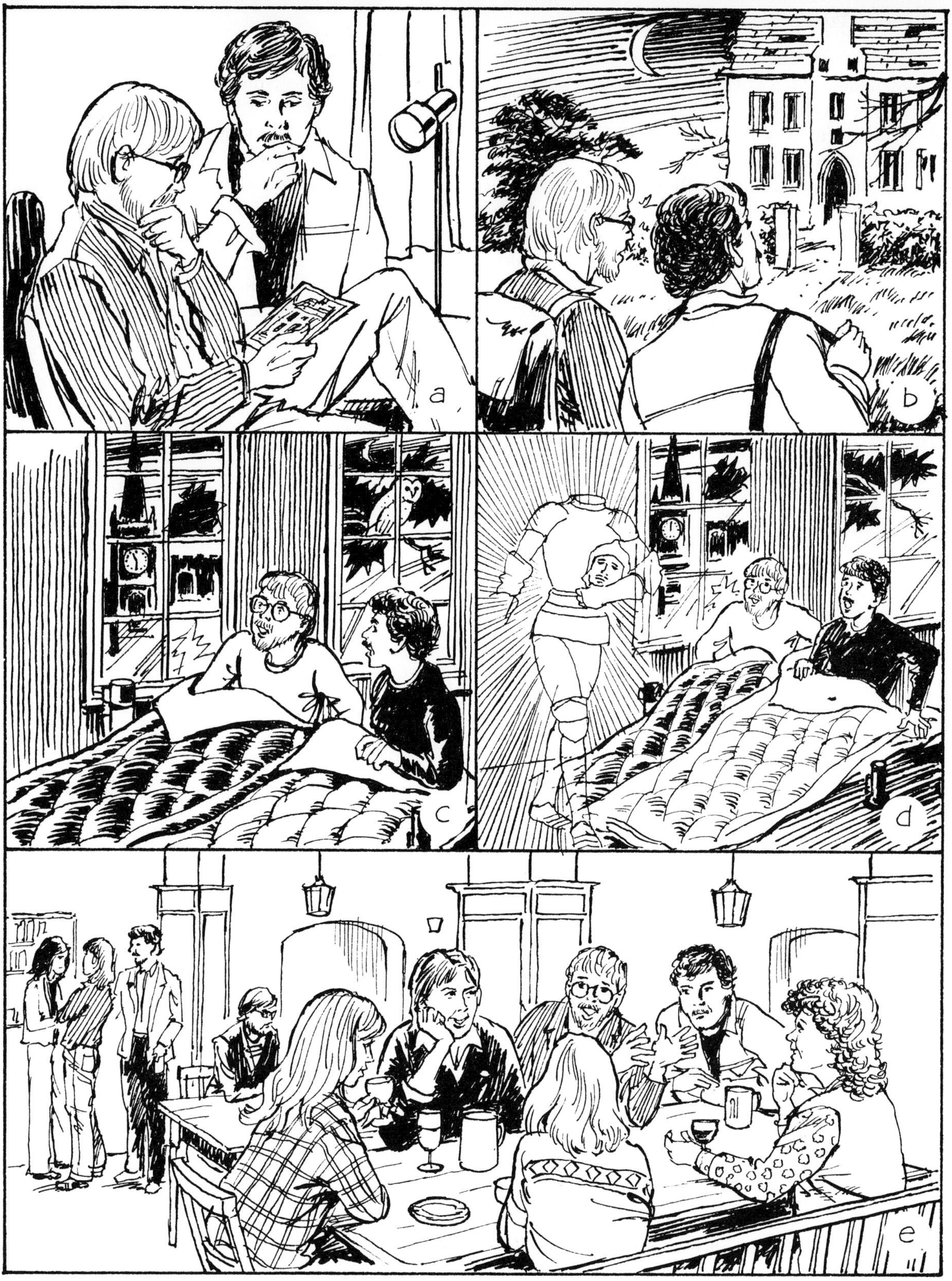
a
b
c
d
e

Retranslation sentences

1. Manfred Braun, who was a student in Heidelberg, was very interested in ghosts.
2. Last week he persuaded his friend to spend the night in a dilapidated house which was supposed to be haunted.
3. After they had met each other in front of the town hall at about ten o'clock, they set off for the old house.
4. It was a clear night and the moon was shining down from the dark sky.
5. After they had gone into the old house, they made themselves as comfortable as possible in the sleeping-bags which they had brought with them.
6. They were a little frightened when they heard an owl hooting outside.
7. When the church clock struck midnight, it became icy cold in the room.
8. They could hardly believe their eyes when they saw the figure of a knight who was walking with his head under his arm through the wall.
9. As soon as the figure had disappeared, they decided to go home.
10. Their friends didn't believe that they had seen a ghost and they made fun of them.

Aufgabe

Rewrite the story on page 156 in the PAST in essay form. The following words and phrases may prove useful:

an einem schönen Tag im Juni	on a beautiful day in June
wie verabredet	as arranged
nach etwa zwanzig Minuten	after about twenty minutes
vorsichtig	cautiously
durch die Stille	through the silence
mit jeder Minute	with each minute
plötzlich	suddenly
auf einmal	suddenly
am folgenden Abend	the following evening
selbstverständlich	of course

D. Listening comprehension

A "ghost" story

1. At what time of the year did the incident take place?
2. Where did it take place?
3. Why did Peter have to sleep in the haunted room?
4. Who was supposed to haunt the room and why?
5. Who gave Peter the pistol?
6. Why wasn't Peter afraid?
7. What did Peter do with the pistol before he went to sleep?
8. What did he think he could see at the foot of the bed just as he was falling asleep?
9. How *exactly* did he react to the situation?
10. Why has Peter limped since that evening?

E. Reading comprehension
The haunted manor-house

Mit der Zeit fiel auch Christa das alte Herrenhaus auf die Nerven. Manchmal erwachte sie mitten in der Nacht und richtete sich im Bett auf. Dann versuchte sie, sich darüber klar zu werden, was sie so plötzlich aufgeweckt hatte. Einmal hörte sie seltsame Geräusche unten im Flur, schlief aber bald wieder ein. Mehrmals hatte sie geglaubt, von weither leise Orgeltöne zu hören. Endlich sprach sie mit ihrem Onkel, aber er hatte nichts gehört. Die Dienstmädchen waren jedoch empfindlicher und blieben meistens nur ein paar Wochen im Hause.

„In diesem Hause komme ich überhaupt nicht zur Ruhe," klagte Anna weinend. „Haben Sie auch das Pfeifen während der Nacht gehört? Ich schlafe ganz oben im Dachzimmer – es ist furchtbar." „Aber Anna, das ist doch alles Unsinn," sagte Christa und gab sich Mühe, ruhig zu erscheinen. „Wie können Sie solche Dinge überhaupt glauben?" „Aber es stimmt, Fräulein Christa," erwiderte das Mädchen. „Am Sonntag habe ich gesehen, wie der Geist im Mondschein auf dem Rasen wandelte."

Zuerst wollte Christa das nicht glauben, aber später sah sie selbst merkwürdige Dinge. Einer der Gäste, der erst vor kurzem angekommen war, blieb nur zwei Nächte und verließ dann das Herrenhaus, weil er es nicht mehr aushalten konnte. In der nächsten Woche hörte sie einmal um halb zwei nachts langsame Schritte draußen vor ihrem Schlafzimmer. Als sie die Tür aufmachte, sah sie im Mondschein einen Mann in einem Golfanzug. Er war alt und trug eine Hornbrille. Als er an ihr vorbeiging, grüßte er sie mit einem freundlichen Lächeln und verschwand. Christa blieb dort stehen, und der kalte Schweiß trat ihr auf die Stirn.

1. What did Christa do sometimes at night in the manor-house?
2. What did she hear one night before she went to sleep again?
3. What did she think she heard on more than one occasion?
4. What effect did this strange house have on the maids?
5. What was the complaint of the maid Anna?
6. What had frightened her?
7. How did Christa react to the maid's fears?
8. What had the maid seen on Sunday night?
9. When and why did one of the guests leave?
10. What did Christa hear shortly afterwards at 1.30 a.m.?
11. Describe what she saw when she opened the door.
12. What did the ghost do?
13. What effect did the ghost have on Christa?

F. Nacherzählung

An unfortunate mistake

The following words and phrases might be useful:

Neujahr – Landhaus – lustig – der Hausherr – das Spukzimmer – besetzt – umgehen – ermorden – die Angst – die Pistole – furchtlos – trotzdem – die Nachttischlampe – bemerken – das Fußende – sich bewegen – anstarren – schießen – still bleiben – ärgerlich – abdrücken – hinken – die Zehen.

G. Essay title

Imagine you are Manfred Braun. Relate the incident in the haunted house to your friends in the pub.

H. Revision exercises

Verbs to watch (pp. 197 and 198 §46)

Translate the following sentences into German:

1. (a) She asked her friend to carry her case. (b) He asked for another apple. (c) He asked his father if he could play football. (d) She asked her mother an easy question.
2. (a) He was lucky. (b) I am very thirsty. (c) He is always hungry. (d) He was afraid of his brother.
3. (a) He got out of the car. (b) She got into the tram. (c) We got wet. (d) She got some meat from the butcher. (e) She got herself new shoes. (f) He got a letter yesterday.
4. He was called Franz. (b) They called their cat "Tiger". (c) "Anna", she called.
5. (a) She met her father as arranged in front of the theatre. (b) She met her brother yesterday by chance in the village. (c) He met his sister from the station. (d) She met her husband at a party.
6. (a) She put the bottle on the table. (b) She put the money in her purse. (c) He put the letter on his desk. (d) She put her hat on.
7. (a) He left the school at 4.00. (b) The bus left at 7.30. (c) He left his newspaper on the armchair.
8. (a) Do you know this man? (b) I know that he lives in Bonn.
9. (a) He was allowed to smoke. (b) She allowed her son to smoke.
10. (a) He woke his father. (b) His father woke up suddenly.
11. (a) It has stopped snowing. (b) The bus stopped at the traffic lights. (c) His watch stopped. (d) He stopped in front of the shop window. (e) The train stops here.
12. (a) May I take you home? (b) She took her guest to the front door. (c) Take a seat. (d) Take your case upstairs. (e) She took off her pullover. (f) The plane took off at 10.00. (g) He took his pen out of his pocket.
13. (a) He stayed two hours at his sister's house. (b) He stayed the night in Munich.
14. (a) He enjoyed the film. (b) The children enjoyed themselves on the beach. (c) They enjoyed the lunch.

Thema 20
Deutschlandkunde

A. Geography

The Passion Theatre at Oberammergau

1. What do the initials BRD and DDR stand for?
2. Name the countries which share a common border with West Germany.
3. How many Länder are there in Germany? Name at least five of them.
4. What is the capital of (a) West Germany (b) East Germany?
5. Name three German cities which have more than a million inhabitants.
6. Name one area in Germany where you can ski.
7. Name two famous German canals.
8. Name three cities (other than Berlin) in East Germany.
9. Which of the following places in Germany would you choose for a seaside holiday: (a) Ludwigshafen (b) Travemünde (c) Stuttgart (d) Mainz?
10. On which rivers are the following German cities situated: (a) Berlin (b) Köln (c) München (d) Hameln (e) Ulm (f) Frankfurt (West Germany) (g) Frankfurt (East Germany)?
11. What is particular about the cathedral in Ulm?
12. For what are the following places noted: (a) Solingen (b) Oberammergau (c) Hameln (d) Leverkusen (e) Wolfsburg?
13. Where and what is *der Bodensee*?
14. Why is the *Ruhrgebiet* famous?
15. In which German city would you find *Hagenbecks Tierpark*?

Beach baskets on the Island of Sylt

161

16. What are the *Kurfürstendamm* and the *Gedachtniskirche* and where would you find them?
17. What are *Helgoland, Norderney, Sylt* and *Föhr*?
18. What and where are *der Brocken* and *die Zugspitze*?
19. Name three German ports.
20. What is a *Schwebebahn* and in which German town might you find one?

B. Education

1. At what age do children start school in West Germany?
2. What types of school are the following:
   (a) *eine Grundschule* (b) *ein Hauptschule* (c) *eine Realschule* (d) *ein Gymnasium* (e) *eine Berufsschule*.
3. What is (a) *eine Gesamtschule* (b) *ein Internat*?
4. What are (a) *die Hauptschulreife* (b) *die mittlere Reife (c) das Abitur*?
5. School hours in Great Britain are usually from 9.00 a.m. to about 4.00 p.m. What are they in West Germany?
6. What does *nachsitzen* mean?
7. What might you do in a *Turnhalle*?
8. What does it mean when you say of a German schoolboy or schoolgirl: *Er/Sie ist sitzengeblieben*?
9. What is *ein blauer Brief*?
10. What do you understand by the term *hitzefrei*?

C. Politics

1. In which year were the German Federal Republic and the German Democratic Republic founded?
2. What do the initials SPD, CDU, CSU and FDP stand for?
3. Which West German political party or parties is/are nearest to (a) the British Conservative Party? (b) the Labour Party (c) the SDP/Liberal Alliance (d) the Ecology Party?
4. What are *der Bundespräsident* and *der Bundeskanzler* and what are their nearest British equivalents?
5. What are *der Bundestag* and *der Bundesrat* and what are their nearest British equivalents?
6. What were or are *Adenauer, Erhard, Kiesinger, Brandt, Schmidt* and *Kohl*?

7. What were (a) *die Weimarer Republik* (b) *das Dritte Reich*?
8. What do you understand by the term *Wirtschaftswunder*?
9. What is the *Oder-Neiße Linie*?
10. What was *die Luftbrücke*?
11. What would a German understand by (a) *die Mauer* (b) *der Eiserne Vorhang*?
12. What do you understand by the term *Ostpolitik*?

162

D. Food and drink

1. What are (a) *Pumpernickel* (b) *Roggenbrot* (c) *Vollkornbrot*?
2. What is *Bohnenkaffee*?
3. What is a *Wiener Schnitzel*?
4. What is *Glühwein*?
5. What is *ein strammer Max*?
6. Name three types of German wine.
7. What are (a) *Sekt* (b) *ein Pils* (c) *ein Steinhäger*?
8. What are (a) *ein hartgekochtes Ei* (b) *ein weichgekochtes Ei* (c) *ein Spiegelei* (d) *ein verlorenes Ei* (e) *Rührei* (f) *Russische Eier*?
9. With what would you usually eat *Schlagsahne*?
10. What might a German say to you at the beginning of a meal?
11. How would a German ask you if you have enjoyed a meal?
12. How would you say that you have had enough to eat?
13. How would you address (a) a German waiter (b) a German waitress?
14. What is (a) *eine Speisekarte* (b) *eine Getränkekarte*?
15. How would you tell a German waiter that you wish to pay the bill?
16. What is (a) *ein Windbeutel* (b) *ein Berliner*?
17. What is (a) *kalter Aufschnitt* (b) *eine Bratwurst* (c) *eine Bockwurst* (d) *eine Blutwurst* (e) *eine Teewurst*?
18. What are (a) *Pudding* (b) *Kompott*?
19. What are (a) *Rindfleisch* (b) *Schweinefleisch* (c) *Lammfleisch* (d) *Kalbfleisch* (e) *Hähnchen* (f) *eine Frikadelle*?
20. What are (a) *Salzkartoffeln* (b) *Bratkartoffeln* (c) *Pommes frites*?
21. What are (a) *Knödel* or *Klöße* (b) *ein Fleischkloß*?
22. You might find the following words on a menu: (a) *garniert* (b) *paniert* (c) *gebacken*. What do they mean?
23. What does *Bier vom Faß* mean?
24. What are (a) *Erbsen* (b) *Mohrrüben* (c) *Blumenkohl* (d) *Kohl* (e) *Zwiebeln* (f) *Sauerkraut*?
25. What are (a) *Apfelsinen* (b) *Kirschen* (c) *Erdbeeren* (d) *Stachelbeeren* (e) *Himbeeren*?

E. Customs and festivals

1. What are (a) *Karfreitag* (b) *Ostersonntag* (c) *Silvesterabend*?
2. Why are (a) the first of May and (b) the seventeenth of June celebrated in West Germany?
3. What is the *Oktoberfest* and where does it take place?

The Munich Oktoberfest

4. Are Easter eggs in Germany traditionally "laid" by (a) hens (b) hares (c) ducks (d) rabbits?
5. What is the *Walpurgisnacht* and where and when does it traditionally take place?
6. What is an *Adventskranz*?
7. What is *eine Schultüte*?
8. On what day does *der Nikolaus* come in Germany?
9. What do children in Germany do on the evening before he comes and why?
10. What is the German name for Father Christmas?
11. What is *Fasching*? When and where does it take place? What do people do during this time? What else is it sometimes called?
12. What are *Rosenmontag* and *Aschermittwoch*? What do they signify?

F. Famous people

1. Who were *Goethe* and *Schiller*?
2. Why is *Röntgen* famous?
3. Which famous German composer is associated with the Bayreuth festival?
4. Why are the *Brüder Grimm* famous?
5. Who was *Johann Gutenberg*?

Martin Luther burning the Papal Bulls

6. Which famous German religious reformer founded the Protestant religion?
7. Who was *Bismarck* and why is he particularly famous?
8. Who was *Paul von Hindenburg*?  
9. Who were (a) *Hitler* (b) *Goebbels* (c) *Göring* (d) *Himmler*?
10. For what is *August Wilhelm Schlegel* famous in Germany?
11. Which German scientist is associated with a piece of simple heating apparatus to be found on every laboratory bench?
12. Who was *Albrecht Dürer* and where did he live and work?
13. Who were (a) *Hegel* (b) *Kant* (c) *Schopenhauer* (d) *Nietzsche*?
14. Who was *Karl Marx*? 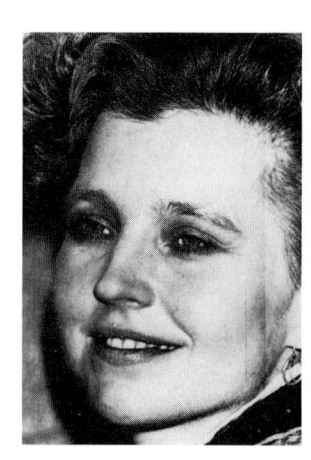
15. Which of the following people is not associated with films and why:
    (a) *Hanna Scygulla*
    (b) *Rainer Werner Fassbinder*
    (c) *Wilhelm Furtwängler*
    (d) *Klaus Kinski*?
16. Name three famous German composers whose names begin with the letter B.
17. Which famous Austrian composer was born in Salzburg?
18. Who is *Axel Springer*?
19. Who was *Wernher von Braun*?
20. Who are *Bertolt Brecht* and *Gunther Gross*?

G. Signs and notices

1. What do the following signs mean: (a) *Notausgang* (b) *Notausfahrt*?
2. Where would you see the following information and what do the instructions mean:
   Fahrpreis wählen!
   Geld einwerfen!
   Fahrkarte entnehmen!
   Fahrkarte entwerten!
3. Where would you probably find the following notice and what does it mean: *Bei Versagen Knopf drücken!*?
4. You will probably see the following signs in a German town. What do they mean: (a) *Fußgängerzone* (b) *Keine Durchfahrt!* (c) *Einbahnstraße* (d) *Umleitung* (e) *Einordnen!*
5. If a notice ended with one of the following, what would it convey: (a) *verboten* (b) *nicht gestattet* (c) *nicht erlaubt* (d) *untersagt*?
6. What do the following mean:
   (a) *auf eigene Gefahr* (b) *außer Betrieb*?
7. Where would you find the following information? What does it mean?:
   Notruf 110
   Notruf 112
8. What must you do if you see the words *Achtung* or *Vorsicht* on a sign?
9. You will almost certainly find the words *besetzt* or *frei* on a door in a public loo. What do they mean?
10. You might have to cope with a coin-operated lock on a loo door. What do the following instructions mean:?
    Erst 10 Pfg.-Münzen einwerfen und dann Klinke ganz herunterdrücken!
11. What would you know if you saw the following notice on a restaurant door?:
    Heute Ruhetag!
12. What do the following notices mean:?
    (a) *Kurvenreiche Strecke!* (b) *Frisch gestrichen!* (c) *Vorsicht Stufe!* (d) *Bissiger Hund!* (e) *Lebensgefahr!* (f) *Zutritt verboten!* (g) *Kehrwoche* (h) *Sommerschlußverkauf*

H. General questions

1. What is (a) *eine Lederhose* (b) *ein Dirndlkleid*?
2. When someone sneezes in England, people usually say "Bless You". What do the Germans say?
3. What does *Hals- und Beinbruch* mean?

The Zugspitze

4. How many kilometres are ten miles?
5. Name two countries other than Germany where German is spoken.
6. What is the national emblem of Germany: (a) a swastika (b) a bear (c) an iron cross (d) an eagle?
7. Reading from top to bottom what are the colours of the German flag:
   (a) Black – Gold – Red
   (b) Black – Red – Gold
   (c) Red – Gold – Black?
   (d) Gold – Red – Black?
8. Which of the following is odd man out and why?
   (a) *Bayern* (b) *Sachsen* (c) *Niedersachsen* (d) *Schleswig-Holstein*
9. Which of the following is odd man out and why?
   (a) *Tschüß* (b) *Servus* (c) *Auf Wiedersehen* (d) *Bitte schön*
10. Give the names of three famous German newspapers.
11. Give the names of three famous German magazines.
12. What is *ein Groschen*?
13. Which of these coins is a different colour from the rest:
    (a) 10 Pfg. (b) 50 Pfg. (c) 1 DM. (d) 2 DM.?
14. What is *Unter den Linden*?
15. What is *Mein Kampf*?
16. Which of the following is not a fairy tale:
    (a) *Rotkäppchen* (b) *Max und Moritz* (c) *Hänsel und Gretel* (d) *Schneewittchen*?

I. The two Germanys

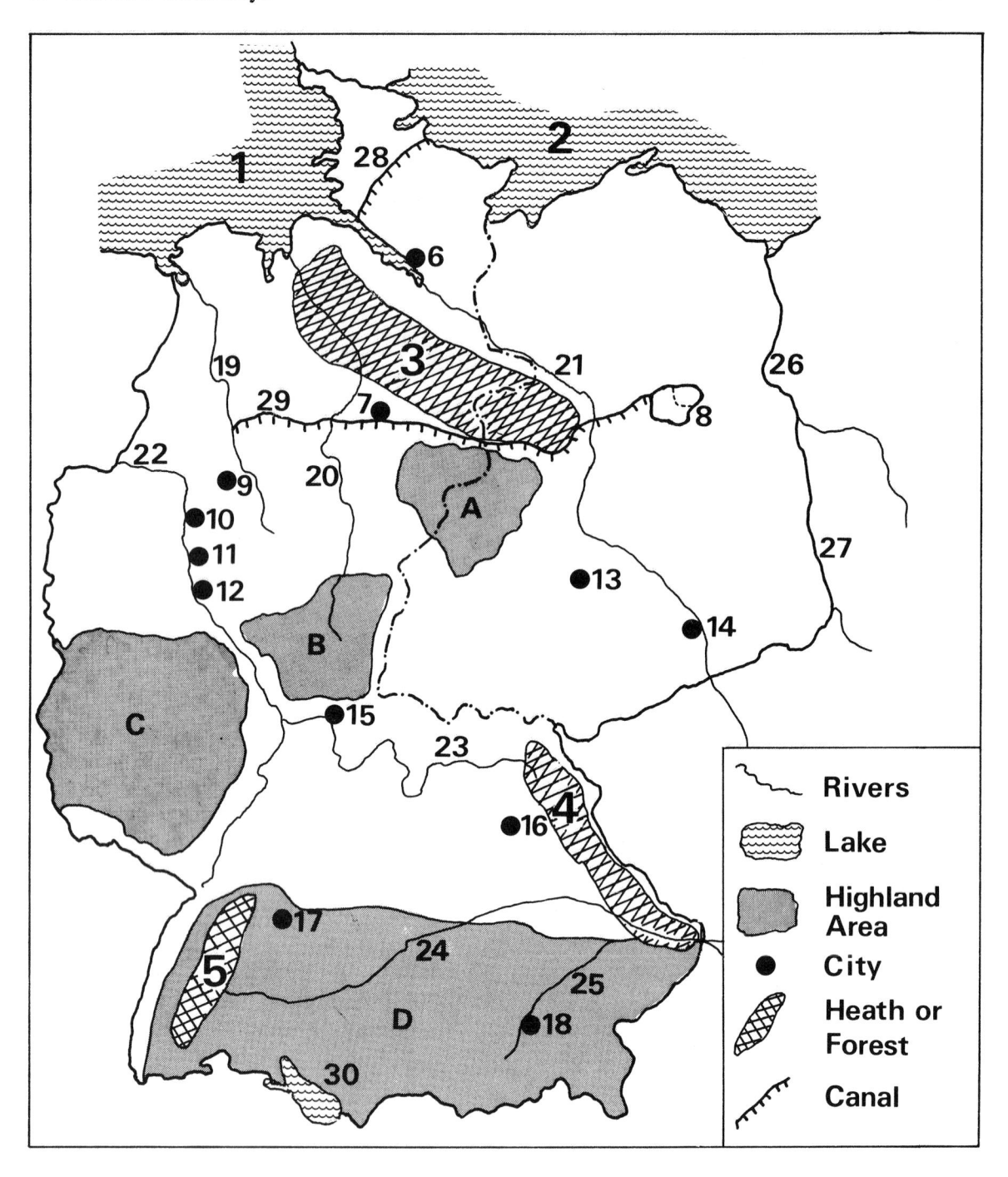

1. Using the map above name:
    (a) Seas (1 – 2)
    (b) Heaths or forests (3 – 5)
    (c) Cities (6 – 18)
    (d) Rivers (19 – 27)
    (e) Canals (28 – 29)
    (f) Lake (30)
    (g) Highland areas (A – D)
2. What are the German names for East and West Germany?

166

Multiple-choice Listening Comprehension Test I

You will hear a recording of a number of questions of varying difficulty. Each question will be heard twice. Several different types of question are used and these are explained at the beginning of each section. Four suggested answers are given for each question. You should write down one of the letters A, B, C or D to indicate which of the answers you think is the correct one.

Part 1

In this section you will hear a number of short conversations. Each conversation will be repeated. You have to identify where the speakers are:

1. A. In einem Hotel.
   B. Auf dem Bahnhof.
   C. In einem Restaurant.
   D. Auf der Straße.

2. A. In einem Badezimmer.
   B. Im Flur.
   C. In einem Schlafzimmer.
   D. In einem Theater.

3. A. In einem Bus.
   B. In einem Kino.
   C. In der U-Bahn.
   D. In einem Museum.

4. A. Auf dem Gipfel eines Berges.
   B. In einem Café.
   C. Auf dem Kölner Dom.
   D. Auf einem Rheindampfer.

5. A. Am Empfangstisch in einem Hotel.
   B. In einem Gästezimmer in einem Hotel.
   C. In einem Restaurant in einem Hotel.
   D. In einem Fahrstuhl in einem Hotel.

Part 2

In this section you hear some short passages each of which ends with a question. You have to select the most suitable answer. You will hear each passage twice:

6. A. Ihre Ferien am Meer weiter zu verbringen.
   B. Gleich nach Hause zu fahren.
   C. Eines Tages ihre Freunde bei regnerischem Wetter zu besuchen.
   D. Ihre Reise nach Hause zu unterbrechen, um Freunde zu besuchen.

7. A. Weil das Kleid zu klein ist.
   B. Weil sie die Farbe nicht gern hat.
   C. Weil das Kleid ihr nicht gut steht.
   D. Weil es zu viel kostet.

8. A. Ich habe mit einer Eule im Garten gespielt.
   B. Ich habe den Wärter gefüttert.
   C. Ich bin auf einem Elefanten geritten.
   D. Ich bin im Löwenkäfig spazierengegangen.

9. A. Ich schlafe nie, wenn ich arbeite.
   B. Weil ich heute Geburtstag habe.
   C. Weil ich es mir nicht abgewöhnen kann.
   D. Weil ich den Bus um sieben Uhr erreichen will.

10. A. Weil sie krank ist.
    B. Weil es ihr leid tut.
    C. Weil sie in einem Schuppen schlafen muß.
    D. Weil es zu kalt ist.

11. A. Jemand hat die Schubladen gestohlen.
    B. Jemand hat das Haus geordnet.
    C. Jemand hat eingebrochen.
    D. Jemand hat viele wertvolle Gegenstände zerbrochen.

12. A. Weil es ihm nicht gut geht.
    B. Weil er seine Hausaufgaben nicht gern hat.
    C. Weil seine Mutter ins Bett gegangen ist.
    D. Weil er zu viel gegessen hat.

13. A. Weil sie weiter in die Schule gehen muß.
    B. Weil sie gern bei ihren Großeltern wohnt.
    C. Weil sie nie ins Ausland gefahren ist.
    D. Weil sie sie nicht begleiten will.

14. A. Sie erreichen das Theater rechtzeitig.
    B. Sie machen sich zu Fuß auf den Weg zum Theater.
    C. Sie verpassen die Vorstellung.
    D. Sie fahren im letzten Moment zurück.

15. A. Die Straße entlang laufen.
    B. Sich vor dem Wind schützen.
    C. Ins Wasser fallen.
    D. Auf den Strand laufen.

Part 3

In this section you will hear a series of short statements. You will hear each statement twice. You have to select the most suitable reply:

16. A. Nein, ich bin hier fremd.
    B. Kostet es denn so viel?
    C. Es gibt eine Telefonzelle um die Ecke.
    D. Leider habe ich kein Kleingeld.

17. A. Das wäre mir gerade recht.
    B. Das ist sehr nett von ihr.
    C. Warme Getränke schmecken mir nicht.
    D. Danke, ich trinke keinen Alkohol.

18. A. Nein, danke.
    B. Ja, ziemlich weit.
    C. Ja, aber das macht nichts.
    D. Nein, ungefähr anderthalb Stunden.

19. A. Sofort, mein Herr. Was wollen Sie essen?
    B. Ich bringe die Speisekarte sofort.
    C. Hier. Das Trinkgeld muß ich sofort haben.
    D. Ich komme gleich, mein Herr.

20. A. Nein, ich habe keine Briefmarken.
    B. Es ist ziemlich weit. Gehen Sie zu Fuß?
    C. Leider nicht. Ich habe meine Brieftasche zu Hause gelassen.
    D. Nein, es tut mir leid. Der Briefträger ist krank.

Part 4

In this section you will hear a short story which will be followed by a series of questions. You have to select the most suitable answer to each question. You will hear the story and the questions twice.

21. A. Sein Freund war schon da.
    B. Sein Freund wartete schon seit einer halben Stunde auf ihn.
    C. Sein Freund aß schon zu Mittag.
    D. Sein Freund war noch nicht da.

22. A. Er hat einen freien Tisch gesucht.
    B. Er hat sein Mittagessen angefangen.
    C. Er hat seine Zeitung gelesen.
    D. Er hat die anderen Kunden beobachtet, während sie aßen.

23. A. Ein sehr großes Essen zu verschlingen.
    B. Einen Luftballon aufzublasen.
    C. Die anderen Gäste zu beobachten.
    D. Ein zweites Essen zu bestellen.

24. A. Weil er einen Löwen ansehen wollte.
    B. Weil der Erzähler ihn beobachtete.
    C. Weil er zu viel aß.
    D. Weil er nicht genug zu essen hatte.

25. A. Der Erzähler.
    B. Sein Arzt.
    C. Ein junger Mann.
    D. Seine Frau.

Multiple-choice Listening Comprehension Test II

You will hear a recording of a number of questions of varying difficulty. Each question will be heard twice. Several different types of question are used and these are explained at the beginning of each section. Four suggested answers are given for each question. You should write down one of the letters A, B, C or D to indicate which of the answers you think is the correct one.

Part 1

In this section you will hear a series of short dialogues twice. You have to identify who is speaking:

1. A. Ein Zahnarzt und eine Frau.
   B. Ein Blumenhändler und eine Kundin.
   C. Ein Lehrer und die Mutter eines Schülers.
   D. Ein Arzt und die Mutter eines kleinen Jungen.

2. A. Ein Bäcker und eine Kundin.
   B. Ein Konditor und eine Frau.
   C. Ein Gemüsehändler und eine Dame.
   D. Ein Kellner und eine Frau.

3. A. Ein Restaurantbesitzer und eine Kundin.
   B. Ein Zahnarzt und seine Patientin.
   C. Ein Mann und eine Köchin.
   D. Ein Arzt und eine kranke Frau.

4. A. Ein Weinhändler und eine Kundin.
   B. Ein Kellner und eine Dame.
   C. Ein Gärtner und eine Frau.
   D. Ein Restaurantbesitzer und eine Kellnerin.

5. A. Ein Bauer und eine Frau.
   B. Ein Metzger und eine Kundin.
   C. Ein Kellner und eine Dame.
   D. Ein Delikatessenhändler und eine Hausfrau.

Part 2

In this section you will hear a series of short dialogues. You will hear each dialogue twice. You have to identify where the speakers are:

6. A. Auf einem Bauernhof.
   B. Beim Bäcker.
   C. Am Bahnhof.
   D. Am Tisch.

7. A. In einem Hotel.
   B. In einem Gefängnis.
   C. Zu Hause.
   D. In einem Krankenhaus.

8. A. Auf der Straße.
   B. In der Garage.
   C. An der Haltestelle.
   D. Am Tisch.

9. A. Auf dem Strand.
   B. In der Küche.
   C. Am Schwimmbad.
   D. In einem Hotel.

10. A. In einer Drogerie.
    B. In der Küche.
    C. Im Badezimmer.
    D. Im Freibad

Part 3

In this section you will hear a series of short dialogues. You will hear each dialogue twice. You have to identify what the speakers are doing:

11. A. Man spielt Karten.
    B. Man ißt in einem Restaurant.
    C. Man bereitet das Essen.
    D. Man studiert eine Landkarte.

12. A. Man deckt den Tisch.
    B. Man nimmt ein Bad.
    C. Man wäscht ab.
    D. Man macht die Tür des Badezimmers auf.

13. A. Sie gehen ins Kino.
    B. Sie gehen schlafen.
    C. Sie plaudern auf dem Schulhof.
    D. Sie arbeiten im Schlafzimmer.

14. A. Man fragt, wie spät es ist.
    B. Man löst Fahrkarten am Bahnhof.
    C. Man geht ins Kino.
    D. Man sieht fern.

15. A. Man wartet auf einen Freund.
    B. Man macht einen Spaziergang.
    C. Man wartet auf einen Bus.
    D. Man kauft am Marktplatz ein.

Part 4

In this section you will hear a series of short statements which suggest certain situations. You will hear each statement twice. You have to select the one remark which is most likely to be made in the given situation:

16. A. Wollen Sie mein Gepäck kaufen?
    B. Fährt noch ein Zug nach Hamburg?
    C. Das war dumm von Ihnen, nicht wahr?
    D. Der Zug ist heute spät abgefahren.

17. A. Du hast wohl zu viel Schokolade gegessen.
    B. Heute mußt du aber zur Schule gehen.
    C. Ich habe schon den Arzt angerufen.
    D. Du mußt dich eine Weile hinlegen.

18. A. Sie sind wie gewöhnlich vorsichtig gefahren.
    B. Wie schade, daß Ihr Wagen völlig kaputt ist.
    C. Sie hatten Glück, daß die Lampe nicht brannte.
    D. Sie müssen natürlich die neue Birne bezahlen.

19. A. Ich kann die Haustür nicht zuschließen.
    B. Hast du die Polizei schon angerufen?
    C. Hast du einen Büroschlüssel bei dir?
    D. Ich warte bei Frau Mainzer, bis du nach Hause kommst.

20. A. Mein Buch ist nicht da.
    B. Deine Mutter hat dir schon ein neues gekauft.
    C. Wann hast du das Haus verlassen?
    D. Weißt du nicht, wo du es hingelegt hast?

Part 5

In this section you will hear a conversation which will be followed by a series of questions. You will hear the conversation and the questions twice. You have to select the most suitable answer to each question:

21. A. In zehn Minuten
    B. In fünf Minuten
    C. In einer Viertelstunde.
    D. In sieben Minuten.

22. A. Gut essen.
    B. Ausflüge machen.
    C. Bücher lesen.
    D. Koffer tragen.

23. A. Schlafen.
    B. Einen Spaziergang machen.
    C. Essen.
    D. Sich waschen.

24. A. Nach dem Abendessen.
    B. Um Mittag.
    C. Am Abend.
    D. Am Nachmittag.

25. A. Weil die Mutter es in den Koffer gesteckt hat.
    B. Weil sie zu schnell ausgestiegen sind.
    C. Weil sie am Bahnhof angekommen sind.
    D. Weil es unter dem Koffer ist

Questions on the dialogues

1. Beim Frühstück (page 4)

1. How long has Peter's mother been waiting for him?
2. Why is Peter late for breakfast?
3. How does Peter's mother react when he asks for the sugar?
4. How does Peter get to school?
5. What does Peter want to do on Saturday?

2. Ein Vater liest das Schulzeugnis seines Sohnes (page 24)

1. What is the father's first reaction to his son's school report?
2. In which *three* subjects is the son especially weak?
3. What had the boy's mother said about the father's ability to do maths when he was at school?
4. What doesn't the son want to do when he leaves school?
5. Why does the son want to be a pop singer?

3. Fritz hat es besser als seine Schwester (page 38)

1. What does the boy want to do?
2. Why can't his sister join him?
3. Where does the boy decide to go and what does he want to do there?
4. How much pocket money does Gerlinde get?
5. What does the girl want her brother to do for her and why does he refuse her request?

4. Im Blumenladen (page 43)

1. Who does the woman buy the roses for and why?
2. What *two* things does the florist say about the roses?
3. What else does the woman buy and for whom does she buy them?
4. What is the total cost?
5. How much change does she get?

5. Monika kauft ein Kleid (page 43)

1. How long does Monika have to wait in the shop before she is served?
2. What sort of dress does she want to buy?
3. Why doesn't Monika buy the first dress she is shown?
4. Which dress does she eventually buy and what is the matter with it?
5. When will she be able to collect the dress?

6. In der chemischen Reinigung (page 44)

1. Which three articles of clothing does the customer bring into the shop?
2. Which article of clothing has a stain, where is it and how was it probably caused?

3. Why does the shop assistant apologise and what does she tell the man to do?
4. When will the articles of clothing be ready for collection?
5. What time does the shop close in the evening and between what times is it closed for lunch?

7. Im Fundbüro (page 44)

1. What *three* things does the man say about the appearance of the briefcase he has lost?
2. Where does the man think he lost the briefcase?
3. Name *three* things that were in the briefcase.
4. How would a person who finds the briefcase know who the owner is?
5. What does the employee tell the man he will do if someone brings the briefcase into the office?

8. Beim Arzt (page 51)

1. In the course of the conversation between the man and the doctor four symptoms for him not feeling well are mentioned. Name *three* of them.
2. What does the doctor do first?
3. Why does the man say that it is not necessary for the doctor to examine his chest and back?
4. What had the man and his wife intended to do that evening?
5. What *two* reasons does the doctor give for the man having to stay in bed for at least two days?

9. In der Apotheke (page 57)

1. What is the first thing the woman asks the chemist for?
2. Why does the woman thinks she has flu? Give *two* reasons.
3. What exactly does the chemist tell the woman to do with the tablets and what additional advice does he give her?
4. Why does the woman want some medicine for her daughter?
5. How much does the woman spend at the chemist's?

10. Ein Unfall (page 70)

1. Why hadn't the motorist seen the boy in time?
2. Who has phoned for the ambulance?
3. Say two things about the boy's injuries.
4. What does the policeman say to the motorist about moving the boy?
5. What *three* things does the policeman want to find out about the boy before he is taken to hospital?

11. Im falschen Zug (page 96)

1. What does the man discover when the ticket collector asks him for his ticket?
2. At what time does the man have to be in Bickersdorf and why does he have to be there?

3. At what time can the man catch a train from the next stop (where he can get off the present train) back to Bretin?
4. How often do trains run from Bretin to Bickersdorf?
5. How long does it take approximately by train from Bretin to Bickersdorf?

12. Am Zoll (page 100)

1. At what time of day does the traveller pass through customs?
2. How many cigarettes does the traveller have to declare?
3. What sort of alcoholic drinks has he bought?
4. Where had he bought them?
5. How long does the traveller hope to stay in Germany?

13. (c) Eine Verabredung (page 103)

1. Where do the boys intend to meet?
2. How do they intend to get to the swimming pool?
3. What time is suggested first for meeting?
4. Why does Karl want to meet up later than that?
5. At what time do they eventually decide to meet?

14. In einer Jugendherberge (page 107)

1. What is the boy's friend doing while he is asking the warden about beds?
2. How long do the boys want to stay in the hostel?
3. What *three* things does the warden say the boys can do in the common-room?
4. Where *exactly* is Dormitory 3 where the boys are to sleep?
5. What does the boy have to do and what does his friend have to do?

15. Auf dem Campingplatz (page 108)

1. Where is the camp-site?
2. How long do they want to stay on the site?
3. How much will they pay in camp-site fees for the duration of their stay?
4. What does the camper do while the official is telling him about the camp-site facilities?
5. When *exactly* is the camp-site shop open during the week (i.e. not on Sunday)?

16. Im Campingladen (page 108)

1. Which present costs 45 DM?
2. Say *two* things about the purse the woman buys.
3. What other present does the woman buy?
4. How much do the black and white and the coloured postcards cost?
5. What is the last thing the woman asks before she leaves the shop?

17. An der Tankstelle (page 115)

1. How much and what grade of petrol does the motorist buy?
2. When does the petrol pump attendant ask if he should check the tyres?
3. What *two* things does the motorist want to buy in the kiosk?
4. What does the petrol pump attendant do while the motorist is in the kiosk?
5. What does the motorist do before she drives off?

18. Die Sommerferien (page 117)

1. How do the two boys intend to travel during their holidays?
2. Why hasn't Walter been able to save as much money as Max?
3. Where does Walter suggest they go on holiday and where does he suggest they stay?
4. How far do they intend to travel each day and how much do they expect to spend daily?
5. What do they intend to do every three days?

19. Ferienpläne (page 118)

1. How does the girl's father react when she says she wants to talk to him about the summer holidays? Why does he react in this way?
2. Where does the girl want to go and with whom?
3. What reasons does the girl give for not wanting to go to Spain?
4. How would the girl like to travel? Where would she like to stay?
5. What is the outcome of the girl's conversation with her father?

20. In der Sparkasse (page 121)

1. How many pounds does the boy want to change into marks?
2. What rate of exchange does the boy get for his money?
3. What does the boy do after he has asked about the rate of exchange?
4. How does he want his German money?
5. What does the bank official tell the boy to do?

21. Spaziergang am Strand (page 128)

1. Why didn't the girl like the beach in the resort they had stayed at the previous year?
2. Why can't they go swimming?
3. What comments does the girl make about the sea?
4. What comments does the girl make about their parents?
5. What would the girl like to do before they go back to the hotel?

22. Die Sportschau (page 136)

1. Why had Dieter only seen half of the sports programme?
2. What sport did he miss and what did he see?
3. Which two teams had been playing. What was the final score?
4. What had happened in the last minute of the game?
5. What do the boys intend to do in the evening and why?

Grammatical Summary

Index

1. Use of Cases — 176
2. The Indefinite Article – *ein/eine/ein* — 176
3. The Definite Article – *der/die/das* — 177
4. The Indefinite Article (Negative forms) – *kein/keine/kein* — 177
5. Possessive Adjectives – *mein/meine/mein* etc. — 177
6. Demonstrative Adjectives – *dieser/diese/dieses* etc — 178
7. The Interrogative Adjective – *welcher/welche/welches* — 178
8. Personal Pronouns – *er/sie/es* etc. — 178
9. Interrogative Pronouns – *wer?/was?* — 178
10. Relative Pronouns – *der/die/das* etc. — 179
11. Adjectives — 179
12. Adjectival Endings – Group I — 179
13. Adjectival Endings – Group II — 180
14. Adjectival Endings – Group III — 180
15. Comparison of Adjectives — 181
16. Expressions of Time — 181
17. Prepositions: — 182
    (a) With the Dative — 182
    (b) With the Accusative or Dative — 182
    (c) With the Accusative — 182
    (d) With the Genitive — 182
18. Verbs — 183
19. Use of Tenses — 183
20. The Present Tense — 183
21. The Future Tense — 184
22. The Imperfect Tense — 184
23. The Perfect Tense — 185
24. The Pluperfect Tense — 185
25. The Conditional Tense — 186
26. The Future Perfect Tense — 186
27. The Conditional Perfect Tense — 186
28. The Imperative — 186
29. *Um . . . zu* — 187
30. Modal Verbs — 187
31. Voice — 187
32. The Formation of the Passive — 187
33. The Subjunctive in Indirect Speech — 188
34. The Formation of the Subjunctive — 188
35. Conjunctions — 189
36. Word Order — 190
37. Plural Formation of Nouns — 191
38. Question Forms — 192
39. Irregular Verbs — 193
    (a) Strong verbs — 193
    (b) Mixed verbs — 194
    (c) Modal verbs — 194
40. Weak Verbs — 194
41. Inseparable Prefixes — 194
42. The Present Participle — 194
43. Translation of the English Present Participle — 195
44. Verbs followed by the Dative — 195
45. Verbs with Prepositions — 196
46. Verbs to watch — 197
47. The character *ß* — 198
48. Punctuation — 198
49. Das Alphabet — 198

1. Use of Cases

(a) The **NOMINATIVE** case is used:
    1. For the subject of a clause or sentence:

    Der Koch und **die Küchenhilfe** arbeiten in der Küche.
    Das Mädchen ißt ein Eis.

    2. For the complement of a clause or sentence:
    (e.g. after *sein, werden, heißen*.)

    Der Koch ist **der junge Mann**.
    Der Nachtportier ist **der alte Mann**.

(b) The **ACCUSATIVE** case is used:
    1. For the direct object of a clause or sentence:

    Ich sehe **einen** Aschenbecher, **eine** Landkarte und **ein** Telefon.

    2. After prepositions which take the Accusative:

    Er kaufte es für **seinen** Bruder.
    Er fuhr durch **das** Dorf und dann **die** Straße entlang.

    3. After prepositions which take either the Accusative or the Dative:

    Er ging in **den** Fernsehraum, um fernzusehen.
    Er sah **im** Fernsehraum fern.

    4. With certain expressions of time:

    näch**sten** Monat/letz**te** Woche/**jedes** Jahr.

(c) The **GENITIVE** case is used:
    1. To indicate possession of

    Die Tochter **des Mannes**.
    Der Wagen **der Frau**.
    Das Fahrrad **des Mädchens**.

    2. After prepositions which take the Genitive:

    während **des** Tages
    während **der** Nacht

    3. With certain expressions of time:

    eines Tages,/**eines** Jahres.

(d) The **DATIVE** case is used:
    1. For the indirect object of a clause or sentence:

    Er gab **dem** Mann das Buch. (See page 190, 36f)

    2. After prepositions which take the Dative:

    mit **dem** Bus
    nach **dem** Frühstück
    seit **einem** Jahr

    3. After prepositions which take either the Dative or Accusative:

    (Er ging auf **die** Terrasse, um ein Eis zu essen.)
    Er aß ein Eis auf **der** Terrasse.

    4. After certain verbs:

    Er hilft **seinem** Vater.
    Der Film gefiel **ihm**.
    Hat **Ihnen** das Essen geschmeckt?

2. The Indefinite Article – (ein/eine/ein)

	SINGULAR		
	Masc.	*Fem.*	*Neut.*
Nom.	ein	eine	ein
Acc.	einen	eine	ein
Gen.	eines	einer	eines
Dat.	einem	einer	einem

Nominative
(a) **Ein** Mann spielt Karten.
    Eine Frau trinkt Wein.
    Ein Mädchen kauft Brötchen.
(b) Das ist **ein** Wagen.
    Das ist **eine** Katze.
    Das ist **ein** Feuerzeug.

Accusative
Ich sehe **einen** Aschenbecher, **eine** Landkarte und **ein** Telefon.

Genitive
Sie ist in der Mitte **eines** Gartens.
Sie ist in der Mitte **einer** Stadt.
Sie ist in der Mitte **eines** Dorfes.

Dative
Er gibt es **einem** Mann.
Er gibt es **einer** Frau.
Er gibt es **einem** Mädchen.

3. The Definite Article – (der/die/das)

	SINGULAR			PLURAL
	Masc.	Fem.	Neut.	All Genders
Nom.	der	die	das	die
Acc.	den	die	das	die
Gen.	des	der	des	der
Dat.	dem	der	dem	den

Nominative
(a) **Der** Mann ist alt.
    Die Bardame heißt Susi.
    Das Mädchen badet gern.
(b) Das ist **der** Wagen.   Das sind **die** Wagen. (plural)
    Das ist **die** Katze.   Das sind **die** Katzen.
    Das ist **das** Feuerzeug.   Das sind **die** Feuerzeuge.

Accusative
    Hansi trägt **den** Koffer.   Er trägt **die** Koffer. (plural)
    Renate liest **die** Zeitung.   Sie liest **die** Zeitungen.
    Gisela bügelt **das** Kleid.   Sie bügelt **die** Kleider.

Genitive
    Das ist ein Plan **des** Gartens.   (...**der** Gärten) (pl.)
    Das ist ein Plan **der** Wohnung.   (...**der** Wohnungen)
    Das ist ein Plan **des** Hauses.   (...**der** Häuser)

Dative
    Sie gab es **dem** Koch.   (...**den** Köchen) (pl.)
    Sie gab es **der** Empfangsdame.   (...**den** Empfangsdamen)
    Sie gab es **dem** Kind.   (...**den** Kindern)

4. The Indefinite Article (negative) – (kein/keine/kein)

	SINGULAR			PLURAL
	Mac.	Fem.	Neut.	All Genders
Nom.	kein	keine	kein	keine
Acc.	keinen	keine	kein	keine
Gen.	keines	keiner	keines	keiner
Dat.	keinem	keiner	keinem	keinen

Das ist **kein** Stuhl! (Nom.)
Er hat **keinen** Bruder. (Acc.) Sie hat **keine** Geschwister.
                                             (Acc. pl.)

Note: The Genitive and Dative forms are rarely used.

5. Possessive Adjectives – (mein/meine/mein etc.)

	SINGULAR			PLURAL
	Masc.	Fem.	Neut.	All Genders
Nom.	unser	unsere	unser	unsere
Acc.	unseren	unsere	unser	unsere
Gen.	unseres	unserer	unseres	unserer
Dat.	unserem	unserer	unserem	unseren

our

Das ist **unser** Wagen. (Nom.)
Hast du **deinen** Bleistift?
Haben Sie **Ihren** Bleistift? (Acc.)
Habt ihr **eure** Bleistifte?
Er spielt in der Mitte **meines** Gartens. (Gen.)
Sie gibt es **ihrem** Bruder. (Dat.)

Similarly:

mein	meine	mein	meine	– *my*
dein	deine	dein	deine	– *your*
Ihr	Ihre	Ihr	Ihre	– *your*
sein	seine	sein	seine	– *his*
ihr	ihre	ihr	ihre	– *her*
sein	seine	sein	seine	– *its*
euer	eure	euer	eure	– *your*
Ihr	Ihre	Ihr	Ihre	– *your*
ihr	ihre	ihr	ihre	– *their*

6. Demonstrative Adjectives – (dieser/diese/dieses etc.)

	SINGULAR			PLURAL
	Masc.	*Fem.*	*Neut.*	*All Genders*
Nom.	dieser	diese	dieses	diese
Acc.	diesen	diese	dieses	diese
Gen.	dieses	dieser	dieses	dieser
Dat.	diesem	dieser	diesem	diesen

} this

Dieser Mann liest eine Zeitschrift, **diese** Frau liest eine Zeitung, aber **jenes** Mädchen liest ein Buch. (Nom.)
Hast du **diesen** Film gesehen? (Acc.)
Der Sohn **dieses** Mannes spielt gern Fußball, aber der Sohn **jener** Frau spielt lieber Tennis. (Gen.)
Er gibt **diesem** Mann das Bier und **jenem** den Wein. (Dat.)

Similarly:
| jener | jene | jenes | jene – *that, those* |
| jeder | jede | jedes | – *each, every* |

7. Interrogative Adjectives – (welcher/welche/welches?)

	SINGULAR			PLURAL
	Masc.	*Fem.*	*Neut.*	*All Genders*
Nom.	welcher	welche	welches	welche
Acc.	welchen	welche	welches	welche
Gen.	welches	welcher	welches	welcher
Dat.	welchem	welcher	welchem	welchen

} which

Welcher Fernsehapparat ist im Wohnzimmer? (Nom.)
Welchen Wagen fährt er? (Acc.)
Die Frau **welches** Mannes sitzt im Garten? (Gen.)
In **welchem** Laden kauft man Brot? (Dat.)

8. Personal Pronouns – (er/sie/es etc.)

	Nominative	*Accusative*	*Dative*
SINGULAR	ich (*I*)	mich	mir
	du (*you*)	dich	dir
	Sie (*you*)	Sie	Ihnen
	er (*he*)	ihn	ihm
	sie (*she*)	sie	ihr
	es (*it*)	es	ihm
PLURAL	wir (*we*)	uns	uns
	ihr (*you*)	euch	euch
	Sie (*you*)	Sie	Ihnen
	sie (*they*)	sie	ihnen

Ich bin müde. (Nom.)
Er besuchte **mich** gestern abend. (Acc.)
Er gab es **mir**. (Dat.)

Wir sind müde. (Nom.)
Sie besuchten **uns** gestern abend. (Acc.)
Sie gaben es **uns**. (Dat.)

Seid **ihr** müde? (Nom.)
Haben sie **euch** gestern abend besucht? (Acc.)
Haben sie es **euch** gegeben? (Dat.)

Note-
When addressing members of your family, close friends, young children and animals, you should use the *du* form for "you" in the singular and the *ihr* form in the plural. In all other cases the *Sie* form for "you" should be used.

9. Interrogative Pronouns – (wer?/was?)

Nom.	wer (*who*)	was (*what*)
Acc.	wen	was
Gen.	wessen	
Dat.	wem	

Wer ist das?
Wer liest die Zeitung? } (Nom.)
Wen siehst du im roten Sessel? (Acc.)
Wessen Schwester ist Maria? (Gen.)
Wem gibt er das Geld? (Dat.)

Note:
With prepositions use *wo-* (*wor-* before vowels)
Womit schreibt er den Brief?
Worauf wartet er?
Also: woran? worüber? worin? wodurch? etc.

Was ist das? (Nom.)
Was siehst du auf dem Tisch? (Acc.)

10. Relative Pronouns – (der/die/das etc.)

	SINGULAR			PLURAL
	Masc.	*Fem.*	*Neut.*	*All Genders*
Nom.	der	die	das	die
Acc.	den	die	das	die
Gen.	dessen	deren	dessen	deren
Dat.	dem	der	dem	denen

Das ist der Mann, **der** in München wohnt. (Nom.)
Das ist der Mann, **den** ich gestern abend kennengelernt habe. (Acc.)
Das ist der Mann, **dessen** Frau krank ist. (Gen.)
Das ist der Mann, **dem** ich den Wagen verkaufte.
Das ist der Mann, mit **dem** ich ins Kino ging. } (Dat.)

Das ist die Frau, **die** in München wohnt. (Nom.)
Das ist die Frau, **die** ich gestern abend kennengelernt habe. (Acc.)
Das ist die Frau, **deren** Mann krank ist. (Gen.)
Das ist die Frau, **der** ich den Wagen verkaufte.
Das ist die Frau, mit **der** ich ins Kino ging. } (Dat.)

---

11. Adjectives

An adjective must have an ending in German if it is followed by a noun or if a noun is understood.
   Otherwise it is invariable.

Der Wagen ist **neu** – Die Wagen sind **neu**.
Die Landkarte ist **alt** – Die Landkarten sind **alt**.
Das Tal ist **schön** – Die Täler sind **schön**.

---

12. Adjectival Endings – (Group I)

When the adjective is preceded by the definite article or one of the following words: *dieser*, *jener*, *jeder*, *welcher*, *mancher* (many a), *solcher* (such a) [also after *alle* in the plural], it has these endings:

	SINGULAR			PLURAL
	Masc.	*Fem.*	*Neut.*	*All Genders*
Nom.	der junge Mann	die junge Frau	das junge Mädchen	die jung**en** Männer (Frauen) (Mädchen)
Acc.	den **–en** Mann	die **–e** Frau	das **–e** Mädchen	die jung**en** Männer (Frauen) (Mädchen)
Gen.	des **–en** Mannes	der **–en** Frau	des **–en** Mädchens	der jung**en** Männer (Frauen) (Mädchen)
Dat.	dem **–en** Mann	der **–en** Frau	dem **–en** Mädchen	den jung**en** Männern (Frauen) (Mädchen)

Der **junge** Mann, die **junge** Frau and das **junge** Mädchen sind in der Eingangshalle. (Nom.)

Ich sehe den **jungen** Mann, die **junge** Frau und das **junge** Mädchen. (Acc.)

Sie ist die Frau dieses **jungen** Mannes.
Er ist der Mann jener **jungen** Frau.
Er ist der Bruder jenes **jungen** Mädchens. } (Gen.)

Karl brachte dem **jungen** Mann das Bier.
Er brachte der **jungen** Frau den Kuchen.
Er brachte dem **jungen** Mädchen das Eis. } (Dat.)

Die **alten** Männer spielten Karten. (Nom.)
Ich sah die **alten** Männer im Klubzimmer. (Acc.)
Die Freunde dieser **alten** Männer waren in der Kegelbahn. (Gen.)
Karl brachte diesen **alten** Männern das Bier. (Dat.)

13. Adjectival Endings – (Group II)

When the adjective is preceded by the indefinite article, *kein* or a possessive adjective (*mein, dein* etc.), it has the following endings:

	SINGULAR			PLURAL
	Masc.	*Fem.*	*Neut.*	*All Genders*
Nom.	ein jung**er** Schüler	eine junge Schülerin	ein junges Kind	meine jung**en** Schüler (Schülerinnen) (Kinder)
Acc.	einen **–en** Schüler	eine –e Schülerin	ein –es Kind	meine jung**en** Schüler (Schülerinnen) (Kinder)
Gen.	eines **–en** Schülers	einer –en Schülerin	eines –en Kindes	meiner jung**en** Schüler (Schülerinnen) (Kinder)
Dat.	einem **–en** Schüler	einer –en Schülerin	einem –en Kind	meinen jung**en** Schülern (Schülerinnen) (Kindern)

Mein **junger** Bruder ist acht Jahre alt.
Meine **junge** Schwester besucht eine Volksschule. } (Nom.)
Ein **junges** Mädchen tippt einen Brief.

Hast du meinen **neuen** Wagen, meine **neue** Landkarte und mein **neues** Buch gesehen? (Acc.)

Das it ein Plan seines **neuen** Hauses.
Das ist ein Plan meiner **neuen** Wohnung. } (Gen.)

Er fuhr mit seinem **neuen** Wagen nach Garmisch. (Dat.)

Seine **jungen** Freunde spielten Fußball. (Nom.)
Hast du seine **jungen** Freunde gesehen? (Acc.)
Die Schwester seiner **jungen** Freunde war in der Milchbar. (Gen.)
Er ging mit seinen **jungen** Freunden ins Kino. (Dat.)

---

14. Adjectival Endings – (Group III)

When the adjective stands alone before a noun, it has the following endings:

	SINGULAR			PLURAL
	Masc.	*Fem.*	*Neut.*	*All Genders*
Nom.	kalt**er** Wein	kalt**e** Milch	kalt**es** Bier	kalt**e** Getränke
Acc.	kalt**en** Wein	kalt**e** Milch	kalt**es** Bier	kalt**e** Getränke
Gen.	kalt**en** Weins	kalt**er** Milch	kalt**en** Biers	kalt**er** Getränke
Dat.	kalt**em** Wein	kalt**er** Milch	kalt**em** Bier	kalt**en** Getränken

Note:
The plural endings are also used after *einige* (several), *ein paar* (a few), *viele* (many), *mehrere* (several) and numbers.

Guter Wein ist teurer als **schlechter** Wein.
Kalte Milch schmeckt besser als **warme** Milch. } (Nom.)
Kaltes Bier schmeckt besser als **warmes** Bier.

Er trinkt **kalte** Milch gern, er trinkt **kaltes** Bier lieber, aber am liebsten trinkt er **kalten** Wein. (Acc.)

Karl trägt eine Flasche **kalten** Weins, ein Glas **kalter** Milch und ein Glas **kalten** Biers auf seinem Tablett. (Gen.)

Bei **schlechtem** Wetter bleibt man lieber zu Hause. (Dat.)

Viele **junge** Menschen tanzen in der Forellenbar. (Nom.)
Sie kaufte **neue** Kleider.
Sie fingen einige **große** Fische. } (Acc.)
Hansi trägt die Koffer **neuer** Gäste nach oben. (Gen.)
Er geht mit einigen **neuen** Gästen nach oben. (Dat.)

15. Comparison of Adjectives

(a) Add *–er* to the normal form of the adjective for the Comparative.
(b) Add *–st* or *–est* for the Superlative.
(c) Most adjectives of one syllable take Umlaut in the Comparative and Superlative.
   e.g.:
   alt, älter, der älteste (am ältesten)
   jung, jünger, der jüngste (am jüngsten)
(d) Never put an Umlaut over the diphthong *au*.
   e.g.:
   laut, lauter, der lauteste (*loud, louder, loudest*)
(e) *Note: Irregular comparisons*
   hoch, höher, der höchste (am höchsten)
   nah, näher, der nächste (am nächsten)
   gut, besser, der beste (am besten)
(f) Comparative and superlative adjectives take the same endings as their positive forms. (See paragraphs 12, 13 and 14).

Herr Fiedler ist **klein**, Max ist **kleiner**, aber Johann ist **am kleinsten** (**der kleinste** der drei Männer.)

Der amerikanische Film war **interessant**, der englische war **interessanter**, aber der französische war **am interessantesten** (**der interessanteste** der drei Filme).

Das ist sein **jüngster** Bruder. Er hat auch einen **älteren** Bruder.

---

16. Expressions of Time

(a) Definite time: Accusative.

Letzten Samstag ging ich ins Kino.
Nächste Woche werde ich nach Garmisch fahren.
Jedes Jahr fahre ich nach Deutschland.

(b) Indefinite time: Genitive.
(Use *an* + Dative where the expression contains an adjective.)

Eines Tages werde ich nach Deutschland fahren.
(An einem schönen Sommertag . . .)

(c) Time started in the past and uncompleted: **seit** with the Dative.

Paul ist **seit einem Jahr** verheiratet.
Ich lerne Deutsch **seit einem Jahr**.
Er wohnt **seit fünf Jahren** in Windsor.

(d) With prepositions:

um 8 Uhr	von 9.25 bis 10.00 Uhr.
im Frühling	am nächsten Morgen
im März	am folgenden Morgen
am Montag	
am Wochenende	früh am Morgen/spät am Abend.

(e) Other expressions of time:

morgens
abends
samstags

gestern	gestern abend
heute	heute abend
morgen	morgen abend

einmal, zweimal, dreimal ... in der Woche.

17. Prepositions

Reference is made only to those prepositions which appear in Books 1 or 2 of the course.

(a) the following prepositions are always used only with the **DATIVE**:
aus (out of), **von** (from), **zu** (to), **nach** (to, after, according to), **bei** (at), **seit** (for, since), **gegenüber** (opposite), **mit** (with), **außer** (besides, except for)

Er nahm das Feuerzeug aus **der** Tasche.
Sie fuhr von **der** Stadt zu **dem** Dorf.
Nach **dem** Frühstück verließ er das Haus.
Er wohnt bei **seiner** Schwester.
Ich habe kein Geld bei **mir**.
Ich lerne Deutsch seit **einem** Jahr.
Sie wohnt gegenüber **dem** Hotel.
Er ging mit **seinem** Freund ins Kino.
Außer meinem Bruder war niemand dort.

(b) The following prepositions are used either with the **ACCUSATIVE** or **DATIVE**:
an (on), **auf** (on), **in** (in), **neben** (next to), **vor** (in front of, before), **hinter** (behind), **zwischen** (between), **über** (over, above), **unter** (under, below)

Sie gingen in **den** Garten, um Fußball zu spielen.
Sie spielten Fußball in **dem** Garten.

Sie fuhren in **die** Stadt, um einen Film zu sehen.
Sie sahen den Film in **der** Stadt.

Sie sprangen in **das** Wasser, um zu schwimmen.
Sie schwammen in **dem** Wasser.

Sie gingen in **die** Geschäfte, um einzukaufen. (pl)
Sie kauften in **den** Geschäften ein. (pl)

(c) The following prepositions are used always with the **ACCUSATIVE**:
bis (as far as, until), **durch** (through), **entlang** (along), **für** (for), **gegen** (against, towards), **ohne** (without), **um** (round)

Er bleibt bis **nächsten** Freitag.
Sie machten einen Spaziergang durch **das** Dorf.
Sie gingen **die** Straße entlang.
Er kaufte den Schlips für **seinen** Sohn, die Schallplatte für **seine** Tochter und das Spielzeug für **das** Baby.
Die englische Fußballmannschaft spielte gegen **die** deutsche Fußballmannschaft.
Er kam ohne **seinen** Bleistift.
Sie liefen um **den** Tisch herum.

Note:
bis is often used with other prepositions, e.g. with **an**, **nach**, **zu** or **auf**.

Er ging bis an das Fenster.
Sie fuhr bis nach Ostende.
Er ging bis zum Rathaus.

(d) The following prepositions are used only with the **GENITIVE**:
außerhalb (outside), **innerhalb** (inside), **diesseits** (on this side of), **jenseits** (on that side of), **(an)statt** (instead of), **trotz** (in spite of), **um ... willen** (for the sake of), **während** (during), **wegen** (because of, on account of)

Der Flughafen liegt außerhalb **der** Stadt.
Der Bus fährt innerhalb **einer** Stunde ab.
Der Wald liegt jenseits **des** Flusses.
Das Dorf liegt diesseits **des** Flusses.
Er kam statt **seines** Bruders.
Trotz **des** Regens mußten sie ausgehen.
Um Gottes willen.
Während **des** Fußballspiels fing es an zu schneien.
Wegen **des** Schnees konnte er die Garagentür nicht aufmachen.

Note:
Contraction of certain prepositions takes place with the definite article:

zum	zu dem	Sie gingen **zum** Freibad.
zur	zu der	Sie fuhr **zur** Schule.
im	in dem	Sie liest **im** Wohnzimmer.
ins	in das	Sie geht **ins** Kino.
am	an dem	Ich werde dich **am** Samstag sehen.
beim	bei dem	Man kauft Brot **beim** Bäcker.

18. Verbs

Verbs in German are either regular or irregular. The regular verbs are usually called WEAK and the irregular ones STRONG. (A few verbs combine the characteristics of both types and are called MIXED.)

19. Use of Tenses

(a) The Present

German has only one form of the Present Tense whereas English has three:
Er arbeitet – He works.
　　　　　　He is working.
　　　　　　He does work.

(b) The Future

Er wird arbeiten – He will work.
　　　　　　　　He is going to work.

(c) The Imperfect

This tense too has three forms in English:
Er arbeitete – He worked.
　　　　　　He was working.
　　　　　　He used to work.

The Imperfect is the normal tense of narrative:
Sie stand auf, ging ins Badezimmer, wusch sich etc.

(d) The Perfect

Er hat gearbeitet – He worked.
　　　　　　　　He has worked.
　　　　　　　　He did work.

Er ist gegangen – He went.
　　　　　　　He has gone.
　　　　　　　He did go.

1. The Perfect is used for single actions in the immediate past:
   Andrew ist gestern gekommen.
2. In colloquial German, especially in Southern Germany, the Perfect is the narrative tense.

Note:
The difference between the Perfect and Imperfect is often very slight. It could be said that the Imperfect is used more as the narrative tense in writing and the Perfect in speech.

(e) The Pluperfect

The German Pluperfect is usually used as in English:
Er hatte gearbeitet – He had worked. (He had been working.)

Er war gegangen – He had gone. (He had been going.)

(f) The Conditional

Er würde arbeiten (wenn er nicht krank wäre) – He would work (if he were not ill).

Note also:
Wäre er nicht krank, so würde er arbeiten.

(g) The Future Perfect

Er wird fleißig **gearbeitet haben** – He will have worked well.
Er wird in die Stadt **gegangen sein** – He will have gone into the town.

(h) The Conditional Perfect

There are two forms of the Conditional Perfect. The shorter form (the Pluperfect subjunctive) is more usual:
{Ich würde gearbeitet haben} – I would have worked.
{Ich hätte gearbeitet}

{Ich würde gegangen sein} – I would have gone.
{Ich wäre gegangen}

20. The Present Tense

(a) Weak (regular)

kochen (to cook)
ich koche　　　wir kochen
du kochst　　　ihr kocht
Sie kochen　　　Sie kochen
er ⎫
sie ⎬ kocht　　sie kochen
es ⎭

(b) Strong (irregular)

Strong verbs often show irregularities in the *er*, *sie*, *es* forms and in the *du* form

heißen (to be called)
ich heiße	wir heißen
du **heißt**	ihr heißt
Sie heißen	Sie heißen
er ⎫	
sie ⎬ **heißt**	sie heißen
es ⎭	

schlafen (to sleep)
ich schlafe	wir schlafen
du **schläfst**	ihr schläft
Sie schlafen	Sie schlafen
er ⎫	
sie ⎬ **schläft**	Sie schlafen
es ⎭	

tragen (to wear, carry)
ich trage	wir tragen
du **trägst**	ihr tragt
Sie tragen	Sie tragen
er ⎫	
sie ⎬ **trägt**	sie tragen
es ⎭	

sehen (to see)
ich sehe	wir sehen
du **siehst**	ihr seht
Sie sehen	Sie sehen
er ⎫	
sie ⎬ **sieht**	sie sehen
es ⎭	

essen (to eat)
ich esse	wir essen
du **ißt**	ihr eßt
Sie essen	Sie essen
er ⎫	
Sie ⎬ **ißt**	sie essen
es ⎭	

lesen (to read)
ich lese	wir lesen
du **liest**	ihr lest
Sie lesen	Sie lesen
er ⎫	
sie ⎬ **liest**	sie lesen
es ⎭	

(c) Reflexive verbs

sich waschen (to get washed)
ich wasche mich	wir waschen uns
du **wäschst** dich	ihr wascht euch
Sie waschen sich	Sie waschen sich
er ⎫	
sie ⎬ **wäscht** sich	sie waschen sich
es ⎭	

(d) Separable verbs

The first part of this type of verb is called the PREFIX and is normally found at the end of the clause or sentence.

fernsehen (to watch television)
ich sehe ... *fern*	wir sehen ... *fern*
du **siehst** ... *fern*	ihr seht ... *fern*
Sie sehen ... *fern*	Sie sehen ... *fern*
er ⎫	
sie ⎬ **sieht** ... *fern*	sie sehen ... *fern*
es ⎭	

sich ausruhen (to rest)
ich ruhe mich ... **aus**	wir ruhen uns **aus**
due ruhst dich ... **aus**	ihr ruht ihr **aus**
Sie ruhen sich ... **aus**	Sie ruhen sich **aus**
er ⎫	
sie ⎬ ruht sich ... **aus**	sie ruhen sich **aus**
es ⎭	

(e) Auxiliary verbs

sein (to be)
ich bin	wir sind
du bist	ihr seid
Sie sind	Sie sind
er ⎫	
sie ⎬ ist	sie sind
es ⎭	

haben (to have)
ich habe	wir haben
du hast	ihr habt
Sie haben	Sie haben
er ⎫	
sie ⎬ hat	sie haben
es ⎭	

werden (to become)
ich werde	wir werden
du **wirst**	ihr werdet
Sie werden	Sie werden
er ⎫	
sie ⎬ **wird**	sie werden
es ⎭	

21. The Future Tense

The Future tense is formed from the Present tense forms of *werden* together with the INFINITIVE of the verb which is normally found at the end of the clause or sentence.

aufstehen (to get up)
ich **werde** ... aufstehen	wir **werden** ... aufstehen
du **wirst** ... aufstehen	ihr **werdet** ... aufstehen
Sie **werden** ... aufstehen	Sie **werden** ... aufstehen
er ⎫	
sie ⎬ **wird** ... aufstehen	sie **werden** ... aufstehen
es ⎭	

Beispiele:
Ich **werde** in die Kegelbahn **gehen**.
Du **wirst** im Fernsehraum **fernsehen**.
Sie **werden** Ihren Schlüssel **holen**.
Er **wird** sich **abtrocknen**.

Wir **werden** ins Kino **gehen**.
Ihr **werdet** Tennis **spielen**.
Sie **werden** nach Garmisch **fahren**.
Sie **werden** in der Stadt **einkaufen**.

22. The Imperfect Tense

(a) Weak Verbs (regular)

kochen
ich kochte	wir kochten
du kochtest	ihr kochtet
Sie kochten	Sie kochten
er ⎫	
sie ⎬ kochte	sie kochten
es ⎭	

(b) Strong Verbs (irregular)

essen
ich aß	wir aßen
du aßt	ihr aßt
Sie aßen	Sie aßen
er ⎫	
sie ⎬ aß	sie aßen
es ⎭	

tragen
ich trug	wir trugen
du trugst	ihr trugt
Sie trugen	Sie trugen
er ⎫	
sie ⎬ trug	sie trugen
es ⎭	

lesen
ich las	wir lasen
du last	ihr last
Sie lasen	Sie lasen
er ⎫	
sie ⎬ las	sie lasen
es ⎭	

(c) Auxiliary Verbs

(i) *sein*
ich war	wir waren
du warst	ihr wart
Sie waren	Sie waren
er ⎫	
sie ⎬ war	sie waren
es ⎭	

(ii) *haben*
ich hatte	wir hatten
du hattest	ihr hattet
Sie hatten	Sie hatten
er ⎫	
sie ⎬ hatte	sie hatten
es ⎭	

(iii) *werden*
ich wurde	wir wurden
du wurdest	ihr wurdet
Sie wurden	Sie wurden
er ⎫	
sie ⎬ wurde	sie wurden
es ⎭	

(b) Strong Verbs

essen
ich **habe** ... gegessen	wir **haben** ... gegessen
du **hast** ... gegessen	ihr **habt** ... gegessen
Sie **haben** ... gegessen	Sie **haben** ... gegessen
er ⎫	
sie ⎬ **hat** ... gegessen	sie **haben** ... gegessen
es ⎭	

gehen
ich **bin** ... gegangen	wir **sind** ... gegangen
du **bist** ... gegangen	ihr **seid** ... gegangen
Sie **sind** ... gegangen	Sie **sind** ... gegangen
er ⎫	
sie ⎬ **ist** ... gegangen	sie **sind** ... gegangen
es ⎭	

(c) Verbs that take "sein"

The more common verbs used in this book that take *sein* are:

gehen (Sie **ist** in die Küche gegangen.)
fahren (Sie **ist** in die Stadt gefahren.)
aufstehen (Sie **ist** um 7 Uhr aufgestanden.)
laufen (Sie **ist** die Straße entlanggelaufen.)
kommen (Sie **ist** aus dem Kino gekommen.)
springen (Sie **ist** ins Wasser gesprungen.)
einsteigen (Sie **ist** in den Bus eingestiegen.)
aussteigen (Sie **ist** aus dem Zug ausgestiegen.)
sein (Sie **ist** im Kino gewesen.)
werden (Sie **ist** müde geworden.)
geschehen (Was **ist** dann geschehen?)
bleiben (**Ist** sie in der Gaststube geblieben?)

---

23. The Perfect Tense

The Perfect Tense is formed from the Present tense forms of either *haben* or *sein* together with the PAST PARTICIPLE which is normally at the end of the clause or sentence. (The past participle of a strong verb ends in **–en**, of a weak verb in **–t**.

(a) Weak Verbs

kochen
ich **habe** ... gekocht	wir **haben** ... gekocht
du **hast** ... gekocht	ihr **habt** ... gekocht
Sie **haben** ... gekocht	Sie **haben** ... gekocht
er ⎫	
sie ⎬ **hat** ... gekocht	sie **haben** ... gekocht
es ⎭	

24. The Pluperfect Tense

The Pluperfect Tense is formed from the Imperfect tense forms of either *haben* or *sein* together with the PAST PARTICIPLE which is normally at the end of the clause or sentence. (The past participle of a strong verb ends in **–en**, of a weak verb in **–t**.

(a) Weak Verbs

kochen
ich **hatte** ... gekocht	wir **hatten** ... gekocht
du **hattest** ... gekocht	ihr **hattet** ... gekocht
Sie **hatten** ... gekocht	Sie **hatten** ... gekocht
er ⎫	
sie ⎬ **hatte** ... gekocht	sie **hatten** ... gekocht
es ⎭	

(b) Strong Verbs

essen

ich **hatte** ... gegessen	wir **hatten** ... gegessen
du **hattest** ... gegessen	ihr **hattet** ... gegessen
Sie **hatten** ... gegessen	Sie **hatten** ... gegessen
er / sie / es } **hatte** ... gegessen	sie **hatten** ... gegessen

gehen

ich **war** ... gegangen	wir **waren** ... gegangen
du **warst** ... gegangen	ihr **wart** ... gegangen
Sie **waren** ... gegangen	Sie **waren** ... gegangen
er / sie / es } **war** ... gegangen	sie **waren** ... gegangen

25. The Conditional Tense

The Conditional Tense is formed from the Imperfect subjunctive of *werden* (*ich würde*) and the INFINITIVE. This applies to regular and irregular verbs. (Compare with the Future tense § 21.)

essen

ich **würde** ... essen	wir **würden** ... essen
du **würdest** ... essen	ihr **würdet** ... essen
Sie **würden** ... essen	Sie **würden** ... essen
er / sie / es } **würde** ... essen	sie **würden** ... essen

26. The Future Perfect Tense

The Future Perfect is a combination of the Future and Perfect tenses:

essen

ich **werde** ... gegessen haben	wir **werden** ... gegessen haben
du **wirst** ... gegessen haben	ihr **werdet** ... gegessen haben
Sie **werden** ... gegessen haben	Sie **werden** ... gegessen haben
er / sie / es } **wird** ... gegessen haben	sie **werden** ... gegessen haben

gehen

ich **werde** ... gegangen sein	wir **werden** ... gegangen sein
du **wirst** ... gegangen sein	ihr **werdet** ... gegangen sein
Sie **werden** ... gegangen sein	Sie **werden** ... gegangen sein
er / sie / es } **wird** ... gegangen sein	sie **werden** ... gegangen sein

27. The Conditional Perfect Tense

The Conditional Perfect is a combination of the Conditional and Perfect tenses:

essen

ich **würde** ... gegessen **haben**	ich **hätte** ... gegessen
du **würdest** ... gegessen **haben**	du **hättest** ... gegessen
Sie **würden** ... gegessen **haben**	Sie **hätten** ... gegessen
er / sie / es } **würde** ... gegessen **haben**	er / sie / es } **hätte** ... gegessen
wir **würden** ... gegessen **haben**	wir **hätten** ... gegessen
ihr **würdet** ... gegessen **haben**	ihr **hättet** ... gegessen
Sie **würden** ... gegessen **haben**	Sie **hätten** ... gegessen
sie **würden** ... gegessen **haben**	sie **hätten** ... gegessen

gehen

ich **würde** ... gegangen **sein**	ich **wäre** ... gegangen
du **würdest** ... gegangen **sein**	du **wärest** ... gegangen
Sie **würden** ... gegangen **sein**	Sie **wären** ... gegangen
er / sie / es } **würde** ... gegangen **sein**	er / sie / es } **wäre** ... gegangen
wir **würden** ... gegangen **sein**	wir **wären** ... gegangen
ihr **würdet** ... gegangen **sein**	ihr **wäret** ... gegangen
Sie **würden** ... gegangen **sein**	Sie **wären** ... gegangen
sie **würden** ... gegangen **sein**	sie **wären** ... gegangen

28. The Imperative

The Imperative forms are used for giving commands. The usual forms for both strong and weak verbs are as follows:
(a) Reiche (*du* form) – **Reiche** mir das Buch!
   Reicht (*ihr* form) – **Reicht** mir das Buch!
   Reichen Sie (*Sie* form – singular and plural)
      – **Reichen Sie** mir das Buch!

   (Trage! Tragt! Tragen Sie!)

(b) The *e* of the *du* form is often dropped. (**geh, komm**)
(c) Strong verbs with the stem vowel *e* mostly change the *e* to *ie* or *i* in the *du* form:
lies! (from lesen)
nimm! (from nehmen)
gib! (from geben)

29. Um ... zu

There are four main patterns (The Infinitive is used with *zu* and is always at the end of the clause or sentence.)

Sie ging in die Küche, **um zu kochen**. (Ordinary strong or weak verb.)

Sie ging ins Wohnzimmer, **um fernzusehen**. (Verb with separable prefix.)

Sie ging ins Badezimmer, **um sich zu waschen**. (Reflexive verb.)

Sie ging ins Schlafzimmer, **um sich anzuziehen**. (Reflexive verb with separable prefix.)

30. Modal Verbs

There are six modal verbs. They are:
können – to be able to (can)
dürfen – to be allowed to (may, can)
müssen – to have to (must)
mögen – to should/would like to.
wollen – to want to
sollen – to ought to (should)

(a) Present Tense

ich **will**	wir **wollen**
du **willst**	ihr **wollt**
Sie **wollen**	Sie **wollen**
er ⎫	
sie ⎬ **will**	sie **wollen**
es ⎭	

Similarly: ich darf/ich muß/ich kann/ich soll/ich mag.

(b) Imperfect Tense

ich **wollte**	wir **wollten**
du **wolltest**	ihr **wolltest**
Sie **wollten**	Sie **wollten**
er ⎫	
sie ⎬ **wollte**	sie **wollten**
es ⎭	

Similarly: ich durfte/ich mußte/ich konnte/ich sollte/ich mochte.

Modal verbs are used with the Infinitive which is normally at the end of the clause or sentence.

Ich **will** ins Kino **gehen**
Ich **wollte** Tennis **spielen**

Wir **müssen** nach Garmisch **fahren**
Sie **mußten** ihre Hausaufgaben **machen**.

(c) **Note:**

(i) Difficult constructions:
Er hätte gehen können – He could have gone.
Er hätte gehen müssen – He would have had to go.
Er hätte gehen wollen – He would have wanted to go.
Er hätte gehen dürfen – He would have been allowed to go.
Er hätte gehen mögen – He would have liked to go.
Er hätte gehen sollen – He ought to have gone.

(ii) Während der Ferien **konnten** sie ans Meer fahren – They were able to go to the sea during the holidays.

Während der Ferien **könnten** sie ans Meer fahren – They could go to the sea during the holidays (i.e. there is a possibility that they might).

(iii) Ich **möchte** noch eine Tasse Kaffee, bitte – I'd like another cup of coffee, please.

31. Voice

Active and Passive
"Voice" is the form of a verb by which the relation of the subject to the action is indicated.

(a) In the active voice the subject *is* something or *does* something to someone or something outside itself. It is the agent.
e.g. Der Edelmann kaufte das Porträt.
(The nobleman bought the portrait.)

(b) In the passive voice the subject has something done to it by some outside agent. It suffers the action.
e.g. Das Porträt wurde von dem Edelmann gekauft.
(The portrait was bought by the nobleman.)

(c) The direct object of the active is the subject of the passive.
e.g. Der Diener rettete **das Porträt**.
Das Porträt wurde von dem Diener gerettet.

32. The Formation of the Passive

The Passive is formed by using the Past Participle of the verb with the appropriate tense of *werden*.

gemalt werden (to be painted)

(a) Present Tense (It is (being) painted etc.)

ich **werde** ... gemalt	wir **werden** ... gemalt
du **wirst** ... gemalt	ihr **werdet** ... gemalt
Sie **werden** ... gemalt	Sie **werden** ... gemalt
er ⎫	
sie ⎬ **wird** ... gemalt	sie **werden** ... gemalt
es ⎭	

(b) Imperfect Tense (It was (being) painted etc.)

ich **wurde** ... gemalt	wir **wurden** ... gemalt
du **wurdest** ... gemalt	ihr **wurdet** ... gemalt
Sie **wurden** ... gemalt	Sie **wurden** ... gemalt
er / sie / es } **wurde** ... gemalt	sie **wurden** ... gemalt

(c) Perfect Tense (It has been painted etc.)

ich **bin** ... gemalt **worden**	wir **sind** ... gemalt **worden**
du **bist** ... gemalt **worden**	ihr **seid** ... gemalt **worden**
Sie **sind** ... gemalt **worden**	Sie **sind** ... gemalt **worden**
er / sie / es } **ist** ... gemalt **worden**	sie **sind** ... gemalt **worden**

(d) Pluperfect Tense (It had been painted etc.)

ich **war** ... gemalt **worden**	wir **waren** ... gemalt **worden**
du **warst** ... gemalt **worden**	ihr **wart** ... gemalt **worden**
Sie **waren** ... gemalt **worden**	Sie **waren** ... gemalt **worden**
er / sie / es } **war** ... gemalt **worden**	sie **waren** ... gemalt **worden**

The other tenses are formed as follows:
Future Passive: Es wird ... gemalt werden (It will be painted)
Conditional Passive: Es würde ... gemalt werden (It would be painted)
Future Perfect Passive: Es wird ... gemalt worden sein. (It will have been painted.)
Conditional Perfect Passive: Es würde ... gemalt worden sein. (It would have been painted.)

Note:
(i) "By" is translated by **von** (agent), **durch** (means), **mit** (instrument):
  Das Porträt wurde **von dem Maler** verkauft.
  Es wurde **durch die Geschicklichkeit** des Kunstexperten restauriert.
  Die Kartoffeln wurden **mit einem Messer** geschält.

(ii) The Passive can often be avoided by using **man**:
  Hier spricht man deutsch – German is spoken here.

33. The Subjunctive in Indirect Speech

(i) The Subjunctive is often used in reported speech. (e.g. after such verbs as saying, hoping, thinking, fearing, asking etc.)

(ii) The tense of the Subjunctive is that of the original statement.
  e.g.
  Sie sagte: „Ich bin krank." (Present Indicative)
  Sie sagte, daß sie krank sei. (Present Subjunctive)
  Sie fragte: „Bist du krank?" (Present Indicative)
  Sie fragte, ob ich krank sei. (Present Subjunctive)

(iii) If, however, in the person and number used, the Present Indicative and Present Subjunctive have the same form, the Imperfect Subjunctive is used. Similarly, if the Perfect Indicative and Subjunctive forms are the same, the Pluperfect Subjunctive is used:
  (a) Er sagte, daß er noch esse. (He said he was still eating.)
  (b) Er sagte, daß sie noch *äßen*. (He said they were still eating. – Imperfect Subjunctive used for Present.)
  (c) Er fragte, ob er das Buch gelesen habe. (He asked if he had read the book.)
  (d) Er fragte, ob sie das Buch gelesen *hätten*. (He asked if they had read the book. – Pluperfect Subjunctive used for Perfect.)

34. The Formation of the Subjunctive

The endings of the Present and Imperfect Subjunctive forms are the same for all verbs, except in the 1st and 3rd persons singular Present of *sein*.

sing –e, –est, –en, –e
pl –en, –et, –en, –en

(a) The Present Subjunctive

The above endings are added to the stem of the Infinitive. *sein* is the only verb having irregular forms in the Present Subjunctive:

sagen (wk)	**fahren** (st)	**sein**
ich sage	ich fahre	ich sei
du sagest	du fahrest	du seiest
Sie sagen	Sie fahren	Sie seien
er / sie / es } sage	er / sie / es } fahre	er / sie / es } sei
wir sagen	wir fahren	wir seien
ihr saget	ihr fahret	ihr seiet
Sie sagen	Sie fahren	Sie seien
sie sagen	sie fahren	sie seien

(b) The Imperfect Subjunctive

(i) The Imperfect Subjunctive of *weak* verbs is the same as the Imperfect Indicative.

(ii) The Imperfect Subjunctive of strong verbs is found by adding the following endings of the Imperfect Indicative.

sing –e, –est, –en, –e
pl –en, –et, –en, –en

Strong verbs add an umlaut in the stem vowel if possible, as do also, – *haben, wissen* and *werden* (e.g. ich hätte, ich wüßte, ich würde):

strong		weak
ich führe	ich wäre	ich sagte
du führest	du wärest	du sagtest
Sie führen	Sie wären	Sie sagten
er/sie/es führe	er/sie/es wäre	er/sie/es sagte
wir führen	wir wären	wir sagten
ihr führet	ihr wäret	ihr sagtet
Sie führen	Sie wären	Sie sagten
sie führen	sie wären	sie sagten

(c) The Perfect Subjunctive

This is formed by using the Present Subjunctive forms of *haben* and *sein* with the Past Participle:

ich **habe** ... gesagt   ich **sei** ... gefahren
du **habest** ... gesagt   du **seiest** ... gefahren
Sie **haben** ... gesagt   Sie **seien** ... gefahren
er/sie/es **habe** ... gesagt   er/sie/es **sei** ... gefahren

wir **haben** ... gesagt   wir **seien** ... gefahren
ihr **habet** ... gesagt   ihr **seiet** ... gefahren
Sie **haben** ... gesagt   Sie **seien** ... gefahren
sie **haben** ... gesagt   sie **seien** ... gefahren

(d) The Pluperfect Subjunctive

This is formed by using the Imperfect Subjunctive forms of *haben* and *sein* with the Past Participle:

ich **hätte** ... gesagt   ich **wäre** ... gefahren
du **hättest** ... gesagt   du **wärest** ... gefahren
Sie **hätten** ... gesagt   Sie **wären** ... gefahren
er/sie/es **hätte** ... gesagt   er/sie/es **wäre** ... gefahren

wir **hätten** ... gesagt   wir **wären** ... gefahren
ihr **hättet** ... gesagt   ihr **wäret** ... gefahren
Sie **hätten** ... gesagt   Sie **wären** ... gefahren
sie **hätten** ... gesagt   sie **wären** ... gefahren

35. Conjunctions

Conjunctions are used to join statements or clauses. You must be careful with the word order when you use them (cf. § 36).

There are two main types of conjunction:

(a) Subordinating conjunctions

The following conjunctions introduce subordinate clauses (i.e. clauses that do *not* convey the main information of the sentence but tell *when, why, how*, etc. actions take place. The verb is sent to the end of the clause:

(i) *Temporal* (time)
als (when, if)   **solange** (as long as)
wenn (whenever)   **nachdem** (after)
während (while)   **bevor** / **ehe** (before)
bis (until)
sobald (as soon as)   **seitdem** (since)
sooft (as often as)

(ii) *Cause, purpose, result*
weil (because)   **damit** (so that)
da (as, since)   **so daß** (so that, with the result that)

(iii) *Miscellaneous*
daß (that)   **obwohl** / **obgleich** / **obschon** (although)
ob (if, whether)
falls (in case)   **als ob** / **als wenn** (as if)

(iv) *Interrogative words used as subordinating conjunctions*
wo (where)   **wie** (how)
wohin (where ... to)   **wann** (when)
woher (where ... from)   **warum** (why)

(b) Coordinating conjunctions

The following conjunctions link main clauses (i.e. clauses that are of equal importance and convey the main information of the sentence) and do not affect the word order:

und (and)   **aber** (but)
oder (or)   **sondern** (but, as a contrast)
denn (for, i.e. because)

36. Word Order

(a) Past participles and infinitives are normally at the end of a clause or sentence:

Er ist in die Stadt **gefahren**.
Er wird in die Stadt **fahren**.
Er muß in die Stadt **fahren**.
Er steigt in seinen Wagen ein, um in die Stadt zu **fahren**.

(b) The verb is normally the second idea in a sentence:

Sie **fährt** jeden Tag zur Schule.
Jeden Tag **fährt** sie zur Schule.

Sie **wird** morgen zur Schule fahren.
Morgen **wird** sie zur Schule fahren.

Sie **ist** gestern zur Schule gefahren.
Gestern **ist** sie zur Schule gefahren.

Sie **fährt** zur Schule, nachdem sie in den Bus eingestiegen ist.
Nachdem sie in den Bus eingestiegen ist, **fährt** sie zur Schule.

(c) The verb is, however, sent to the end of the clause after subordinating conjunctions:

Wenn sie in die Stadt **fährt**.
Als sie in die Stadt **fuhr**.
Bevor sie nach Garmisch **fahren**.
Nachdem sie ins Kino gegangen **sind**.
Während er seine Pfeife **raucht**.
Weil sie nicht ins Kino gehen **konnten**.
Da es während des Tages geregnet **hat**.

and in relative clauses:

Der Mann, **der** im Fernsehraum **saß**.
Die Frau, **deren** Mann krank **ist**.
Das Mädchen mit **dem** ich ins Kino **ging**.

(d) There is no change of word order after coordinating conjunctions:

Er ging in die Küche, und er bereitete das Frühstück.
Wir könnten ins Kino gehen, oder wir könnten zu Hause bleiben.
Ich könnte zu Hause bleiben, aber ich gehe lieber ins Kino.
Sie konnte Tennis nicht spielen, denn sie mußte einen Aufsatz schreiben.

(e) In a German clause or sentence, expressions of TIME precede those of MANNER and those of MANNER precede those of PLACE:

TIME (Wann?)

MANNER (Wie?/Womit?)

PLACE (Wo?/Wohin?/Woher?)

Gestern abend ging ich mit einem Freund ins Kino.
Letzten Sommer flogen wir mit dem Flugzeug nach Deutschland.
Gestern nachmittag gingen wir schnell die Straße entlang.

(f) *Direct and Indirect Objects.*

1. When there are two nouns in a clause or sentence, the Indirect Object (Dative) precedes the Direct Object (Accusative):
   Karl gab **dem** Mann **den** Wein.

2. When there are two pronouns in a clause or sentence, the Direct Object (Accusative) precedes the Indirect Object (Dative):
   Karl gab **ihn ihm**.

3. When there are a noun and a pronoun in the clause or sentence, the pronoun precedes the noun.
   Karl gab **ihn** dem Mann.
   Karl gab **ihm** den Wein.

(g) The verb is inverted in questions:

Schläft sie im Wohnzimmer?
Ist sie in der Stadt gewesen?

37. Plural Formation of Nouns

The formation of noun plurals in German often causes difficulty. You should learn the gender and plural of each noun as you meet it. You may find the following notes helpful:

A. Masculine Nouns (*der* words)

1. The majority of masculine nouns ending in *–el*, *–en* or *–er* have the same form in the plural as they do in the singular. A few add an umlaut in the plural.

(a)
der Löffel (–) der Bäcker (–)
der Wagen (–)

(b)
der Apfel (⸚) der Magen (⸚)
der Bruder (⸚) der Mantel (⸚)
der Flughafen (⸚) der Ofen (⸚)
der Garten (⸚) der Regenmantel (⸚)
der Gemüseladen (⸚) der Vater (⸚)
der Hafen (⸚)

2. Most monosyllabic masculine nouns (e.g. Tisch) and their compounds (e.g. Schreibtisch) form their plural by adding *–e* or *⸚e*.

(a) Those containing the vowels *–i* or *–e* in their stem add *–e*:
der Tisch (–e) der Berg (–e)
der Film (–e)

(b) Those containing the vowels *–a*, *–o*, or *–u* in their stem usually add *⸚e*:
der Schrank (⸚e) der Kopf (⸚e)
der Hut (⸚e) der Baum (⸚e)

You should learn the following common monosyllabic masculine nouns (with their stem vowel, *–a*, *–o*, *–u*) that are exceptions in so far as they form their plural in *–e*:
der Arm (–e) der Pfad (–e)
der Dom (–e) der Ruf (–e)
der Hund (–e) der Schuh (–e)
der Ort (–e) der Tag (–e)

3. A few masculine nouns form their plurals by adding *⸚er*:
der Mann (⸚er) der Rand (⸚er)
der Mund (⸚er) der Wald (⸚er)

4. Other add *–s*:
der Bungalow (–s) der Jugendklub (–s)
der Friseursalon (–s) der Park (–s)
der Gummi (–s) der Schal (–s)
der Hotelboy (–s)

5. A few nouns (so called weak masculine nouns) form their plural by adding *–n* or *–en*. (These also add *–n* or *–en* to the Accusative, Genitive and Dative singular forms.)

der Affe (–n) der Junge (–n)
der Bär (–en) der Löwe (–n)
der Elefant (–en) der Mensch (–en)
der Junge (–n) der Neffe (–n)
der Herr (–en) der Student (–en)

Most masculine nouns ending in *–e* that denote nationality are weak masculines:
der Franzose (–n) der Russe (–n)

Note: *der Deutsche* is an exception. It is declined like an adjective.

B. Feminine Nouns (*die* words)

1. The majority of feminine nouns form their plural by adding *–n* or *–en*.
die Mappe (–n) die Uhr (–en)
die Blume (–n) die Fahrt (–en)
die Vase (–n) die Metzgerei (–en)

2. Feminine counterparts of male professions and nationalities etc. form their plurals by adding *–nen*:
(a) die Brieffreundin (–nen) die Lehrerin (–nen)
die Freundin (–nen) die Metzgerin (–nen)
die Kartenverkäuferin (–nen) die Schülerin (–nen)
die Kellnerin (–nen) die Verkäuferin (–nen)
etc. etc.

(b) die Französin (–nen) die Engländerin (–nen)

3. A few feminine nouns add *⸚e* in the plural.
die Bank (⸚e) die Nacht (⸚e)
die Gans (⸚e) die Stadt (⸚e)
die Hand (⸚e) die Wand (⸚e)
die Kuh (⸚e) die Wurst (⸚e)
die Maus (⸚e)

4. A few feminine nouns add *–s* in the plural.
die Bar (–s) die Saison (–s)
die Milchbar (–s) die Ziehharmonika (–s)

5. The following feminine nouns add ⸚ in the plural.
die Mutter (⸚)
die Tochter (⸚)

C. Neuter Nouns (*das* words)

1. Many neuter nouns form their plural by adding *–e*:
   das Heft (–e)
   das Flugzeug (–e)
   das Telefon (–e)

2. Others add either *–er* or *–̈er*.
   das Bild (–er)   das Buch (–̈er)
   das Kind (–er)   das Dach (–̈er)
   das Kleid (–er)   das Fahrrad (–̈er)

3. The majority of neuter nouns ending in *–el*, *–en* or *–er* have the same form in the plural as they do in the singular. (*Das Kloster* adds an Umlaut in the plural.)
   das Viertel (–)
   das Brötchen (–)
   das Zimmer (–)

4. A few neuter nouns add *–n* or *–en* in the plural.
   das Auge (–n)   das Ende (–n)
   das Bett (–en)   das Wochenende (–n)
   das Doppelbett (–en)   das Hemd (–en)
   das Einzelbett (–en)   das Ohr (–en)

5. A few neuter nouns (usually of foreign origin) add *–s* in the plural.
   das Auto (–s)   das Kilo (–s)
   das Büro (–s)   das Kino (–s)
   das Büffet (–s)   das Kotelett (–s)
   das Cello (–s)   das Radio (–s)
   das Hotel (–s)   das Taxi (–s)

D. Other plurals

der Bus (Busse)
der Eßsaal (Eßsäle)

Note: das Wort has two plurals:
das Wort (–e) – connected words that together make sense.
das Wort (–̈er) – disconnected words (as in a dictionary).

E. The following nouns are used only in the plural:

die Augenschmerzen   die Jeans
die Badesachen   die Kopfschmerzen
die Eltern   die Lebensmittel
die Ferien   die Magenschmerzen
die Geschwister   die Zahnschmerzen
die Herrschaften

38. Question Forms

A.
1. Was ist das? – (What's that?)
2. Wer ist das? – (Who is that?)
3. Was siehst du? – (What can you see?)
4. Wen siehst du? – (Whom can you see?)
5. Wessen Bruder ist er? – (Whose brother is he?)
6. Wem gab er es? – (To whom did he give it?)
7. Welcher Wagen ist es? – (Which car is it?)
8. Welchen Wagen siehst du? – (Which car can you see?)
9. Mit welchem Wagen fuhren sie? (In which car did they go?)
10. Was für ein Wagen ist es? – (What sort of a car is it?)
11. Was für einen Wagen hat er? – (What sort of a car has he got?)
12. Mit was für einem Wagen fuhren sie? (In what sort of a car did they go?)

B.
1. Wann? (When?)
2. Um wieviel Uhr? – (At what time?)
3. In welchem Monat/Jahr? – (In which month/year?)
4. Wie fuhren sie? – (How did they go?)
5. Wie ist es? – (What's it like?)
6. Womit schreibst du? – (What do you write with?)
7. Warum? – (Why?)
8. Wozu? – (Why?/For what purpose?)
9. Weshalb? – (Why?)
10. Wo? – (Where?)
11. Wohin? (Where to?)
12. Woher? – (Where from?)

C.
1. Was macht sie? – (What does she do?)
2. Was wird sie machen? – (What will she do?)
3. Was machte sie? – (What did she do?)
4. Was hat sie gemacht? – (What did she do?)
5. Was hatte sie gemacht? – (What had she done?)
6. Was würde sie machen? – (What would she do?)
7. Was wird sie gemacht haben? – (What will she have done?)
8. {Was hätte sie gemacht?
    Was würde sie gemacht haben? (What would she have done?)

D.
1. Was geschieht dann? – (What happens then?)
2. Was wird dann geschehen? – (What will happen then?)
3. Was geschah dann? – (What happened then?)
4. Was ist dann geschehen? – (What happened then?)
5. Woher weißt du ...? – (How do you know?)
6. Unter welchen Umständen ...? (In what circumstances?)
7. Wie sieht er aus? – (What does he look like?)

39. Irregular Verbs

A. Strong Verbs

(a) For compounds (e.g. *fernsehen, einsteigen, aufstehen* etc.)
see the simple forms *sehen, steigen* and *stehen*.
(b) *indicates that the verb is conjugated with *sein*.

Infinitive	3rd person sing. present	3rd person sing. imperfect	past participle	meaning
befehlen	befiehlt	befahl	befohlen	to command
beginnen	beginnt	begann	begonnen	to begin
beißen	beißt	biß	gebissen	to bite
bergen	birgt	barg	geborgen	to salvage
biegen	biegt	bog	gebogen	to bend
bieten	bietet	bot	geboten	to offer
binden	bindet	band	gebunden	to tie
bitten	bittet	bat	gebeten	to ask/request
bleiben	bleibt	blieb	*geblieben	to remain
braten	brät	briet	gebraten	to roast
brechen	bricht	brach	gebrochen	to break
dreschen	drischt	drosch	gedroschen	to thresh
dringen	dringt	drang	gedrungen	to press
empfehlen	empfiehlt	empfahl	empfohlen	to recommend
erschrecken	erschrickt	erschrak	erschrocken	to be scared
essen	ißt	aß	gegessen	to eat
fahren	fährt	fuhr	*gefahren	to go (by vehicle) to drive (+ *haben*)
fallen	fällt	fiel	*gefallen	to fall
fangen	fängt	fing	gefangen	to catch
finden	findet	fand	gefunden	to find
fliegen	fliegt	flog	*geflogen	to fly
fließen	fließt	floß	*geflossen	to flow
fressen	frißt	fraß	gefressen	to eat (of animals)
frieren	friert	fror	*gefroren	to freeze/be cold
geben	gibt	gab	gegeben	to give
gehen	geht	ging	*gegangen	to go
gelingen	gelingt	gelang	*gelungen	to succeed (impers.)
genießen	genießt	genoß	genossen	to enjoy
geschehen	geschieht	geschah	*geschehen	to happen (impers.)
gewinnen	gewinnt	gewann	gewonnen	to win
gießen	gießt	goß	gegossen	to pour
graben	gräbt	grub	gegraben	to dig
greifen	greift	griff	gegriffen	to grasp
halten	hält	hielt	gehalten	to hold to stop
hängen	hängt	hing	gehangen	to hang
heben	hebt	hob	gehoben	to lift
heißen	heißt	hieß	geheißen	to be called
helfen	hilft	half	geholfen	to help
kommen	kommt	kam	*gekommen	to come
kriechen	kriecht	kroch	*gekrochen	to creep
laden	lädt	lud	geladen	to load
lassen	läßt	ließ	gelassen	to let/leave
laufen	läuft	lief	*gelaufen	to run
leiden	leidet	litt	gelitten	to suffer
leihen	leiht	lieh	geliehen	to lend
lesen	liest	las	gelesen	to read
liegen	liegt	lag	gelegen	to lie/be situated
meiden	meidet	mied	gemieden	to avoid
melken	melkt	molk	gemolken	to milk
messen	mißt	maß	gemessen	to measure
nehmen	nimmt	nahm	genommen	to take
pfeifen	pfeift	pfiff	gepfiffen	to whistle
raten	rät	riet	geraten	to advise
reiben	reibt	rieb	gerieben	to rub
reißen	reißt	riß	gerissen	to tear
reiten	reitet	ritt	*geritten	to ride (also + *haben*)
riechen	riecht	roch	gerochen	to smell
rufen	ruft	rief	gerufen	to call
saufen	säuft	soff	gesoffen	to drink (of animals)
	schafft	schuf	geschaffen	to create
scheiden	scheidet	schied	*geschieden	to part
scheinen	scheint	schien	geschienen	to shine/seem
schieben	schiebt	schob	geschoben	to push
schießen	schießt	schoß	geschossen	to shoot
schlafen	schläft	schlief	geschlafen	to sleep
schlagen	schlägt	schlug	geschlagen	to hit/strike
schließen	schließt	schloß	geschlossen	to shut
schneiden	schneidet	schnitt	geschnitten	to cut
schreiben	schreibt	schrieb	geschrieben	to write
schreien	schreit	schrie	geschrien	to shout/scream
schreiten	schreitet	schritt	*geschritten	to stride
schweigen	schweigt	schwieg	geschwiegen	to be silent
schwimmen	schwimmt	schwamm	*geschwommen	to swim
schwinden	schwindet	schwand	*geschwunden	to dwindle
sehen	sieht	sah	gesehen	to see
sein	ist	war	*gewesen	to be
singen	singt	sang	gesungen	to sing
sinken	sinkt	sank	*gesunken	to sink
sitzen	sitzt	saß	gesessen	to sit
sprechen	spricht	sprach	gesprochen	to speak
springen	springt	sprang	*gesprungen	to jump

stehen	steht	stand	gestanden	to stand
stehlen	stiehlt	stahl	gestohlen	to steal
steigen	steigt	stieg	*gestiegen	to climb
sterben	stirbt	starb	*gestorben	to die
stoßen	stößt	stieß	gestoßen	to push
tragen	trägt	trug	getragen	to wear/carry
treffen	trifft	traf	getroffen	to meet/hit
treiben	treibt	trieb	getrieben	to drive/go in for
treten	tritt	trat	*getreten	to step
trinken	trinkt	trank	getrunken	to drink
tun	tut	tat	getan	to do
vergessen	vergißt	vergaß	vergessen	to forget
verlieren	verliert	verlor	verloren	to lose
wachsen	wächst	wuchs	*gewachsen	to grow
waschen	wäscht	wusch	gewaschen	to wash
weisen	weist	wies	gewiesen	to point
werden	wird	wurde	*geworden	to become
werfen	wirft	warf	geworfen	to throw
wiegen	wiegt	wog	gewogen	to weigh
ziehen	zieht	zog	gezogen	to pull
zwingen	zwingt	zwang	gezwungen	to force

B. Mixed Verbs

brennen	brennt	brannte	gebrannt	to burn
bringen	bringt	brachte	gebracht	to bring
denken	denkt	dachte	gedacht	to think
haben	hat	hatte	gehabt	to have
kennen	kennt	kannte	gekannt	to know
nennen	nennt	nannte	genannt	to name
rennen	rennt	rannte	*gerannt	to run/race
senden	sendet	sandte	gesandt	to send
wenden	wendet	wandte	gewandt	to turn
wissen	weiß	wußte	gewußt	to know

C. Modal Verbs

dürfen	darf	durfte	gedurft	to be allowed
können	kann	konnte	gekonnt	to be able
mögen	mag	mochte	gemocht	to like
müssen	muß	mußte	gemußt	to have to/must
sollen	soll	sollte	gesollt	to owe (ought/should)
wollen	will	wollte	gewollt	to want to

40. Weak Verbs

(a) Verbs in this book other than those listed above and their compounds are weak and follow the pattern of „kochen" e.g.:

kochen kocht kochte gekocht to cook

(b) Verbs ending in –*ieren* omit the *ge-* in the past participle e.g.:

telefonieren telefoniert telefonierte telefoniert to phone

41. Inseparable Prefixes

A number of verbs have inseparable prefixes. The most common of these are: **be–, emp–, ent–, er–, ge–, ver–, miß–, zer–**.

bestehen (to consist)   geschehen (to happen)
empfangen (to receive) verstehen (to understand)
entdecken (to discover) mißverstehen (to misunderstand)
erzählen (to tell)   zerstören (to destroy)

42. The Present Participle

(i) The present participle is formed by adding **–d** to the infinitive. e.g.
   sinken – sinkend

(ii) It is normally used only as an adjective and therefore takes the normal adjectival endings. (c.f. 12, 13 and 14). e.g.
   das sinkende Schiff

43. Translation of the English Present Participle

The English present participle may be translated in several ways:

(a)	By a present participle used adjectively.	*die folgende Geschichte* (the following story)
(b)	By a simple infinitive (without *zu*) after **bleiben, finden, fühlen, hören, lassen** and **sehen**	*Er sah mich kommen* (He saw me coming)
(c)	By an infinitive used as a noun.	*Sie war des Fahrens müde* (She was tired of driving.)
(d)	By an infinitive with *zu* when dependent on an adjective.	*Es ist angenehm, hier zu sitzen.* (It is pleasant sitting here.)
(e)	**ohne .... zu** **anstatt .... zu**	*ohne einen Augenblick zu verlieren* (without losing a moment) *anstatt zu Hause zu bleiben* (instead of staying at home)
(f)	**ohne daß** **anstatt daß** } when the present participle is a verbal noun	*Er kam ins Zimmer, ohne daß ich ihn sah.* (He came into the room without my seeing him.)
(g)	By a subordinate clause with **da, weil, während, nachdem, ehe, bevor**	*Da ich Durst hatte, trank ich ein Glas Bier.* (Feeling thirsty, I ....) *Ehe ich in die Schule gehe, frühstücke ich.* (Before going to school, I ....)
(h)	By a subordinate clause introduced by **wie** after verbs of seeing or hearing.	*Ich hörte, wie er die Haustür aufmachte.* (I heard him opening the front door.)
(i)	By a main clause introduced by **und**	*Sie saß im Lehnstuhl und las.* (She sat in the armchair reading.)
(j)	By the past participle of verbs of motion after **kommen**	*Er kam auf mich zugelaufen* (He came running up to me.)
(k)	By a relative clause	*Die Frau, die auf der Bank sitzt, raucht eine Zigarette.* (The woman sitting on the seat is smoking a cigarette.)
(l)	By an adjective phrase	*Ein Schach spielender Junge* (A boy playing chess.)
(m)	By a finite verb with **gern, lieber, am liebsten**	*Ich fahre gern nach Deutschland* (I like going to Germany) etc.

44. Verbs followed by the Dative

antworten (*to answer*)	Er antwortete **mir** sofort.
befehlen (*to order*)	Der Zollbeamte befahl **dem** Fahrgast, den Koffer aufzumachen.
begegnen (*to meet*)	Sie ist **ihrem** Freund auf der Straße begegnet.
danken (*to thank*)	Die Jungen dankten **dem** Bauern.
dienen (*to serve*)	Er diente **seinem** Herrn seit 30 Jahren.
drohen (*to threaten*)	Der Einbrecher drohte **der** Frau mit ihrem Leben.
erlauben (*to allow*)	Sie erlaubte **ihrem** Sohn, Zigaretten zu rauchen.
folgen (*to follow*)	Die Polizisten folgten **dem** Dieb.
gefallen (*to please, like*)	Der Film hat **meinem** Freund gefallen.
gehorchen (*to obey*)	Der Löwe gehorchte **den** Befehlen des Dompteurs.
gehören (*to belong to*)	Das Buch gehörte **meiner** Schwester.
gelingen (*to succeed, manage*)	Es gelang **dem** Hund, das Kind aus dem Wasser zu ziehen.
glauben (*to believe*)	Der Detektiv glaubte **dem** Verbrecher nicht.
gleichen (*to resemble*)	Der Sohn gleicht **seinem** Vater.
helfen (*to help*)	Das Mädchen half **ihrem** Vater in der Küche.
sich nähern (*to approach*)	Der Zug näherte sich **dem** Bahnhof.
schmecken (*to taste, like*)	Das Essen hat **mir** geschmeckt.
raten (*to advise*)	Der Lehrer riet **dem** Schüler, auf die Universität zu gehen.
trauen (*to trust*)	Der Student traute **seinen** Augen nicht.

45. Verbs with Prepositions

an
denken an + Acc. (*to think of*) | Er dachte an seinen Vater.
sich erinnern an + Acc. (*to remember*) | Er erinnerte sich an den Wagen.
sich gewöhnen an + Acc. (*to get used to*) | Er gewöhnte sich an das Essen.
glauben an + Acc. (*to believe in*) | Er glaubte an einen Gott.
leiden an + Dat. (*to suffer from*) | Er litt an der Grippe.

auf
sich freuen auf + Acc. (*to look forward to*) | Sie freute sich auf die Ferien.
warten auf + Acc. (*to wait for*) | Sie wartete auf den Bus.
sich verlassen auf + Acc. (*to rely on*) | Sie verließ sich auf ihren Freund.
antworten auf + Acc. (*to answer*) | Sie antwortete auf ihren Brief.
bestehen auf + Dat. (*to insist on*) | Sie bestand auf der Wahrheit.

aus
stammen aus + Dat. (*to originate/come from*) | Er stammte aus einem Dorf in Süddeutschland.
bestehen aus + Dat. (*to consist of*) | Die Familie bestand aus einem Vater, einer Mutter und einem Kind.

bei
sich beklagen bei + Dat. (*to complain to*) (c.f. also **über** below) | Er beklagte sich bei der Polizei.
sich entschuldigen bei + Dat. (*to apologize to*) | Er entschuldigte sich bei der Frau.
helfen bei + Dat. (*to help with*) | Er half bei der Arbeit.

für
halten für + Acc. (*to consider*) | Er hielt ihn für einen Freund.
sich interessieren für + Acc. (*to be interested in*) | Er interessiert sich für den Sport.

nach
fragen nach + Dat. (*to ask about*) | Er fragte nach den Zeiten der Züge.
schicken nach + Dat. (*to send for*) | Er schickte nach dem Geld.
riechen nach + Dat. (*to smell of*) | Es roch nach altem Fisch.

über
reden/sprechen/plaudern über + Acc. (*to talk about*) | Sie redete (sprach/plauderte) über das Wetter.
sich freuen über + Acc. (*to be pleased about*) | Sie freute sich über sein Geschenk.
klagen über + Acc. (*to complain about*) | Sie klagte über seinen Nachbarn.
sich beklagen über + Acc. (*to complain about*) | Sie beklagte sich über den Preis.
lachen über + Acc. (*to laugh about*) | Sie lachte über den Witz.
spotten über + Acc. (*to mock at*) | Sie spottete über seine Angst.
sich wundern über + Acc. (*to be amazed at*) | Sie wunderte sich über ihr Glück.
sich ärgern über + Acc. (*to be annoyed at*) | Sie ärgerte sich über ihren Unfall.

um
betteln um + Acc. (*to beg for*) | Er bettelte um ein Stück Brot.
bitten um + Acc. (*to ask for*) | Er bat um eine Glas Bier.
sich streiten um + Acc. (*to fight for*) | Sie stritten sich um das Geld.

vor
sich fürchten vor + Dat. (*to be afraid of*) | Sie fürchtete sich vor dem Einbrecher.
Angst haben vor + Dat. (*to be afraid of*) | Sie hatte Angst vor der Dunkelheit.
zittern vor + Dat. (*to tremble/shiver with*) | Er zitterte vor Kälte.
weinen vor + Dat. (*to cry with*) | Sie weinte vor Freude.
warnen vor + Dat. (*to warn of*) | Sie warnte ihn vor der Gefahr.

46. Verbs to watch

to allow/be allowed	
erlauben (*to allow*)	Die Mutter erlaubte ihrer Tocher spät auszubleiben.
dürfen (*to be allowed*)	Die Tochter durfte bis spät ausbleiben
to ask	
fragen (*to enquire*)	Er fragte den Mann, ob er mitkommen dürfe.
eine Frage stellen (*to put a question*)	Er stellte seinem Lehrer eine schwere Frage.
bitten (*to request*)	Er bat das Mädchen, mit ihm ins Kino zu gehen.
bitten um (*to ask for*)	Er bat um noch ein Glas Bier.
to be	
Glück haben (*to be lucky*)	Ich hatte Glück.
recht haben (*to be right*)	Du hast recht.
unrecht haben (*to be wrong*)	Ich habe unrecht.
Angst haben (*to be afraid*)	Sie hatte Angst vor dem Hund.
Lust haben (*to be inclined, want*)	Hast du Lust, ins Kino zu gehen?
Hunger haben (*to be hungry*)	Ich habe großen Hunger.
Durst haben (*to be thirsty*)	Er hat immer Durst.
to call/be called	
nennen (*to name*)	Die Eltern nannten ihren Sohn Fritz.
heißen (*to be called*)	Ihr Sohn hieß Fritz.
rufen (*to shout*)	„Fritz", rief sie. „Komm mal schnell 'runter!"
to enjoy	
sich amüsieren (*to enjoy oneself*)	Die Kinder amüsierten sich gut im Freibad.
genießen (*to savour*)	Sie saß im Liegestuhl und genoß den Sonnenschein.
gefallen (*to like*)	Das Buch gefällt mir.
schmecken (*food*)	Hat Ihnen das Essen geschmeckt?
to get	
werden (*to become*)	Er wurde naß.
holen (*to fetch*)	Er holte Brötchen vom Bäcker.
kaufen (*to buy*)	Ich kaufte mir einen neuen Mantel.
erhalten / bekommen } (*to receive*)	Er erhielt (bekam) einen Brief.
kommen (*to come, arrive*)	Sie kam spät nach Hause.
einsteigen (*to get in*)	Sie stieg in den Wagen ein.
aussteigen (*to get out*)	Sie stieg aus dem Bus aus.
to know	
kennen (*to be acquainted with*)	Kennen Sie diese Stadt?
wissen (*a fact*)	Wissen Sie, daß diese Stadt im 14. Jahrhundert gegründet wurde?
to leave	
lassen	Sie ließ seinen Koffer bei der Gepäckaufbewahrung.
liegenlassen (*something or someone*)	Sie ließ seinen Regenschirm im Abteil liegen.
verlassen (*a place*)	Sie verließ das Haus um 8.00 Uhr.
abfahren (*to depart*)	Der Zug fuhr um 3.00 Uhr ab.
to meet	
treffen (*by appointment*)	Er traf seine Freundin wie verabredet vor dem Kino.
begegnen (*by chance*)	Er ist seinem Freund zufällig in der Stadt begegnet.
abholen (*to fetch*)	Er holte seinen Sohn vom Bahnhof ab.
kennenlernen (*to get to know*)	Er lernte sie auf einer Party kennen.

to put legen (*flat*) stellen (*upright*) stecken (*into*) setzen (*on top of*) tun (*cooking*)	Sie legte das Buch auf den Tisch. Sie stellte den Regenschirm in die Ecke. Er steckte das Geld in die Tasche. Sie setzte den Hut auf. Er tat die Erbsen in den Topf.
to stay bleiben (*to remain*) sich **auf**halten (*to stay*) übernachten (*the night*) zu Besuch sein (*to visit*)	Er blieb zwei Stunden bei seinem Freund. Sie hält sich in München auf. Sie übernachtete in einem modernen Hotel. Er war bei seinem Onkel zu Besuch.
to stop halten (*vehicles – regular, prescribed stop*) (*people – long or short stop*) **an**halten (*people and vehicles – short stop*) **auf**hören (*to cease*) **stehen**bleiben (*people – implies standing*) (*machinery or vehicles – implies defect or breaking down*)	Die Straßenbahn hält hier. Der Junge hielt vor dem Laden. Der Wagen hielt vor den Verkehrsampeln an. Es hat aufgehört zu regnen. Er blieb vor dem Schaufenster stehen. Meine Uhr ist stehengeblieben.
to take nehmen (*a seat*) tragen (*to carry*) führen (*to lead*) begleiten (*to accompany*) bringen (*to bring*) **aus**ziehen (*to take off (clothes)*) **ab**legen (*to take off (a coat etc)*) **ab**heben (*to take off (plane)*)	Nehmen Sie Platz! Der Hotelboy trug die Koffer nach oben. Sie führten ihn vor den Lehrer. Darf ich Sie nach Hause begleiten? Sie brachte ihren Gast zur Haustür. Er zog seine Jacke aus. Sie legte ihren Mantel ab. Das Flugzeug ist abgehoben.
to wake wachen (*of one's own accord*) wecken (*someone*)	Er wachte plötzlich (auf). Seine Mutter weckt ihn jeden Morgen.

47. The character ß

In writing, the character **ß** is used for **ss**
(i) In the middle of a word when preceded by a long vowel or dipthong e.g.
aß, Größe, fleißig, draußen, Füße, genießen, etc.
(ii) At the end of a word or syllable, whether the vowel preceding is long or short.
e.g.
daß, Schloß, Eßzimmer etc.

48. Punctuation

, – (das) Komma
. – (der) Punkt
„ – (die) Anführungszeichen (unten) (pl)
" – (die) Anführungszeichen (oben) (pl)
: – (der) Doppelpunkt
; – (das) Semikolon
! – (das) Ausrufezeichen
? – (das) Fragezeichen
— – (der) Gedankenstrich
( ) – (die) Klammern (pl)

49. Das Alphabet

A	ah	N	enn
B	bay	O	oh
C	tsay	P	pay
D	day	Q	koo
E	ay	R	air
F	eff	S	ess
G	gay	T	tay
H	hah	U	ooh
I	ee	V	fow (as in fowl)
J	yot	W	way
K	ka	X	icks
L	ell	Y	ipsilon
M	emm	Z	tset

Lesson vocabularies

Thema 1: Die Familie (page 1)

A
	*fallen (ä, ie, a):	to fall (here: to be killed)
der	Weltkrieg (–e):	World War
	damals:	at that time
der	Glaube (–n) (wk masc.):	belief
	tapfer:	brave
der	Erfolg (–e):	success
	glauben (wk) (+ dat.):	to believe, to think
die	Erziehung:	education
	aufgeben (i, a, e):	to give up (here: to stop)
das	Kissen (–):	pillow, cushion
	sich gewöhnen (wk) an (+ acc.):	to get used to
das	Gefühl (–e):	feeling
das	Alleinsein:	being alone
	*sterben (i, a, o):	to die
	miteinander:	with one another
	sich freuen (wk) auf (+ acc.):	to look forward to
	genauso:	just as
	(un)fähig:	(in)capable
	aufziehen (ie, o, o):	to bring up, educate
die	Nachbarschaft (–en):	neighbourhood
die	Oberschule (–n):	secondary school
	vergessen (i,a,e):	to forget

B
	stricken (wk):	to knit
	kritzeln (wk):	to doodle, scribble
der	Farbkasten (¨):	paint box
der	Pinsel (–):	paint brush
der	Kamin (–e):	open fire, mantlepiece
die	Matte (–n):	mat

C
	eventuell:	possibly, perhaps
der	Schüleraustausch (–e):	school, student exchange
	einen Briefwechsel beginnen:	to start writing
	sich vorstellen (wk):	to introduce oneself
	mit der Bahn:	by rail
	Was macht dein Vater beruflich?:	What job has your father got?
das	Haustier (–e):	pet

D
	(un)angenehm:	(un)pleasant
der	Vorort (–e):	suburb
der	Geschäftsmann (Geschäftsleute):	business man
die	Stadtmitte (–n):	town centre
das	Stadtzentrum (–zentren):	town centre
die	Grundschule (–n):	primary school
	halbtags:	part time
der	Arzt (¨e):	doctor
der	Bart (¨e):	beard
der	Schnurrbart (¨e):	moustache

E
	verbrennen (verbrennt, verbrannte, verbrannt):	to burn
	(un)gesund:	(un)healthy
	frech:	cheeky
	kauen (wk):	to chew
	verdauen (wk):	to digest
	sich beeilen (wk):	to hurry
	sonst:	otherwise, or else
	meinetwegen:	as far as I'm concerned

G
	ab und zu:	from time to time, now and then
	jemanden zur Ruhe bringen (bringt, brachte, gebracht):	to calm/quieten someone down
	den Rücken kehren (wk):	to turn one's back
	nähen (wk):	to sew
	fleißig:	diligently
das	Hochzeitskleid (–er):	wedding dress
	zusehen (ie, a, e):	to watch
	vorhin:	just now, previously
der	Backofen (¨):	oven
	sich interessieren (wk) (für + acc.):	to be interested in
	weder . . . noch:	neither . . . nor
	auf einmal:	suddenly
der	Bildschirm (–e):	TV screen
	*erlöschen (ö, o, o):	to go out (here: to disappear)
	fluchen (wk):	to curse
	schreien (ei, ie, ie):	to shout
	ausrufen (u, ie, u):	to cry out
	sich vermischen (wk):	to mingle, blend
	schon längst:	long since
die	Spitze (–n):	top, tip
der	Vulkan (–e):	volcano
	sich ärgern (wk):	to be annoyed
	fürchten (wk):	to be afraid
die	Hochzeit (–en):	wedding
	zufrieden:	content, satisfied

I
	selten:	rarely
	heftig:	violently (here: heavily)
die	Kindheit:	childhood
	zwar:	indeed
	begeistert:	enthusiastic
	daher:	therefore
	spannend:	exciting
	mittelalterlich:	medieval
das	Bildnis (–se):	portrait, picture

Thema 2: Haus und Garten (page 8)

A
	verkündigen (wk):	to announce
die	Mittel (pl.):	means
	sich **um**sehen (ie, a, e) nach (+ dat.):	to look around for
der	Häusermakler (–):	estate agent
die	Umgebung:	surroundings, vicinity
	fieberhaft:	feverishly
die	Anzeige (–n):	advert
das	Grundstück (–e):	property
	anbieten (ie, o, o):	to offer
	sich (dat.) vorstellen (wk):	to imagine
die	Hausbesichtigung:	(here) a session looking round houses
	stattfinden (i, a, u):	to take place
	strahlend:	beaming, radiant
	besichtigen (wk):	to visit, look around

	umgeben (i, a, e):	to surround
	erwartungsvoll:	expectantly, full of anticipation
	betreten (i, a, e):	to enter
die	Eßdiele (–n):	dining area
	geschwungen:	winding, spiral
	unterkellert:	with a cellar underneath
das	Bastelzimmer (–):	workroom, do-it-yourself room
	einrichten (wk):	to set up
der	Umzug (¨e):	move
	*verlaufen (äu, ie, au):	to go/pass off
	reibungslos:	without a hitch
B	gemütlich:	cosy
der	Rasen (–):	lawn
das	Blumenbeet (–e):	flower bed
der	Strauch (¨er):	shrub
	blühen (wk):	to bloom
	überall:	everywhere
der	Zaun (¨e):	fence
	der Zaun ist hoch:	the fence is high
	ein hoher Zaun:	a high fence
	draußen:	outside
	drinnen:	inside
das	Tor (–e):	gate
	bellen (wk):	to bark
	er ging an mir vorbei:	he walked past me
	in Ordnung halten (ä, ie, a):	to keep tidy
C	***ein**ziehen (ie, o, o):	to move in
der	Schulleiter (–):	headmaster
	bitten (bittet, bat, gebeten):	to ask (request)
	ja:	(here) after all
	mit Hand **an**legen (wk):	to lend a hand
der	Möbelwagen (–):	furniture van
	sich an die Arbeit machen (wk):	to set to work
	bis Mittag:	by lunchtime
	ausräumen (wk):	to clear (out)
	entladen (ä, u, a):	to unload
	steuern (wk):	to steer
die	Kiste (–n):	chest, box
der	Vogelkäfig (–e):	bird cage
	sich versammeln (wk):	to gather, assemble
die	Mahlzeit (–en):	meal
D	pflanzen (wk):	to plant
	begießen (ie, o, o):	to water
	pflücken (wk):	to pick
	graben (ä, u, a):	to dig
	jäten (wk):	to weed
	züchten (wk):	to grow (+ direct object)
	mähen (wk):	to mow
das	Unkraut (¨er):	weed
der	Obstgarten (¨):	orchard
der	Gemüsegarten (¨):	vegetable garden
	sich **aus**ruhen (wk):	to rest
der	Liegestuhl (¨e):	deck chair
	anlehnen (wk):	to lean against
F	niedlich:	sweet
die	Zeile (–n):	line

	anbauen (wk):	to grow (+ direct object)
H	neulich:	recently
die	Stellung (–en):	job
	verdienen (wk):	to earn
die	Wäsche (Wäschestücke):	linen (laundry)
	*****vor**fahren (ä, u, a):	to drive up
	jedoch:	however
	einrichten (wk):	to arrange
	Heimweh haben (nach + dat.):	to be homesick (for)
	*springen (i, a, u):	to jump
	*****zurück**kehren (wk):	to return
	*****stehen**bleiben (ei, ie, ie):	to stop
	erkennen (erkennt, erkannte, erkannt):	to recognize
	aufheben (e, o, o):	to pick up
	*passieren (wk):	to happen
J	stolz auf (+ acc.):	proud of
der	Reitweg (–e):	bridle path
der	Jugendliche (like adj.):	young person
das	Klopfen:	knocking, banging (sound)
	*****hinaus**stürzen (wk):	to rush out
	*entkommen (o, a, o):	to escape
	*****umher**trampeln (wk):	to trample around
	böse auf (+ acc.):	angry with
	fangen (ä, i, a):	to catch
der	Besitzer (–):	owner

Thema 3: Die Schule (page 19)

A	fertig:	finished
	(un)höflich:	(im)polite(ly)
	zählen (wk):	to count
	nachdenken (denkt, dachte, gedacht):	to think, contemplate
	gleichzeitig:	at the same time, simultaneously
	Das stimmt nicht ganz:	That's not quite right (correct)
	*schlüpfen (wk):	to slip
	sich **zurück**ziehen (ie, o, o):	to withdraw
	nachsehen (ie, a, e):	(here) to check
die	Wahrheit:	truth, reality
	*kriechen (ie, o, o):	to crawl
der	Feiertag (–e):	holiday
	feiern (wk):	to celebrate
	sich wundern (wk) (über + acc.):	to be surprised (at)
C	*schlendern (wk):	to stroll
	eng:	narrow
die	Gasse (–n):	street, alley
	riesig:	huge, gigantic
	beobachten (wk):	to observe, watch
	emsig:	busy
	kurzentschlossen:	without a moment's hesitation
	betreten (betritt, betrat, betreten):	to enter
der	Schulhof (¨e):	school yard, playground
	sich verändern (wk):	to change, alter
der	Pauker (–):	teacher
	inzwischen:	meanwhile, in the meantime
	wagen (wk):	to dare

das	Gewimmel (no pl.):	milling mass, crowd
	*ein**dringen (i, a, u) (in + acc.):	to force one's way (into)
	schimpfen (wk) über (+ acc.):	to complain, moan about
die	Aussprache:	pronunciation
die	Geschichtszahl (–en):	historical date
	bei jeglichem Wetter:	whatever the weather was like
	jagen (wk):	to chase
	schwänzen (wk):	to truant (here: to miss)
	hassen (wk):	to hate
	nachsitzen (sitzt, saß, gesessen):	to stay in (detention)
die	Prima:	sixth form
die	Musterschülerin (–nen):	ideal, model pupil (schoolgirl)
	verlieren (ie, o, o):	to lose
das	Abitur (–s):	school-leaving exam and university entrance qualification (A-levels, Highers)
	bevorstehen (e, a, a):	to be imminent, approach
der	Gedanke (–n):	thought
	versunken:	immersed

E
	eine Schule besuchen (wk):	to go to (attend) school
die	Gesamtschule (–n):	comprehensive school
das	Gymnasium (Gymnasien):	grammar school
	*um**ziehen (zieht, zog, gezogen):	to move
	*radeln:	to cycle
	mit dem Fahrrad *fahren (ä, u, a):	to cycle
	dauern (wk):	to last
das	Lieblingsfach (¨er):	favourite subject
(die)	Erdkunde:	geography
die	Oberstufe (–n):	sixth form
	Sport treiben (ei, ie, ie):	to do sport
	Leichtathletik treiben (ei, ie, ie):	to do athletics

F
das	Schulzeugnis (–se):	school report
das	Genie (–s):	genius
die	Note (–n):	grade
	versprechen (i, a, o):	to promise
	immer ernster:	more and more serious
	rechnen (wk):	to add up
	aus Versehen:	by mistake, inadvertently
der	Zwilling (–e):	twin
	ähnlich:	similar, alike
	unterscheiden (ei, ie, ie):	to distinguish (here: tell apart)
der	Streich (–e):	prank, trick
	abwesend:	absent
	melden (wk):	to announce, report
der	Unsinn:	nonsense
die	Nadel (–n):	needle
der	Faden (¨):	thread
	nähen (wk):	to sew
die	Rückseite (–n):	reverse side, back

G
der	Fortschritt (–e):	progress
	einsehen (ie, a, e):	to see, understand
	gehören (wk) (+ dat.):	to belong (to)
	verdienen (wk):	to earn

H
	jemandem einen Gefallen tun (u, a, a):	to do s.o. a favour
das	Pflichtfach (¨er):	compulsory subject
das	Wahlfach (¨er):	optional subject
	eine Prüfung machen (wk):	to take an exam
	*durch**fallen (ä, ie, a):	to fail (an exam)
die	Zeile (–n):	line

J   **nach**sitzen (i, a, e):   to stay in

K
der	Kofferraum (¨e):	boot (of car)
der	Kanister (–):	can
	bezahlen (wk) (+ acc.):	to pay for
	gießen (ie, o, o):	to pour

Thema 4: Die Freizeit (page 29)

A
	leiten (wk):	(here) to run
	betrachten (wk):	to regard, look upon
der	Feind (–e):	enemy
der	Polizeipräsident (–en) (wk masc):	chief constable, chief of police
	erhalten (ä, ie, a):	to receive
der	Befehl (–e):	order, instructions
	behandeln (wk):	to treat
die	Bande (–n):	gang
die	Geldstrafe (–n):	fine
	bedrohen (wk):	to threaten
	sich füllen (wk) (mit + dat.):	to fill up (with)
	wählen (wk):	to choose
das	Gefängnis (–se):	prison
	stören (wk):	to disturb
	anfragen (wk) bei jemandem:	to inquire of someone
die	grüne Minna:	the Black Maria (i.e. police van)

C(a)
	drinnen:	inside
der	Vorraum (¨e):	foyer
	eine Karte lösen (wk):	to buy a ticket
	sich wenden (wendet, wandte, gewandt):	to turn
	sich begeben (i, a, e):	(lit.) to betake oneself, to go
die	Platzanweiserin (–nen):	usherette
der	eiserne Vorhang:	(here) safety curtain
	*rollen (wk):	to roll
	in die Höhe:	into the air
der	Musiker (–):	musician
	ein Instrument stimmen (wk):	to tune an instrument
	erlöschen (ö, o, o):	to go out

(b)
	deutlich:	clearly
	verpassen (wk):	to miss
	(un)besetzt:	(un)occupied, (not) taken
	eine atemlose Stille:	a breathless hush
	gespannt:	expectantly
das	Auftreten:	entrance
der	Pianist (–en) (wk masc.):	pianist

	sich verbeugen (wk):	to bow
	klatschen (wk):	to clap
	eifrig:	(here) enthusiastically
	sich **um**drehen (wk):	to turn around
	sich (dat.) die Stirn **ab**wischen (wk):	to mop one's brow
	zögern (wk):	to hesitate
	lebhaft:	lively
	genießen (ie, o, o):	to enjoy
	das kam mir seltsam vor:	that seemed strange to me
das	Aussehen:	appearance
die	Bewegung (–en):	movement
	merkwürdig:	remarkable
	auswendig:	by heart
der	Beifall:	applause
	blättern (wk) in (+ dat.):	to flick through
	gelegentlich:	occasionally
F	sich entscheiden (ei, ie, ie) für (+ acc.):	to decide on
das	Tanzlokal (–s):	café with dancing
	entlegen:	remote
die	Tanzkapelle (–n):	dance band
	wütend:	angry
	sich drehen (wk):	to spin around, turn
	gelangweilt:	bored
	sich verabreden (wk) mit (+ dat.):	to make a date with
G die	Leiter (–n):	ladder
	anstreichen (ei, i, i):	to paint
der	Fensterladen (¨):	shutter
	fangen (ä, i, a):	to catch
die	Liege (–n):	lounger
H	neidisch auf (+ acc.):	envious of
	verdienen (wk):	to earn
	Schluß machen (wk):	to end
	beilegen (wk):	to enclose
I	(un)wichtig:	(un)important
	Blumen züchten (wk):	to grow flowers
	Gemüse **an**bauen (wk):	to grow vegetables
	stricken (wk):	to knit
das	Mitglied (–er):	member
	reiten (ei, i, i) (+ haben or sein):	to ride
	sammeln (wk):	to collect
	Platten hören (wk):	to listen to records
J die	Illustrierte (–n, adj. noun):	magazine
	ans Telefon gehen (e, i, *a):	to answer the phone
	vorschlagen (ä, u, a):	to suggest
	rechtzeitig:	in good time
	die Straße überqueren (wk):	to cross the road
	unter (here + dat.):	among
	verlegen:	embarrassed
	weinen (wk):	to cry
L	bei dieser Hitze:	in this heat
der	Wasserball:	water polo

die	Eisdiele (–n):	ice cream parlour
	lassen (ä, ie, a):	to let, allow
	*schmelzen (i, o, o):	to melt
	dafür:	(here) that's why

Thema 5: In der Stadt (page 40)

A(a)	veränderlich:	changeable
	finster:	dark (and gloomy)
	drohend:	threatening
	sich **zusammen**ziehen (ie, o, o):	to gather
	nicht gerade:	(here) not exactly
	(un)erwartet:	(un)expected
das	Pflaster:	cobbles, road
	*losbrechen (i, a, o):	to break (out)
	zuknöpfen (wk):	to button up
	einen Schirm **auf**spannen (wk):	to put up an umbrella
	eiligst:	as quickly as possible
die	Richtung (–en):	direction
der	Schutz:	protection
	sich ändern (wk):	to change
	eine Wirkung auf etwas (acc.) haben:	to have an effect on something
	ungestört:	undisturbed
das	Ziel (–e):	destination
(b)	sich **hinein**drängen (wk):	to push in
	angeblich:	apparently
die	Kundin (–nen):	customer
der	Kunde (–n) (wk masc.):	customer
	reißen (ei, i, i):	to tear
	zanken (wk):	to quarrel, squabble, row with
	zerren (wk):	to tug, pull at
	behaupten (wk):	to claim, assert, maintain
	hartnäckig:	obstinate(ly), stubborn(ly)
	gierig:	greedy, greedily
	ansehen (ie, a, e):	to look at
der	Betrieb:	(here) business
	nachlassen (ä, ie, a):	to die down
	ermüdet:	tired
	*zurückziehen (ie, o, o):	to withdraw
	betrachten (wk):	to look at
B	Wir haben Besuch:	We've got visitors
	wehen (wk):	to blow
die	Wirtschaft:	pub
	*stehenbleiben (ei, ie, ie):	to stop
die	Brauerei (–en):	brewery
das	Bierfaß (–fässer):	beer barrel
	vorsichtig:	carefully, cautiously
	zusehen (ie, a, e) (+ dat.):	to watch
das	Schaufenster (–):	shop window
C der	Blumenstrauß (¨-e):	bunch of flowers
	wollig:	woolly
die	Mütze (–n):	cap
der	Lieferwagen (–):	delivery van
D(a)	riechen (ie, o, o):	to smell
der	Stiel (–e):	stem, stalk
	sich halten (ä, ie, a):	to keep

(b) Werden Sie schon bedient?: *Are you being served?*
entschuldigen (wk): *to excuse*
anprobieren (wk): *to try on*
die Umkleidekabine (–n): *changing room*
die Größe (–n): *size*
Macht nichts: *It doesn't matter*
die Schneiderin (–nen): *dressmaker, tailoress*
kürzen (wk): *to shorten*

(c) die chemische Reinigung: *dry cleaner's*
reinigen (wk): *to clean*
der Ölfleck (–en): *oil stain*
der Ärmel (–): *sleeve*
das Speiseöl: *cooking oil*
entfernen (wk): *to remove, get rid of*
abholen (wk): *to fetch*
der Belegzettel (–): *ticket*

(d) das Fundbüro (–s): *lost property office*
aus Leder: *made of leather*
liegenlassen (ä, ie, a): *to leave*
die Personalien (pl.): *particulars*
die Marke (–n): *make*
nachschauen (wk): *to have a look*

E erhalten (ä, ie, a): *to receive*
der Einwohner (–): *inhabitant*
rudern (wk): *to row*
malerisch: *picturesque*
falls: *in case*
körperlich: *physically*
sich ertüchtigen (wk): *to get into (good) trim, to toughen up*
einen Ausflug machen (wk): *to go on a trip*

K die Wasserstraße (–n): *waterway*
*entspringen (i, a, u): *to rise*
Schweizer: *Swiss*
sich vereinen (wk): *to join (together)*
der Bodensee: *Lake Constance*
fließen (ie, o, o): *to flow*
umgeben (i, a, e): *to surround*
sich wenden (wendet, wandte, gewandt): *to turn*
die Strecke (–n): *stretch*
durchbrechen (i, a, o): *to break through*
der Weinberg (–e): *vineyard*
bedecken (wk): *to cover*
die Schiffahrt: *shipping*
gefährlich: *dangerous*
die Stelle (–n): *(here) place, spot*
*kentern (wk): *capsize, go aground*
der Lauf (¨e): *course*
*münden (wk) in (+acc.): *to flow into*

L frühstücken (wk): *to have breakfast*
das Zentrum (Zentren): *town centre*
erreichen (wk) (+direct object): *to reach*
parken (wk): *to park*
abstellen (wk): *to park*

das Parkhaus (¨er): *multi-storey car park*
sich auf den Weg machen (wk): *to set off*
der Dom (–e): *cathedral*
besichtigen (wk): *to visit (things)*
die Stufe (–n): *step, (individual) stair*
die Spitze (–n): *top*
der Domturm (¨e): *cathedral tower*
die Aussicht (–en): *view*
*schlendern (wk): *to stroll*
die Fußgängerzone (–n): *pedestrian precinct*
das Verkehrsamt (¨er): *tourist office*
der Prospekt (–e): *brochure*
über (here +acc.): *about*
das Kleid (–er): *dress*

Thema 6: Krankheiten (page 51)

A husten (wk): *to cough*
messen (i, a, e): *to measure (take)*
Sie haben ein ganz schönes Fieber: *You've got quite a high temperature*
die Brust (¨e): *chest, breast*
der Rücken (–): *back*
abklopfen (wk): *to tap, sound*
sicher: *sure, safe*
in Ordnung: *fine, OK*
die Erkältung (–en): *chill*
überzeugt von (+dat.): *convinced of*
die Untersuchung (–en): *examination (medical)*
sich freuen (wk): über (+acc.): *to be pleased about*
begleiten (wk): *to accompany*
das geht nicht: *that's not on, you can't do that*
sich **an**stecken (wk) bei (+dat.): *to catch from*

B die Bank (¨e): *bench, seat*
die Ruhe: *peace and quiet*
unterbrechen (i, a, o): *to interrupt*
hinstellen (wk): *to put down*
sich (am Telefon) melden (wk): *to be on the phone*
unaufhörlich: *incessantly*
die Büchse (–n): *tin*
ausrufen (u, ie, u): *to exclaim*
äußern (wk): *to utter*

E (die) Kopfschmerzen (pl): *headache*
die Kehle (–n): *throat*
weh tun (u, a, a): *to hurt*
die Kopfschmerztablette (–n): *aspirin*

F der Hustensaft (¨e): *cough mixture*
der Blumenstrauß (¨e): *bunch of flowers*
pflücken (wk): *to pick*
untersuchen (wk): *to examine*
der Puls: *pulse*
feststellen (wk): *to establish, determine*
Medizin verschreiben (ei, ie, ie): *to prescribe medicine*
gießen (ie, o, o): *to pour*

		schlucken (wk):	*to swallow*
		sich **auf**setzen (wk):	*to sit up*
		sich **hin**legen (wk):	*to lie down*
		*****verwelken (wk):	*to wither*
		verblüfft:	*puzzled*
G	der	Krankenpfleger (–):	*(male) nurse*
	das	Rührei (–er):	*scrambled egg(s)*
	das	Schinkenomelett (–s):	*ham omelette*
		ungeschickt:	*clumsily*
	der	Mieter (–):	*lodger*
	die	Wäsche:	*washing, laundry*
		hängen (wk):	*to hang (something)*
			(i.e. + direct object)
		quer:	*diagonally (across)*
		ziehen (ie, o, o):	*to pull (here: to put up)*
		geduckt:	*crouched*
	der	Kriegspfad (–e):	*warpath*
H	die	Tablette (–n):	*tablet*
		empfehlen (ie, a, o):	*to recommend*
	der	Durchfall:	*diarrhoea*
	die	Verstopfung:	*constipation*
		suchen (wk) etwas gegen	
		(+ acc.):	*to look for something for*
		ständig:	*constantly, all the time*
	das	Medikament (–e):	*medicine*
I		*****auf**wachen (wk):	*to wake up (of one's own accord)*
	(die)	Kopfschmerzen (pl.):	*headache*
	(das)	Fieber:	*temperature*
		auf Dienstreise sein:	*to be away on business*
		beschließen (ie, o, o):	*to decide*
		sich kümmern (wk) um	
		(+ acc.):	*to look after*
	die	Medizin (–en):	*medicine*
	die	Pille (–n):	*pill*
		aufräumen (wk):	*to tidy*

Thema 7: Winter (page 59)

A		aufgeregt:	*excited*
	der	Eimer (–):	*bucket*
		schmücken (wk):	*to decorate*
	die	Kugel (–n):	*glitter ball*
	das	Lametta:	*tinsel*
	die	Kerze (–n):	*candle*
		aussehen (ie, a, e):	*to look*
		anzünden (wk):	*to light*
	der	Adventskranz (¨e):	*Advent wreath*
	der	Heilige Abend:	*Christmas Eve*
	das	Weihnachtslied (–er):	*carol*
		vorsichtig:	*carefully, cautiously*
		schneien (wk):	*to snow*
		gefährlich:	*dangerous*
B(a)		herrschen (wk):	*to prevail, reign*
		lebhaft:	*lively, busy*
	der	Händler (–):	*trader, seller*
		*****frieren (ie, o, o):	*to freeze*
		zufrieden:	*contented, satisfied*
		bereits:	*already*
		verspätet:	*late*

		beladen mit (+ dat.):	*laden with*
	die	Puppenstube (–n):	*dolls' house*
		*****vorbei**schwanken (wk):	*to totter, stagger past*
	der	Transportwagen (–):	*delivery van*
		bald hier... bald dort:	*now here... now there*
		anhalten (ä, ie, a):	*to stop (for a short time)*
		mieten (wk):	*to hire, rent*
		pflegen (wk):	*to be accustomed to*
	das	Gedränge (–):	*crowd*
		achtgeben (i, a, e):	*to keep an eye on*
		allerlei:	*all kinds of things*
(b)	die	Schneeballschlacht:	*snowball fight*
		dabei:	*(here) present, there*
		gerade:	*(here) at that moment, just*
		sich nähern (wk) (+ dat.):	*to approach*
		bemerken (wk):	*to notice*
		*****hervor**treten (tritt, trat, getreten):	*to step forward*
		*****verschwinden (i, a, u):	*to disappear*
		*****erscheinen (ei, ie, ie):	*to appear*
		angreifen (ei, i, i):	*to attack*
		wurfbereit:	*ready to throw*
		gespannt:	*tense(ly)*
		*****los**fliegen (ie, o, o):	*to begin to fly*
		sich **zurück**ziehen (ie, o, o):	*to withdraw, get out of the way*
	der	Warnungsruf (–e):	*warning cry*
		unerhört:	*outrageous*
		beschimpfen (wk):	*to swear at*
		*****nach**laufen (äu, ie, au) (+ dat.):	*to run after*
D		vorbei:	*(here) over*
		immerhin:	*all the same, anyhow*
		mehrere:	*several*
E	die	Erinnerung (–en):	*memory, recollection*
	die	Donau:	*the Danube*
	die	Landschaft:	*scenery*
	die	Bergbahn (–en):	*mountain railway*
	die	Seilbahn (–en):	*cable railway*
	der	Sessellift (–e):	*chair lift*
	die	Bergkette (–n):	*mountain range, chain of mountains*
	das	Blasinstrument (–e):	*wind instrument*
		weltberühmt:	*world famous*
	die	Wiener Sängerknaben:	*the Vienna Boys' Choir*
		fabelhaft:	*fabulous*
	das	Festspiel (–e):	*festival*
	die	Aufführung (–en):	*performance*
		begeistern (wk):	*to inspire*
G	das	Fußgelenk (–e):	*ankle*
		verrenken (wk):	*to sprain*
	der	Taschenrechner (–):	*pocket calculator*
		gebrauchen (wk):	*to make use of*
		Hoffentlich klappt es:	*I hope it works out*
H	die	Gaststätte (–n):	*restaurant*
	der	Gasthof (¨e):	*inn*
		schunkeln (wk):	*to link arms and sway from side to side*
	das	Akkordeon (–s):	*accordion*

der Kniestrumpf (¨e):	knee sock	
der Gamsbart (¨e):	tuft of hair from a chamois worn as a hat decoration	
je:	each (person)	
die Zither (–n):	zither	
das Dirndl (–):	dirndl (dress)	
servieren (wk):	to serve	
eine Aufnahme machen (wk):	to take a photo	
I der Knopf (¨e):	button	
bilden (wk):	to form	
der Zylinderhut (¨e):	top hat	
binden (i, a, u):	to tie	
allmählich:	gradually	
umwerfen (i, a, o):	(here) to knock down	
der Schlittschuh (–e):	skate	
der Schlitten (–):	sledge	
mitbringen (bringt, brachte, gebracht):	to bring along	
vorne:	at the front	
hinten:	at the back	
bergab:	downhill	
der Teich (–e):	pond	
*rodeln (wk):	to toboggan	
vorsichtig:	cautiously	
***zu**winken (wk)(+ dat.):	to wave to	
Schlittschuh laufen (äu, ie, au):	to skate	
das Loch (¨er):	hole	

Thema 8: Unfälle (page 68)

A der Unfall (¨e):	accident	
die Sicht:	visibility	
der Scheinwerfer (–):	headlight	
anschalten (wk):	to switch on	
die Steigung (–en):	incline	
mehrmals:	several times, repeatedly	
überholen (wk):	to overtake	
die Kurve (–n):	bend, curve	
abbremsen (wk):	to brake	
*** vorbei**schießen (ie, o, o):	to shoot past	
berühren (wk):	to touch	
steil:	steep	
der Hang (¨e):	slope	
*** hinunter**rollen (wk):	to roll down	
seitlich:	on its side	
sich drehen (wk):	to turn	
aufreißen (ei, i, i):	to tear open	
B die Repartur (am Auto)	car repairs	
aufhalten (ä, ie, a):	to hold up, delay	
strahlend:	glorious	
fortsetzen (wk):	to continue	
***los**fahren (ä, u, a):	to set off (vehicle)	
selbstsicher:	(self)confidently	
***ab**biegen (ie, o, o):	to turn (off)	
empört:	indignant(ly)	
außerdem:	besides	
vergessen (i, a, e):	to forget	
***ein**biegen (ie, o, o):	to turn (in)	
der Irrtum (¨er):	mistake, error	

einsehen (ie, a, e):	to realize	
***an**halten (ä, ie, a):	to stop	
betrachten (wk):	to look at, gaze at	
die Breite:	width	
völlig:	completely	
der Handkarren (–):	hand cart	
***um**kehren (wk):	to turn round, reverse	
das Zeichen (–):	sign, signal	
wenden (wendet, wandte, gewandt):	to turn	
kommandieren (wk):	to order, command	
dabei:	(here) at the same time	
stürmisch:	(here) hectic(ly), frenzied(ly)	
zurücksetzen (wk):	to reverse, to back	
umkippen (wk) (+ haben or sein):	to tip over	
streuen (wk):	to scatter	
C die Bremse (–n):	brake	
vermeiden (ei, ie, ie):	to avoid	
bluten (wk):	to bleed	
auf keinen Fall:	on no account	
D **an**fahren (ä, u, a):	(here) to hit	
sich (dat.) Sorgen machen (wk):	to be worried	
F die Klassenfahrt (–en):	class (school) trip	
die Umgebung:	surrounding countryside	
gemütlich:	cosy, pleasant, comfortable	
Sie war doch sehr böse auf uns:	She was angry with us, wasn't she?	
sich langweilen (wk):	to be bored	
G **an**geben (i, a, e):	to show off	
die Lenkstange (–n):	handlebars	
loslassen (ä, ie, a):	to let go of	
das Gleichgewicht verlieren (ie, o, o):	to lose one's balance	
sich verletzen (wk):	to injure, hurt oneself	
dabei:	(here) in so doing	
das Bewußtsein verlieren (ie, o, o):	to lose consciousness	
anhalten (ä, ie, a):	to stop (for a short time)	
sich lehnen (wk) über (+ acc.):	to lean over	
verletzt:	injured, hurt	
lassen (ä, ie, a):	(here) to get something done	
die Einzelheiten (pl.):	details, particulars	
der Krankenträger (–):	ambulance man	
die Bahre (–n):	stretcher	
feststellen (wk):	to establish, determine	
lassen (ä, ie, a):	(here) to have something done	
in Zukunft:	in future	
vorsichtig:	careful(ly)	
H *radeln (wk):	to cycle	
das Postamt (¨er):	post office	
jedoch:	however	
die Wagentür (–en):	car door	
die Autotür (–en):	car door	
aufmachen (wk):	to open	
*fahren (ä, u, a) gegen (+ acc.):	to drive into	

	*fallen (ä, ie, a):	to fall
	*geschehen (ie, a, e):	to happen
	zu seinem großen Entsetzen:	to his great horror
	bewußtlos:	unconscious
	zu sich *kommen (o, a, o):	to regain consciousness
	besorgt:	concerned
	bringen (bringt, brachte, gebracht):	to bring
die	Weintraube (–n):	grape

Thema 9: Tiere (page 76)

A der	Tierpark (–s):	zoo, safari park
	sich unterscheiden (ei, ie, ie) von (+ dat.):	to differ from
der	Käfig (–e):	cage
	im Freien:	in the open air
	schützen (wk) vor (+ dat.):	to protect from
der	Graben (¨):	ditch
	trennen (wk):	to divide
der	Rüssel (–):	trunk
	schwingen (wk):	to swing
der	Ast (¨e):	branch, bough
	jagen (wk):	to chase
	zum Dank (dafür):	as a way of saying thank you
die	Erinnerung (–en):	memento, keepsake
D	*wimmeln (wk):	to teem, swarm
	zwar:	indeed
die	Vorstellung (–en):	performance
	ankündigen (wk):	to announce
die	Robbe (–n):	seal
der	Seiltänzer (–):	tightrope walker
	aufbauen (wk):	to put up, erect
der	Dompteur:	trainer
	knallen (wk):	to crack
die	Peitsche (–n):	whip
der	Reifen (–):	tyre (here: hoop)
der	Rachen (–):	jaws
E	fließend:	fluent
	kurvenreich:	bendy, winding
	*rollen (wk):	to roll
	schaukeln (wk):	(here) to bounce up and down
	grinsen (wk):	to grin
	Gas geben (i, a, e):	to accelerate
die	Schlucht (–en):	gorge, ravine
H die	Ernte (–n):	harvest
	melken (melkt, melkte, gemolken):	to milk
die	Gegend (–en):	area
J	retten (wk):	to rescue
	*ertrinken (i, a, u):	to drown, be drowned
die	Angelrute (–n):	fishing rod
das	Netz (–e):	net
der	Eimer (–):	bucket
der	Köder (–):	bait
	mit dem Schwanz wedeln (wk):	to wag a tail
	schattig:	shady
der	Knochen (–):	bone
die	Angelausrüstung:	fishing gear, equipment
	begleiten (wk):	to accompany
	anbeißen (ei, i, i):	to bite
	*ausrutschen (wk):	to slip
	*fallen (ä, ie, a):	to fall
	bellen (wk):	to bark
der	Hemdärmel (–):	shirt sleeve
	trösten (wk):	to console
K der	Supermarkt (¨e):	supermarket
die	Schüssel (–n):	plate, dish
	nicht einmal:	not even
der	Tierarzt (¨e):	vet
der	Korb (¨e):	basket
der	Schrank (¨e):	cupboard
die	Treppe (–n):	stairs
	hineinstecken (wk):	to put in
die	Schwierigkeit (–en):	difficulty
das	Maul (¨er):	mouth (animal)
	sorgfältig:	carefully
	ansehen (ie, a, e):	to look at
	nichts Ernstes:	nothing serious
	behalten (ä, ie, a):	to keep
	sich (dat.) Sorgen machen (wk):	to worry
	recht haben (wk):	to be right
	jagen (wk):	to chase
L	sich freuen (wk) über (+ acc.):	to be pleased about
	unbedingt:	really, absolutely
	beobachten (wk):	to watch, observe
der	Delphin (–e):	dolphin
der	Wellensittich (–e):	budgerigar
	beibringen (bringt, brachte, gebracht) (+ dat.):	to teach

Thema 10: Flugzeuge (page 85)

A	mit der Bahn:	by rail, by train
	***ein**treffen (i, a, o) in (+ dat.):	to arrive in
das	Kennzeichen (–):	call sign
die	Hansestadt (¨e):	Hanseatic town
	herrschen (wk):	to prevail, to be
	über (here + acc.):	via
	fortsetzen (wk):	to continue
	*los**donnern (wk):	to roar off
der	Kontrollturm (¨e):	control tower
	Befehl geben (i, a, e):	to instruct, order
	fernhalten (ä, ie, a) von (+ dat.):	to keep away from
der	Feuerwehrwagen (–):	fire engine
die	Mannschaft (–en):	(here) team (of firemen)
	einen Brand löschen (wk):	to put out a fire
	verschreckt:	frightened, scared
der	Notausgang (¨e):	emergency exit
	Sie kletterten ins Freie:	They climbed out into the open air

B den Flugschein machen (wk): to take one's pilot's licence
das Rollfeld (–er): runway
überprüfen (wk): to check
den Motor **an**lassen (ä, ie, a): to start the engine
abheben (e, o, o): to take off (aeroplane)
einmalig: unique

C der bewältigen (wk): to cope with
der Anflug (¨e): (flight) arrival
der Abflug (¨e): (flight) departure
die Fluginformationstafel (–n): flight information (announcement) board
die Fluggesellschaft (–en): airline
die Bordkarte (–n): boarding pass, card
das Gepäck **ab**fertigen (wk): to check in the luggage
sich begeben (wk): to proceed
der Flugsteig (–e): departure gate
die Kapelle (–n): chapel
die Gepäckausgabe: baggage claim
sich befinden (i, a, u): to be located
die Schalterhalle (–n): departure hall, check-in hall
entwerten (wk): to cancel (a ticket)

D die Rollbahn (–en): runway
woher?: (here) how?
die Gepäckausgabe: baggage claim
der Paß (¨sse): passport
vorzeigen (wk): to show
falls: in case
***ab**stürzen (wk): to crash (plane)
der Brand (¨e): fire
volltanken (wk): to (re)fuel

E zum Abfertigungsschalter
der Flugsteig (–e): gate
der Abfertigungsschalter (–): check-in desk
wie verabredet: as arranged
verschieben (ie, o, o): to delay
zollfrei: duty free

G der Urlaubsflug (¨e): holiday flight
***an**kommen (o, a, o) in (+ dat.): to arrive at
da: as
***ab**fliegen (ie, o, o): to take off (plane)
sollen (soll, sollte, gesollt): (here) to be due to
aufgeregt: excited
das Mal (–e): time, occasion
*fliegen (ie, o, o): to fly
einchecken (wk): to check in
beschließen (ie, o, o): to decide
durch den Zoll *gehen (e, i, a): to go through customs
kurz danach: shortly afterwards
die Rollbahn (–en): runway
sich **an**schnallen (wk): to fasten a safety (seat) belt
der Sicherheitsgurt (–e): safety (seat) belt
*landen (wk): to land
der Name (–n) (mixed noun): name
vergessen (i, a, e): to forget
die Reise (–n): journey

mindestens: at least
wenigstens: at least
dauern (wk): to last
***aus**steigen (ei, ie, ie) aus (+ dat.): to get out of (vehicles)
nämlich: you see
der Sonderbus (–se): coach
warten (wk) auf (+ acc.): to wait for
bringen (bringt, brachte, gebracht): to take

Thema 11: Züge (page 90)

A der Schaffner (–): ticket collector, guard
nicken (wk): to nod
beruhigen (wk): to calm down, reassure
erst als: only when
die Lawine (–n): avalanche
***stecken**bleiben (ei, ie, ie): to get stuck
Schnee räumen (wk): to clear snow
der Bahningenieur (–e): engineer
das Dutzend (–e): dozen
sich versammeln (wk): to gather, assemble
bloß: bare
zersplittert: splintered
abreißen (ei, i, i): to tear off
mitschleppen (wk): to drag along
die Schiene (–n): rail, track
***nieder**fallen (ä, ie, a): to fall down
merken (wk): to notice
die Masse: mass
schweigen (ei, ie, ie): to be silent, say nothing
hinaufblicken (wk): to look up
der Berghang (¨e): mountain slope

C zahlen (wk): to pay
verlassen (ä, ie, a) + direct object: to leave (a place)
übermäßig: excessively
das Abteil (–e): compartment
es sich (dat.) bequem machen (wk): to make oneself comfortable
*vergehen (e, i, a): to pass, go by
sich **hin**legen (wk): to lie down
der Krach: crash, bang
der Stoß: jolt, bump
schleudern (wk): to hurl
fallenlassen (läßt, ließ, gelassen): to drop
schmerzhaft: painfully
sich bewegen (wk): to move, stir
*stürzen (wk): to rush
der Schlafwagenschaffner (–): sleeping car attendant
gestreift: striped
der Schlafanzug (¨e): pyjamas
beruhigen (wk): to calm (down), reassure

D der Schoß (¨e): lap
die Schachtel (–n): box
das Streichholz (¨er): match
eine Pfeife stopfen (wk): to fill a pipe
anzünden (wk): to light

	achten (wk) auf (+ acc.):	to pay attention to
	aufhören (wk):	to stop
	reißen (ei, i, i):	to tear
	aufheben (e, o, o):	to pick up
	sich beklagen (wk) bei (+ dat.):	to complain to
	Er kam den Bahnsteig entlanggelaufen:	He came running along the platform
F	stattfinden (i, a, u):	to take place
	eine Fahrkarte lösen (wk):	to buy a ticket
	sich erkundigen (wk) nach (+ dat.):	to enquire about
	einen Zug erreichen (wk):	to catch a train
	jemanden **ab**holen (wk):	to meet someone
	neugierig:	curious, inquisitive
der	Kofferkuli (–s):	trolley
die	Gepäckaufbewahrung:	left luggage office
	Gepäck **ab**geben (i, a, e):	to hand over luggage
	Gepäck (**ab**)holen (wk):	to fetch (collect) luggage
G	Moment mal!:	Just a moment!
	irgendwo:	somewhere or other
	sich irren (wk):	to be wrong
die	Verabredung (–en):	appointment
	eine knappe halbe Stunde:	just under half an hour
H	sich **auf**halten (ä, ie, a):	to stay
die	Illustrierte (–n):	magazine
die	Zeitschrift (–en):	magazine, journal, periodical
	plaudern (wk) mit (+ dat.):	to talk to
	sich unterhalten (ä, ie, a) mit (+ dat.):	to talk to
	besorgt:	worried
	aussehen (ie, a, e):	to look
	hoffentlich:	I hope, hopefully
	einen Zug verpassen (wk):	to miss a train
	einen Zug erreichen (wk):	to catch a train
der	Anorak (–s):	anorak
	Er ging nach Hause:	He went home
	Er war zu Hause:	He was at home
	holen (wk):	to fetch
	*****herum**gehen (e, i, a):	to walk around
	vergebens:	in vain
	*****zurück**kehren (wk):	to return
	*****an**kommen (o, a, o) in (+ dat.):	to arrive, to come in
	*****ein**treffen (i, a, o) in (+ dat.):	to arrive, to come in
der	Platz (¨e):	seat
das	Abteil (–e):	compartment
	ein Abteil erster (zweiter) Klasse:	a first (second) class compartment
	helfen (i, a, o) (+ dat.):	to help
das	Gepäck:	luggage
	hineintragen (ä, u, a):	to carry in
	sehen (ie, a, e) auf (+ acc.):	to look at
	schauen (wk) auf (+ acc.):	to look at
die	Uhr (–en):	watch

	sollen (soll, sollte, gesollt):	(here) to be due to
	*****ab**fahren (ä, u, a):	to leave, depart
	Es tut mir leid:	I'm sorry
	warten (wk) auf (+ acc.):	to wait for
	glücklicherweise:	fortunately
	jedoch:	however
J	*****ab**fahren (ä, u, a):	to leave, depart (vehicles)
	*****um**steigen (ei, ie, ie):	to change (vehicles)
	gunstig:	good, favourable
	selbstverständlich:	of course
die	Rückfahrkarte (–n):	return (ticket)

Thema 12: Schüleraustausch (page 98)

A	etwas Angst haben:	(here) to be a little apprehensive
	sich nähern (wk) (+ dat.):	to approach, to draw near to
	ausnahmsweise:	just for once
	rotbraun:	auburn
	sonst:	otherwise (here: apart from her)
	ja:	after all
	verbessern (wk):	to improve
	sich **an**hören (wk):	to sound
	ganz anders:	quite different
	Es machte mir Spaß:	I enjoyed it
	übrig:	left, over
der	Wunsch (¨e):	wish
	erfüllen (wk):	to grant
	bis auf (+ acc.):	except for
	dazu:	for that
	reichen (wk):	to be enough
C	sich freuen (wk) auf (+ acc.):	to look forward to
	begleiten (wk):	to accompany
die	Mappe (–n):	(here) folder, file
der	Sonderbus (–se):	coach
	Abschied nehmen (i, a, o) von (+ dat.):	to take leave from, to say goodbye to
	nachwinken (wk) (+ dat.):	to wave (goodbye) to
	*****hinauf**fahren (ä, u, a):	to drive up
	vollgestopft:	crammed full
	aufatmen (wk):	to breathe/heave a sigh of relie
D	*****herüber**kommen (o, a, o):	to come across
die	Möglichkeit (–en):	possibility
das	Osterfest:	Easter
der	Osterhase (–n) (wk masc.):	Easter bunny
	verstecken (wk):	to hide
das	Osterei (–er):	Easter egg
die	Seereise (–n):	voyage (here: crossing)
die	See (–n):	sea
E	verzollen (wk):	to declare
	Was für Geschenke?:	What sort of presents?
das	Andenken (–):	souvenir, memento
der	Kognak (–s):	brandy
	Das geht:	That's all right

das	Flakon (–s):	bottle, phial
F	etwas müde:	a little tired
	hinstellen (wk):	to put (in an upright position)
	sich frisch machen (wk):	to freshen up
	mitbringen (bringt, brachte, gebracht):	to bring along
G das	Drittel (–):	third
	niederbrennen (brennt, brannte, gebrannt):	to burn down
der	Luftangriff (–e):	air raid
	schwer:	(here) badly
	beschädigt:	damaged
	heutzutage:	nowadays
	prächtig:	splendid, magnificent
die	Sehenswürdigkeit (–en):	sight
	sich erstrecken (wk):	to extend, stretch
das	Ruderboot (–e):	rowing boat
	verbinden (i, a, u):	to connect
der	Seehandel:	maritime trade
die	Hafenrundfahrt (–en):	trip round the harbour
	empfehlen (ie, a, o):	to recommend
das	Frachtschiff (–e):	cargo ship, freighter
das	Schwimmdock (–s):	floating dock
das	Gehege (–):	reserve, enclosure, compound
der	Käfig (–e):	cage
	*verkehren (wk):	to run (vehicles)
	zahlreich:	numerous
	ersetzen (wk):	to replace
H	beim Abwaschen:	(here) with the washing up
die	Schublade (–n):	drawer
	hineintun (u, a, a):	to put in
	genau:	(here) That's right
die	Rheindampferfahrt (–en):	trip on a Rhine steamer
	wirklich:	really
	besteigen (ei, ie, ie):	to climb
	einen Brief **ein**werfen (i, a, o)	to post a letter
I	bergig:	mountainous
	hüglig:	hilly
das	Gebiet (–e):	area, region
	sich erstrecken (wk):	to stretch, extend
	bewaldet:	wooded
die	Landschaft:	scenery
	feiern (wk):	to celebrate
die	Hexe (–n):	witch
die	Walpurgisnacht:	Walpurgis Night
der	Besenstiel (–e):	broomstick
	am Himmel:	in the sky
	im Himmel:	in Heaven
das	Mittelalter:	Middle Ages
	malerisch:	picturesque
der	Adler (–):	eagle
J	verlieren (ie, o, o):	to lose
der	Paß (Pässe):	passport
der	Ausweis (–e):	passport
der	Brieffreund (–e):	penfriend
	verbringen:	to spend (time)
	ausgeben (i, a, e):	to spend (money)
	bei mir:	at my house
	jemanden mögen (mag, mochte, gemocht):	to like someone
	munter:	cheerful
die	Englischstunde (–n):	English lesson
	obwohl:	although
der	Tennisspieler (–):	tennis player
	ausgehen (e, i, a):	to go out
	ausziehen (ie, o, o):	to take off
	vorsichtig:	careful
	sonst:	otherwise
	aber:	however
	jedoch:	however
	nicht . . . sondern:	not . . . but
	entdecken (wk):	to find, discover
	nirgendwo:	nowhere (not anywhere)
K(a)	**vor**stellen (wk):	to introduce
	Sehr angenehm!:	(I'm) pleased to meet you
	sich freuen (wk):	to be pleased
	woher:	where from
	sich **ein**gewöhnen (wk):	to settle down (or in)
	sicher:	sure, of course
der	Mitschüler (–):	fellow pupil
	Wie wär's?:	How would it be? (here: What about?)
	von dort aus:	from there

Thema 13: Jugendherbergen und Camping (page 105)

A die	Jugendherberge (–n):	youth hostel
	begrüßen (wk):	to greet
der	Pförtner (–):	doorman
der	Hausdiener (–):	hotel porter
	führen (wk):	to take
	versorgen (wk):	provide, supply
die	Speise (–n):	food, fare
der	Geist (–er):	spirit
	freilich:	of course
die	Herbergseltern (pl.):	wardens
	führen (wk):	(here) to run
	darum:	that's why
	damit:	by doing this
der	Tagesraum (¨-e):	common room
	jemandem zur Hand *gehen (e, i, a):	to lend someone a hand
	abräumen (wk):	to clear up
	saubermachen (wk):	to clean
die	Haushaltung:	housekeeping (here: the running of the hostel)
	zum Dank dafür:	as a way of saying thank you
	am Wanderwege:	(here) by the wayside
die	Bequemlichkeit (–en):	comfort, convenience
die	Stimmung:	atmosphere
B der	Aufstieg (–e):	ascent, way up
der	Gipfel (–):	summit, top
	Pech haben:	to have bad luck
	verrenken (wk):	to sprain, twist
	*weiterlaufen (äu, ie, au):	to go on walking
	*vorbeikommen (o, a, o):	to come past/along

	in der Tat:	*indeed, in fact*
	erfahren (ä, u, a):	*to learn, find out*
	bereit:	*willing, prepared*
die	Wanderung (–en):	*hike*
C	*wandern (wk):	*to hike*
das	Rheintal:	*the Rhine valley*
die	Ferien (pl.):	*holidays*
	übernachten (wk):	*to spend the night*
	oben auf (+ dat.):	*at the top of*
der	Hügel (–):	*hill*
der	Herbergsvater (¨):	*warden*
	erlauben (wk) (+ dat.):	*to allow*
die	Disco (–s):	*disco*
der	Tagesraum (¨e):	*common room*
	plaudern (wk):	*to chat*
	tanzen (wk):	*to dance*
	leider:	*unfortunately*
die	Hausordnung (–en):	*house rule*
	noch:	*still*
	böse auf (+ acc.):	*angry with*
	verlegen:	*embarrassed*
die	Party (–s):	*party*
	beenden (wk):	*to stop*
	sofort:	*immediately*
	schrubben (wk):	*to scrub*
der	Fußboden (¨):	*floor*
	schälen (wk):	*to peel*
D	welche:	*(here) some*
der	Reifen (–):	*tyre*
	Er ist eben dabei, sie aufzupumpen:	*He's busy pumping them up*
der	Schlafsaal (–säle):	*dormitory*
	mieten (wk):	*to hire*
der	Ausweis (–e):	*(here) (membership) card*
der	Korridor (–e):	*corridor*
	Schach spielen (wk):	*to play chess*
der	Herbergsvater (¨):	*warden*
	fegen (wk):	*to sweep*
F(a)	empfehlen (ie, a, o):	*to recommend*
	zelten (wk):	*to camp*
der	Wohnwagen (–):	*caravan*
das	Formular (–e):	*form*
	ausfüllen (wk):	*to fill in*
der	Waschraum (¨e):	*wash room*
die	Dusche (–n):	*shower*
	unterschreiben (ei, ie, ie):	*to sign*
(b) das	Andenken (–):	*memento, souvenir*
die	Kuckucksuhr (–en):	*cuckoo clock*
	ansehen (ie, a, e):	*to look at*
	Na schön:	*OK*
der	Geldbeutel (–):	*purse*
die	Trachtenpuppe (–n):	*doll in national costume*
die	Ansichtskarte (–n):	*picture post card*
	aussuchen (wk):	*to choose*
G das	Brotmesser (–):	*bread knife*
H	einen Ausflug mit dem Fahrrad machen (wk):	*to go on a cycling trip*
der	Schlafsack (¨e):	*sleeping bag*

die	Kochgeräte (pl.):	*cooking things, utensils*
die	Badesachen (pl.):	*swimming things*
die	Taschenlampe (–n):	*torch*
	mitnehmen (nimmt, nahm, genommen):	*to take along*
	abholen (wk):	*to fetch*
	zum Abschied winken (wk):	*to wave goodbye*
	*los**fahren (ä, u, a):	*to set off*
die	Landschaft:	*scenery*
	sich melden (wk) bei (+ dat.):	*to report to*
	ein Zelt **auf**bauen (wk):	*to put up a tent*
	sich beschäftigen (wk) mit (+ dat.):	*to deal with, see to*
	sich ändern (wk):	*to change*
	*erscheinen (ei, ie, ie):	*to appear*
	heftig:	*violent*
das	Gewitter (–):	*storm*
	*aufziehen (ie, o, o):	*to brew (up)*
der	Windstoß (¨e):	*gust of wind*
	wegblasen (ä, ie, a):	*to blow away*
	retten (wk):	*to save, rescue*
	behilflich:	*helpful*
die	Scheune (–n):	*barn*
	besorgen (wk):	*to get, find*
die	Wolldecke (–n):	*blanket*
I die	Mücke (–n):	*mosquito, gnat*
J(a) das	Kopfkissen (–):	*pillow*
	leihen (ei, ie, ie):	*to hire*
die	Tischtennisplatte (–n):	*table tennis table*
der	Schlafraum (¨e):	*dormitory*
das	Kloster (¨):	*monastery*
das	Denkmal (¨er):	*monument*
(b) das	Wetterhäuschen (–):	*little barometer house*
	Das kommt darauf an:	*It all depends*
	farbig:	*coloured*
L	riesig:	*enormously*
die	Deutschlandreise (n):	*trip to Germany*
die	Radtour (–en):	*cycle tour*
	unterwegs:	*(here) away*
	zurücklegen (wk):	*to cover (distance)*
	Geht das?:	*Is that all right?*
	buchen (wk):	*to book*
das	Bettlaken (–):	*sheet*
	Ich bin gespannt zu wissen:	*I'm dying to know*
das	DJH:	*Deutsches Jugendherbergswerk (German YHA)*

Thema 14: Ferien (page 115)

A	einen Wagen **an**lassen (ä, ie, a):	*to start (up) a car*
	rückwärts *fahren (ä, u, a):	*to reverse*
die	Auffahrt (–en):	*drive (of house)*
	verbieten (ie, o, o) (+ dat.):	*to forbid*
der	Fahrdamm:	*roadway*

	tatsächlich:	indeed, in fact
	gerade noch:	only just
die	Frühlingsbrise (–n):	spring breeze
	kräuseln (wk):	to ruffle
die	Buche (–n):	beech tree
	zu beiden Seiten:	on both sides
	geeignet:	suitable
	Ausschau halten (ä, ie, a) nach (+ dat.):	to keep a look-out for
	anhalten (ä, ie, a):	to stop
	irgend etwas:	something or other
	nicht ganz recht:	not quite right
	hinaufragen (wk):	to rise up, tower (up)
	wie geschaffen:	as if made
das	Lagerfeuer:	camp fire
das	Spielzeugboot (–e):	toy boat
	*waten (wk):	to wade
	zusehen (ie, a, e) (+ dat.):	to watch
B	**voll**tanken (wk):	to fill up
das	Öl (–e):	oil
	prüfen (wk):	to check
	zahlen (wk):	to pay
	reinigen (wk):	to clean
die	Windschutzscheibe (–n):	windscreen
das	Trinkgeld:	tip
C der	Geldbeutel (–):	purse
	*****ab**fahren (ä, u, a):	to drive off
das	Fahrzeug (–e):	vehicle
der	Lieferwagen (–):	(delivery) van
der	Lappen (–):	cloth
D der	Liter (–):	litre
die	Raststätte (–n):	service station
die	Notrufsäule (–n):	emergency phone (on motorway)
	Der Wagen hat eine Panne:	The car has broken down
	sich befinden (i, a, u):	to be (situated)
der	Audi (–s):	Audi (most makes of car are masculine)
die	Straßenwacht:	road patrol assistance
	verständigen (wk):	to contact
	Das kommt darauf an:	That all depends
(a)	verdienen (wk):	to earn
	sparen (wk):	to save
	Du hast es aber gut:	It's all right for you
	*entgehen (e, i, a):	to escape, elude
	Das Geld ist mir entgangen:	I lost the money (i.e. didn't earn it)
die	Kurve (–n):	bend
	ausrechnen (wk):	to work out, calculate
	vorschlagen (ä, u, a):	to suggest
	ausgeben (i, a, e):	to spend (money)
	fabelhaft:	fabulous
(b)	Es geht um (+ acc.) . . . :	It's about . . .
	Wieso denn?:	Whatever for?
	Es ist doch schöner:	It's much nicer, isn't it?
	per Anhalter *fahren (ä, u, a):	to hitch (hike)
H das	Verkehrsamt (¨er):	tourist information office
	wohl:	(here) possibly
	empfehlen (ie, a, o):	to recommend
das	Zweibettzimmer (–):	double room
der	Verkehrslärm:	traffic noise
die	Halbpension:	half board
	überreif:	overripe
das	Büchlein (–):	booklet
	über (here + acc.):	about
	bzw. (beziehungsweise):	or
	erwarten (wk):	to expect
I das	Doppelzimmer (–):	double room
das	Einzelzimmer (–):	single room
der	Farbfernseher (–):	colour TV
J der	Reisescheck (–s):	traveller's cheque
	einlösen (wk):	to cash
	umwechseln (wk):	to change
	Wie steht der Kurs?:	What's the rate of exchange?
	Moment mal!:	Just a moment!
	unterschreiben (ei, ie, ie):	to sign
der	Zehnmarkschein (–e):	ten mark note
K der	Schein (–e):	note
das	Kleingeld:	change
der	Ausweis (–e):	passport
M	inkompetent:	incompetent
der	Empfangschef (–s):	receptionist
	sich **an**melden (wk):	to register
	hilfsbereit:	helpful
	anstreichen (ei, i, i):	to paint
die	Rolle (–n):	roller
	zornig (auf + acc.):	angry (with)
	sich entschuldigen (wk) (bei + dat.):	to apologize (to)
	vielmals:	profusely
	im Begriff sein:	to be on the point of
	noch böser als zuvor:	even angrier than before
	sich beklagen (wk) bei (+ dat.):	to complain to
	Sie haben die Nase voll:	They are fed up
N die	Speisekarte (–n):	menu
die	Getränkekarte (–n):	wine list
	wählen (wk):	to choose
der	Rosé:	rosé
	Er hat's etwas eilig:	He's in a bit of a hurry
die	Rechnung (–en):	bill
O die	Salzkartoffel (–n):	boiled potato
die	Bratkartoffel (–n):	fried or sauté potato
	löslicher Kaffee:	instant coffee
	Wenn alles klappt:	If everything works out (goes well)

Thema 15: Am Meer (page 126)

A	lau:	mild, gentle
	wimmeln (wk) von (+ dat.):	to be crowded with
	bauen (wk):	to build
die	Sandburg (–en):	sandcastle
	suchen (wk) nach (+ dat.):	to look for

	der	Felsen (–):	rock
	die	Muschel (–n):	mussel
	der	Erwachsene (like adj.):	adult, grown-up
		sich bräunen (wk):	to get brown
	die	Bucht (–en):	bay
	der	Steuermann (¨er or –leute):	helmsman, skipper
	den	Motor **an**lassen (ä, ie, a):	to start (up) the engine
	die	Küste (–n):	coast
		älter:	oldish, elderly
		greifen (ei, i, i) (+ dat.):	to reach for
	das	Steuerrad (¨er):	steering wheel
	die	Geduld:	patience
		zurückreißen (ei, i, i):	to tear (pull) back
		heftig:	hard, violently
		über Bord *fallen (ä, ie, a):	to fall overboard
		Er schlug wild um sich:	He thrashed around wildly
		aus voller Kehle:	(here) at the top of his voice
		wobei:	whereby, in so doing
		verschlucken (wk):	to swallow
		zuwerfen (i, a, o) (+ dat.):	to throw across to
	das	Seil (–e):	rope
		übergeben (i, a, e):	to hand over
C(a)		faulenzen (wk):	to laze, lounge around
		dummerweise:	stupidly
	die	Schublade (–n):	drawer
		liegenlassen (ä, ie, a):	to leave (an object)
		sich **ab**kühlen (wk):	to cool off
		sonnenbaden (wk):	to sunbathe
		betrachten (wk):	to look/gaze at
	die	Luftmatratze (–n):	air mattress, lilo
		umkippen (wk) + haben or sein:	to tip over
(b)	das	Fischerdorf (¨er):	fishing village
		festmachen (wk):	to tie up, moor
		sich erheben (e, o, o):	to arise, brew (up)
		sich (dat.) Sorgen machen (wk):	to be worried
		verständigen (wk):	to alert
	die	Rettungsstation (–en):	lifeboat (coastguard) station
	die	Mannschaft (–en):	crew
		sich versammeln (wk):	to assemble, gather
		versammelt:	assembled
	das	Ölzeug:	oilskins
	der	Südwester (–):	sou'wester
		aufsetzen (wk):	to put on (hat)
		gelassen:	calmly
	das	Rettungsboot (–e):	lifeboat
		loslassen (ä, ie, a):	to launch
		*hinuntergleiten (ei, i, i):	to slide, slip down
	die	Schiene (–n):	rail (here: slipway)
		*klatschen (wk):	to splash
		einen Motor **an**lassen (ä, ie, a):	to start (up) an engine
	die	Welle (–n):	wave
		überraschend:	surprising
	die	Geschwindigkeit (–en):	speed
		*zufahren (ä, u, a) (+ dat.):	to sail out to
D	der	Badeort (–e):	seaside resort
		Es sieht ja herrlich aus:	It looks lovely, doesn't it?
		bestehen (e, a, a) aus (+ dat.):	to consist of
		verletzen (wk):	to hurt, injure
		das Wasser geht zurück:	the tide is going out
		das Wasser steigt:	the tide is coming in
	der	Strandkorb (¨e):	beach basket
	der	Horizont (–e):	horizon
		Wo mag der hinfahren?:	I wonder where it's going?
		Ich hätte Lust:	I'd love to
E		reichen (wk):	to pass
	die	Sonnencreme (–s):	suntan cream
		Bitte schön!:	Here you are!
	der	Faulpelz:	lazybones
	der	Leuchtturm (¨e):	lighthouse
F	die	Sanddüne (–n):	sand dune
	die	Liege (–n):	(sun) lounger
	der	Sonnenschirm (–e):	parasol
G	die	Schule schwänzen (wk):	to play truant, skive off school
	der	Imbiß (–sse):	snack
		sammeln (wk):	to collect
	der	Kieselstein (–e):	pebble
		Versteck spielen (wk):	to play hide and seek
		das Wasser steigt:	the tide is coming in
		Angst haben:	to be afraid
	der	Hubschrauber (–):	helicopter
		schweben (wk):	to hover
	das	Seil (–e):	rope
		niederlassen (ä, ie, a):	to lower
	der	Flieger (–):	airman
		erleichtert:	relieved
		heraufziehen (ie, o, o):	to pull up
I		Endlich komme ich dazu:	I've finally got round
		beantworten (wk) + direct object:	to answer
		in letzter Zeit:	recently
	die	Klassenarbeit (–en):	exam (class test)
	die	Hausaufgaben (pl.):	homework
		vertragen (ä, u, a):	to stand, bear
	der	Sonnenbrand:	sunburn

Thema 16: Sport (page 134)

A		sich freuen (wk) auf (+ acc.):	to look forward to
	das	Pokalspiel (–e):	cup match
	das	Halbfinale (–s):	semi-final
	das	Finale (–s):	final
	die	Gelegenheit (–en):	opportunity
	der	Meister (–):	champion
	der	Fußballfanatiker (–):	football fan
	das	Auswärtsspiel (–e):	away game
		örtlich:	local
	das	Regal (–e):	shelf
		auffüllen (wk):	to fill up, stock
		verdienen (wk):	to earn
	die	Rassel (–n):	rattle
		anfeuern (wk):	to spur on

	jubeln (wk):	to cheer
	drängeln (wk):	to push, jostle
die	Stimmung:	atmosphere

C Es ist Flut: the tide is coming in
  *schlendern (wk): to stroll
der Kai (–s): quay
  angeln (wk): to fish
  baumeln (wk): to dangle
der Rettungsring (–e): lifebelt
das Brett (–er): board
  zuwerfen (i, a, o) (+ dat.): to throw to
  allmählich: gradually
das Wettschwimmen: swimming gala
die Schulmeisterschaft: school championship
  erhalten (ä, ie, a): to receive
der Pokal (–e): cup
  Beifall klatschen (wk): to applaud, clap

D die Sportschau (–en): sports programme
  versäumen (wk): to miss
das Eislaufen: ice skating
  Wie schade!: What a pity!
das Bundesligaspiel (–e): first division game (Federal league)
  verpassen (wk): to miss
  spannend: gripping, exciting, tense
das Tor (–e): goal
  Na, wie ist es denn ausgegangen?: Well, what was the score, then?
  raten (ä, ie, a): to guess
  Ich habe keine Ahnung: I haven't a clue
der Elfmeter (–): penalty
  sehenswert: worth seeing
  Wie die das bloß schaffen?: How on earth do they manage (do) it?
  geschweige denn: let alone
  bis dahin: by then

E das Sommerhalbjahr: summer term
die Sprachkenntnisse (pl.): linguistic proficiency
  beheizt: heated
  nicht unbedingt: (here) you don't have to
  vorziehen (ie, o, o): to prefer
der Schläger (–): racquet
  leihen (ei, ie, ie): to hire
  Das kommt auf Ihr Alter an: That depends on your age

F das Netz (–e): net
die Shorts (pl.): shorts
der Trainingsschuh (–e): trainer
  duschen (wk): to have (take) a shower

G unterbrechen (i, a, o): to interrupt
  trainieren (wk): to train
  auswärts: away
der Umkleideraum (¨-e): changing room
die Mannschaftsführerin (–nen): team captain (female)
das Spielfeld (–er): pitch
  sich verstecken (wk): to hide
  vorhaben (hat, hatte, gehabt): to intend

  ohne daß sie es bemerken: without them noticing
  entsetzt: horrified
  einholen (wk): to catch up
der Dieb (–e): thief
  abführen (wk): to take away
  *weitergehen (e, i, a): to go on, proceed

H die Trainerin (–nen): trainer, coach, manager (fem.)
die Partnerstadt (¨-e): twin town
der Wettkampf: competition
  teilnehmen (i, a, o) an (+ dat.): to take part in
  zufällig: by chance
  vertreten (vertritt, vertrat, vertreten): to represent
  beilegen (wk): to enclose

Thema 17: Das Verbrechen (page 142)

A die Einkaufstasche (–n): shopping bag
der Schritt (–e): step
  wohlverdient: well-deserved
das Dienstmädchen (–): maid
  abschließen (ie, o, o): to lock
die Unordnung: mess
  aufbrechen (i, a, o): to break open
  durcheinanderwerfen (i, a, o): to throw all over the place
die Abwesenheit: absence
der Einbrecher (–): burglar
der Gedanke (–n): thought
  feststellen (wk): to find out
  sich wehren (wk): to defend oneself
  zittern (wk): to shake, tremble
  nachsehen (ie, a, e): to look and see
  irgendwelche: any
die Spur (–en): clue

B die Verkäuferin (–nen): sales assistant
das Juweliergeschäft (–e): jeweller's shop
  maskiert: masked
  *hereinstürzen (wk): to rush in
  sich wehren (wk) gegen (+ acc.): to defend oneself against
das Armband (¨-er): bracelet
  barsch: brusquely, curtly
  ansehen (ie, a, e): to look at
  mit großen Augen: wide-eyed
  überreichen (wk): to hand over
das Fluchtauto (–s): getaway car
das Lenkrad (¨-er): steering wheel
  mit großer Geschwindigkeit: at great speed
  *davonsausen (wk): to roar off
  verhaften (wk): to arrest

C der Nachtdienst: night duty
  unbewohnt: uninhabited, empty
  *vorbeigehen (e, i, a) an (+ dat.): to walk past
das Geräusch (–e): noise
  anknipsen (wk): to switch on
  *einfallen (ä, ie, a): to collapse, cave in

	sich stellen (wk) in (an) (+ acc.):	to go and stand in (by)
der	Türbogen:	archway, gateway
das	Holzbrett (—er):	plank
	fallenlassen (ä, ie, a):	to drop
	*****nach**laufen (äu, ie, au):	to run after
	einholen (wk):	to catch up
	zerfallen:	tumble-down
die	Polizeiwache (—n):	police station
	inzwischen:	meanwhile
D der	Kunde (—n) (wk masc.):	customer
der	Antiquitätenladen (¨):	antique shop
die	Witwe (—n):	widow
	Er kam auf mich zu:	He came up to me
	riechen (ie, o, o) (nach + dat.):	to smell (of)
	offenbar:	apparently
	greifen (ei, i, i):	to grasp, grip
	klopfen (wk):	(here) to beat
	zum Zerspringen:	(here) as if it would burst
der	Kerl (—e):	fellow, bloke
	zuhalten (ä, ie, a):	to hold shut
	Er hielt mit den Mund zu:	He put his hand over my mouth
	zischen (wk):	to hiss
	zittern (wk):	to tremble
	von mir aus:	as far as I was concerned
	mit schlotternden Knien:	with shaking knees
der	Gauner (—):	crook
	gerade heute:	(here) it would have to be today
der	Barockschrank (¨e):	baroque cupboard
der	Spitzbube (—n) (wk masc.):	villain
	gelassen:	calm
	viel Kundschaft:	a lot of customers
	sich bücken (wk) nach (+ dat.):	to stoop down for
	*****hinunter**fallen (ä, ie, a):	to fall down
	*****zusammen**zucken (wk):	to start, jump
der	Funkwagen (—):	radio car
der	Wachtmeister (—):	(police) constable
	abführen (wk):	to lead away, take off
	ungebeten:	uninvited
	woher?:	how?
	beruhigend:	reassuringly
der	Hörer (—):	receiver
	auflegen (wk):	to replace
	Das hat prima geklappt:	That worked out really well
	in der Leitung:	on the line
G das	Rohr (—e):	(drain) pipe
	*schleichen (ei, i, i):	to creep
der	Geldschrank (¨e):	safe
	drehen (wk):	to turn, twiddle
der	Knopf (¨e):	(here) knob
der	Morgenmantel (¨):	dressing-gown
die	Hände **hoch**heben (e, o, o):	to put up one's hands

Thema 18: Feuer (page 149)

A die	Kriminalpolizei:	criminal investigation department, (German equivalent of the CID)
	sich bemühen (wk):	to try hard
der	Brand (¨e):	fire
	aufklären (wk):	to explain, shed light on
das	Treppenhaus (¨er):	stairwell
der	Alarmruf (—e):	alarm call
die	Feuerwehr:	fire brigade
	knapp:	barely
	vollends:	completely
	unter Kontrolle bringen (bringt, brachte, gebracht):	to get under control
	stark:	(here) thick, dense
	erschweren (wk):	to aggravate, hinder
der	Feuerwehrmann (—leute):	fireman
das	Atemgerät (—e):	breathing apparatus
	Schaden richten (wk) an (+ dat.):	to cause damage to
die	Tapete (—n):	wallpaper
der	Bewohner (—):	occupant
	sich in Sicherheit bringen (bringt, brachte, gebracht):	to get oneself to safety
das	Dachfenster (—):	skylight
	*gelangen (wk):	to reach
der	Grund (¨e):	reason (pl. grounds)
	annehmen (i, a, o):	to assume
das	Werk (—e):	work, act, deed
der	Brandstifter (—):	fire-raiser, arsonist
	sich handeln (wk) um (+ acc.):	to be a matter of
der	Haufen (—):	pile, heap
	verkohlt:	charred
	begießen (ie, o, o):	(here) to saturate
	in Brand stecken (wk):	to set fire to
	jemandem auf die Spur *kommen (o, a, o):	to get onto someone, track down
C	in Brand *geraten (a*, ie, a):	to catch fire
	zuschließen (ie, o, o):	to lock
	*stürzen (wk):	to rush
	bespritzen (wk):	to spray
	löschen (wk):	to extinguish, put out
	wieder zu sich (dat.) *kommen (o, a, o):	to regain consciousness
	bestehen (e, a, a) auf (+ dat.):	to insist on
E die	Feuerwache:	fire station
der	Nachtdienst:	night duty
der	Anfang (¨e):	start
der	Fußtritt (—e):	footstep
der	Heimgehende (like adj.):	person going home
	*****vorbei**sausen (wk):	to roar past
	sonst:	apart from that, otherwise
	selbstverständlich:	of course
	nicht genau:	not exactly
	auf jeden Fall:	in any case
	auflegen (wk):	to hang up, put the receiver down
die	Sache überlegen (wk):	to think the matter over
	stören (wk):	to disturb, interrupt

der	Gang:	(here) course, train
der	Nothilferuf (–e):	emergency call
	in Flammen stehen (e, a, a):	to be on fire
	drücken (wk):	to press
der	Alarmknopf (¨e):	alarm button, knob
die	Sirene (–n):	siren
	heulen (wk):	to howl
	***herunter**stürzen (wk):	to rush downstairs
das	Blinklicht (–er):	flashing light
der	Schluck (–e):	sip
	wählen (wk):	(here) to dial
die	Nummer (–n):	number
der	Rettungsdienst:	rescue service
	sich wundern (wk):	to wonder
	erschütternd:	shattering
	erschüttert:	shattered
die	Nachricht (–en):	piece of news
	Nur ruhig!:	Keep calm!
	ersetzen (wk):	to replace, relieve

Thema 19: Gespenster (page 155)

A	die	Geisterbahn (–en):	ghost train
		gruselig:	horrifying, gruesome
		***vorbei**rollen (wk) an (+dat.):	to roll past
		sich drücken (wk) an (+acc.):	(here) to snuggle up to
		Angst haben vor (+dat.):	to be afraid of
		trösten (wk):	to comfort, console
		fürchterlich:	terrible, dreadful
	das	Wimmern:	whimpering
		flüstern (wk):	to whisper
		sich **um**wenden (wendet, wandte, gewandt):	to turn round
		aufblitzend:	flashing
		nachsehen (ie, a, e):	to go and see
		sperren (wk):	to close
		anschalten (wk):	to switch on
		lächerlich:	ridiculous
	das	Skelett (–e):	skeleton
		sich nähern (wk) (+dat.):	to approach

		schluchzen (wk):	to sob
C		baufällig:	dilapidated
		spuken (wk):	to haunt
		Es spukt auf dem Friedhof:	The cemetery is haunted
		überreden (wk):	to persuade
	die	Eule (–n):	owl
		heulen (wk):	to howl
		bange:	frightened, scared
		gespannt:	tense
	die	Gestalt (–en):	figure
	der	Ritter (–):	knight
	das	Mittelalter:	Middle Ages
	die	Studentenkneipe (–n):	student pub
	das	Erlebnis (–se):	experience
		sich lustig machen (wk) über (+acc.):	to make fun of
E	das	Herrenhaus (¨er):	manor house
		Es fällt mir auf die Nerven:	It gets on my nerves
		sich **auf**richten (wk):	to sit up
		sich (+dat.) darüber klar *werden (i, u, o):	to work out
	die	Orgel (–n):	organ
	der	Ton (¨e):	sound
		empfindlich:	sensitive
		zur Ruhe *kommen (o, a, o):	to get some peace
		klagen (wk):	to complain
	das	Pfeifen:	whistling
		Das ist doch alles Unsinn:	That really is a load of nonsense
		sich (dat.) Mühe geben (i, a, e):	to make the effort
	das	Ding (–e):	thing
		erwidern (wk):	to reply
	der	Mondschein:	moonlight
		*wandeln (wk):	to walk
		merkwürdig:	strange
		Er konnte es nicht mehr aushalten:	He couldn't stand it any longer
	die	Hornbrille (–n):	horn-rimmed spectacles
	der	Schweiß:	sweat, perspiration
	die	Stirn (–en):	forehead, brow

Acknowledgements

The author and the publishers wish to thank the following for permission to reproduce copyright material: THE JOINT MATRICULATION BOARD for: *Memories of Childhood* (Summer 1961, Paper II – Translation) p. 1. *First visit to a concert* (June 1972, Paper II – Translation, changed to Reading Comprehension p. 31. *Storm breaks out over a busy street* (June 1972 – Dictation, changed to Translation) p. 40. *The difficulties of parking in a car* (Summer 1962, Paper I – Reproduction, changed to Listening Comprehension) p. 48. *A disastrous hotel fire* (Summer 1959, Paper I – Reproduction, changed to Listening Comprehension) p. 154. *The Ghost train* (June 1974, Paper II – Translation, and also Reading Comprehension) p. 158. THE NORTH WEST REGIONAL EXAMINATIONS BOARD for: *Beim Frühstück* (1973, Alternative D – Reading Dialogue) p. 4. *Ein Vater liest das Schulerzeugnis seines Sohnes* (1974, Alternative C – Reading Dialogue) p. 24. *In einem Blumenladen* (1974, Alternative D – Reading Dialogue, price changed) p. 43. *Monika kauft ein Kleid* (1973 Alternative D – Reading Dialogue, 2 words changed) p. 43. *Beim Arzt* (1973, Alternative B – Reading Dialogue) p. 51. *A mountain hike* (1973, Paper II, Question 2 – Reading Comprehension, changed to Listening Comprehension and Nacherzählung) p. 118. *Rehearsal for murder* (1974, Paper I, Question 3 – Reading Comprehension, changed to Listening Comprehension and Nacherzählung) p. 145. (The author has added some new questions to the above Reading Dialogues) THE ASSOCIATED EXAMINING BOARD FOR THE GENERAL CERTIFICATE OF EDUCATION for: *Power failure* (November 1973, Paper I, Question I – Use of German, 3 words changed) p. 5. *House hunting* (June 1969, Paper I, Question Ia, 1 word changed) p. 8. *A lethargic pupil* (November 1981, Paper I, Question I – Use of German) p. 19. *The snowball fight* (June 1971, Paper I, Question 2) p. 60. *Dangerous driving* (June 1982, Paper I, Question 2 – Translation) p. 60. *A twisted ankle* (June 1981, Paper II, Question Ib – Use of German) p. 106. THE EAST ANGLIAN EXAMINATIONS BOARD FOR THE CERTIFICATE OF SECONDARY EDUCATION for: *Bei der Großmutter* May 1980, Mode I/North Paper I/Part B, Question B – Reading Comprehension) p. 6. *Wer hat das Gartentor offen gelassen?* (May 1979, Mode I/North Paper I/Part B, Question A – Reading Comprehension) p. 17. *The school report* (May 1983, Mode I/North Paper 2/Part B, Question A – Reading Comprehension) p. 23. *The twins* (May 1983, Mode I/North Paper 2/Part B, Question B – Reading Comprehension) p. 23. *Letter about school* (1968, Paper I, Question 2a – Adapted from . . .) p. 24. *Der Rhein* (May 1981, Mode I/North Paper I/Part B, Question B – Reading Comprehension) p. 49. *Austria* (May 1983, Mode I/North Paper II/Part B, Question D – Reading Comprehension) p. 61. *A serious flood* (May 1981, Mode I/South Paper II, Question 1 – Listening Comprehension) p. 66. *Ein schrecklicher Traum* (May 1981, Mode I/North Paper I/Part B, Question A – Reading Comprehension) p. 78. *Lieber Richard* (May 1983, Mode I/North Paper I/Part B – Letter) p. 88. *Hamburg* (May 1982, Mode I/North Paper II/Part B, Question D – Reading Comprehension) p. 101. *Liebe Jane* (May 1981, Mode I/South Paper I, Question 2 – Letter) p. 100. *Der Harz* (May 1980, Mode I/North Paper II/Part B, Question A – Reading Comprehension) p. 102. *Der unglückliche Polizist* (May 1979, Mode I/North Paper I/Part B, Question A – Reading Comprehension) p. 143. (*Night duty* – no title on original examination paper) (May 1979, Mode I/South Paper I, Question 1 – Reading Comprehension) p. 153. THE UNIVERSITY OF CAMBRIDGE LOCAL EXAMINATIONS SYNDICATE for: *Moving house* (Summer 1973, Paper I – Translation, now Reading Comprehension with questions added, 2 words changed) p. 9. *The bargain sale* (November 1959 – Dictation, now Translation and slightly altered) p. 40. *A boy goes for a walk along a busy street* (Autumn 1973, Paper III – Comprehension, one word changed) p. 41. *A small boy keeps home when mother is ill* (Autumn 1969 – Dictation, now Translation) p. 56. *A guest sets out on a Christmas visit* (November 1959, Paper I – Translation) p. 59. *A car collides with a street barrow* (Summer 1961, Paper I – Comprehension, some questions changed) p. 69. *A train is halted by an avalanche* (Autumn 1971, Paper 01 – Translation) p. 90. THE EAST MIDLAND REGIONAL EXAMINATIONS BOARD FOR THE CERTIFICATE OF SECONDARY EDUCATION for: *First day at school* (1973, Paper 1B – Reading Comprehension, now Listening Comprehension and Nacherzählung) p. 21. *A visit to the theatre* (1974, Reading Passage 10 – Oral Examination) p. 30. *A ventriloquist's dog* (1974, Paper 2, Question 2 – Reproduction, now also Listening Comprehension) p. 76. *How Peter lost his toes* (1973, Paper 2, Questions 2 – Reproduction, title changed) p. 160. THE UNIVERSITY OF OXFORD DELEGACY OF LOCAL EXAMINATIONS for: *An unusual youth club* (Summer 1971, Paper II, Question 2) p. 29. *A busy morning* (Autumn 1970, Paper IV) p. 52. *Tierpark* (Autumn 1969, Paper 2, Question 1a) p. 76. *A visit to the vet* (Summer 1978, Paper IV – Prose Composition, now Translation) p. 82. *Boat trip* (Summer 1971, Paper IV) p. 126. *An elderly lady's flat is broken into* (Summer 1970, Paper IV) p. 142. *A probable case of fire-raising* (Summer 1973, Paper II, Question 2, now Reading Comprehension) p. 149. THE SOUTH-EAST REGIONAL EXAMINATIONS BOARD FOR THE CERTIFICATE OF SECONDARY EDUCATION for: *Familie Meyer* (1972 – Aural Comprehension, now also Nacherzählung + questions translated and slightly altered) p. 7. *Das Haus* (1974 – Reading Passage 3, now Listening Comprehension and Nacherzählung with questions in English added) p. 13. *Fritz hat es besser als seine Schwester* (1972 – Reading Comprehension, now Reading Dialogue, text slightly altered, English question added) p. 38. *Peter will krank sein* (1971 – Aural Comprehension, now also Nacherzählung, questions translated into English and title changed) p. 53. *Eine Reise ins Ausland* (1974 – Dictation, now Reading Comprehension with German questions added) p. 99. *Ferienplänne* (1974 – Aural Comprehension, now Reading Dialogue with English questions added) p. 128. THE UNIVERSITY OF LONDON UNIVERSITY ENTRANCE AND SCHOOL EXAMINATIONS COUNCIL for: *An accident on the way home* (January 1974, Question 2 – Listening Comprehension) p. 75. *The right spot for a picnic* (June 1971, Question 3, two words changed) p. 115. *The haunted manor house* (January 1972, Question 2 – Listening Comprehension, now also Nacherzählng) p. 159. THE OXFORD AND CAMBRIDGE SCHOOLS EXAMINATIONS BOARD for: *Straight from the horse's mouth* (July 1974, Paper III, Question 1 – Reproduction, now Listening Comprehension) p. 76. THE ASSOCIATED LANCASHIRE SCHOOLS EXAMINING BOARD for: *A disaster averted* (1968, Question 2 – Comprehension) p. 85. *A Youth Hostel is not an hotel* (1971, Question 2 – Translation) p. 105. *Multiple Choice, Question 1, section A: questions 1, 2, 3, 4, and 5; section B: questions 6, 7, 9, and 10* (1974) p. 167. THE LONDON REGIONAL EXAMINING BOARD for: *Karins Besuch zu High Wycombe* (1974, Paper 201/1, Question A – now Comprehension and Translation with questions translated into English) p. 98. *Camping in the rain* (1973, Paper 201/2a – Listening Comprehension, now also Nacherzählung with questions altered and translated into English) p. 113. *An enquiry about accomodation* (1973, Paper 201/1, Question C – Summary, now Letter) p. 120. THE SOUTHERN REGIONAL EXAMINATIONS BOARD FOR THE CERTIFICATE OF SECONDARY EDUCATION for: *Antique shop theft* (1974 – Comprehension, question changed) p. 144.

Every effort has been made to acknowledge copyright holders but this has not been possible in all cases; the publishers would be glad to hear from any such unacknowledged copyright holders.